두 사람이 죽어서 도착한 곳
- 사후세계 -

두 사람이 죽어서 도착한 곳

김대근 지음

사람이 죽으면 모든 것이 끝이라고 생각하는
사람은 반드시 이 책을 읽어야 합니다.

열린서원

땅의 사람, 하늘의 사람

땅의 사람은 무엇이고,
하늘의 사람은 무엇인지,
죽기 전에 반드시 알아야 합니다.

사후의 세계

사람이 가장 궁금해 하는
사후세계는 어떤 곳이고,
어떤 상태인지를
죽기 전에 반드시 알아야 합니다.

사탄의 전략

신과 나눈 이야기는,
현대판 광명의 천사로 가장한
사탄의 고도의 전략임을
반드시 알아야 합니다.

저자 김대근 선교사는 1970년대의 대학시절부터 나와 오랜
기간 우정을 나누어 온 소중한 친구다. 그는 신학을 마치고 국내
에서 9년간 목회를 하던 중 선교에 대한 소명을 받아 선교사로
헌신하여 총회에서 해외 선교사로 파송되었다. 그 후 그는 30년
이 넘는 오랜 세월을 여러 나라 선교지에서 충실한 복음의 전파
자 역할을 해 왔다. 특히 도미니카 공화국에서 오랜 기간 선교활
동을 하면서 스페인어를 비롯한 각종 현지 언어를 빠른 속도로
익혀서 현지 언어로 원주민들에게 복음을 전하는 선교적 사명을
감당해 왔고, 이어서 〈복음의 길, 선교의 길〉(크리스천헤럴드)이라는
저서도 내었다.

저자는 본인의 글 속에서도 밝히듯이 어린 시절부터 인생의
삶과 죽음에 대해 철학적 성찰을 깊이 해왔고, 그 이후 신학을
하면서부터는 남다른 열정으로 구원의 문제에 대해 철저한 확신
을 가지고 복음 선교에 임해 왔던 것을 잘 알고 있다. 하지만 저
자가 삶과 죽음 그리고 사후세계에 대해 깊은 통찰을 시작한 결
정적 계기는 아내의 죽음이었다. 이러한 경험을 통해 저자는 '죽음
학문'에 대한 다양한 서적을 탐독하고 말씀과 기도 속에서 하나

님이 주신 나름의 깨달음을 깊이 체험하게 된다. 그 결과 그는 성서에 나타난 '부자와 거지 나사로'의 일화를 통해 〈두 사람이 죽어서 도착한 곳〉은 과연 어디인지 실감하게 되고, '땅의 사람'과 '하늘의 사람' 그리고 '사후의 세계'에 대한 깊은 체험담을 이야기하기 시작한다.

인간의 현실 생활에서 하나님의 풍요로운 삶을 방해하는 가장 큰 계기는 '사탄의 전략'이라고 보고 사탄의 전략을 봉쇄하는 법도 일러 준다. 이른바 보이는 육의 세계에 매달리지 않고 영의 세계에 눈을 뜨고 있어야 한다는 것이며, 그럴 때 비로소 사후세계에서도 천국을 보장받게 된다는 논리이다. 이러한 논리의 근거는 인간의 생명이 단순히 죽음으로서 끝난다는 것을 믿을 수 없다는 철저한 신앙에 뿌리를 두고 있다. 이른바 '죽음의 징검다리'를 건넌 후 사후세계에 대한 확신이다. 따라서 죽기 전에 반드시 알아야 할 성서적 예시(豫示)에 따라 인간이 땅에서 사는 동안 어떻게 '하늘의 사람'으로 거듭나야 하는 것인지를 역설하고 있다.

전반적인 책의 내용 가운데는 저자가 직접 선교지에서 체험한 내용들도 많아서 독자들이 흥미 있게 읽을 수 있도록 편집되어 있다. '두 사람이 죽어서 도착한 곳'에서는 '오지 교회의 처녀 목사'이야기를 흥미 있게 전한다. 선교 현장에서 일어난 작은 이야기이지만 척박한 땅에서 하나님을 믿고 신앙을 하는 당사자들에게는 큰 체험이 아닐 수 없기도 하다. 이 밖에도 '어느 주일날의 기적'이라는 선교 체험담에는 어린아이의 난치병을 믿음의 기도로 치유하는 일도 소개 되고 있다. 이러한 일들은 선교 체험의 현장에서 이루어진 많은 하나님의 은총의 경험 가운데 일부이지만 저자가 지속적으로 강조하고 있는 것은 사후 세계의 실존과 냉엄한 인식을 권고하고 있다는 사실이다. 특별히 주목할 것은 천국이나 지옥으로 가기 전의 몇 가지 단계에 대한 설명이다. 사후 세계의 일종의 중간상태로서, 선한 영과 악한 영의 분리작업과 그 이후 천계(天界) 교육 등의 이야기가 언급된다. 다소 생소한 면이 있으나 밀턴의 〈실락원〉이나 존 번연의 〈천로역정〉을 연상하게 하는 대목도 있다.

이 밖에도 저자는 선교 현장 체험 도중에 일어난 여러 가지 최악의 절망적 상황에서 '최고의 희망'으로 변화된 사건을 소개한다. 어떠한 고난 속에서도 하나님에 대한 믿음을 잃지 않고 열심히 기도할 때 어려운 환경도 변화된다는 신앙의 힘을 보여주는 사건이다. 그러기 위해서는 '사탄의 전략'도 간파해야 하는 영적인 힘도 필요하다고 주장한다. 주변에는 '광명한 천사로 가장한 사탄의 전략'이 많이 숨어있다는 뜻이다. 특히 선교지에서 일어나는 수많은 사건들 속에서 하나님의 뜻을 발견하고 '사탄의 전략'을 물리치는 과정들이 잘 소개 되고 있다. 뿐만 아니라, 믿음에 대한 상세한 실존적 정의와 함께 선을 실천하는 사랑의 행위로서의 믿음에 대한 본질을 깊이 있게 언급하고 있다. 이 모든 일련의 과정 속에서 주의해야 할 것은 '사람의 생각과 하나님의 생각'에 대한 차이를 설명하면서 선교 현장에서 고난을 극복해 나간 과정도 실감나게 서술하고 있다. 끝으로 저자는 예수 그리스도에 대한 정확한 인식과 확신, 그리고 예배의 중요성을 말하며 교회의 시대적 사명에 대해서도 경각심을 주는 메시지를 담고 있다.

저자의 풍부한 선교 체험 이야기 가운데 아주 독특한 장면은 꿈속에서 만난 주님의 이야기다. '나의 꿈속에 찾아오신 주님'이라는 주제의 글에서 일명, '농담하시는 주님'이라는 부제가 붙어 있다. 역시 선교현장에서의 현실적 어려움 가운데 꿈에서 주님을 거듭 만나고 기적적으로 문제를 해결해 나가는 이야기다. 이 밖에도 열대의 나라에서 모기에 의한 감염으로 인체에 치명적인 질병인 뎅게라는 병고를 겪으면서도 하나님의 은혜로 죽을 고비를 넘긴 이야기도 있다. D나라 선교지에서 '죽음에 버려진 아이를 살리신 주님' 등, 선교 현장의 수많은 이야기를 실감나게 풀어가면서도 신앙인으로서의 정체성을 잃지 않고 끝까지 영의 사람으로서 승리해 가는 저자의 자세는 깊은 감동을 주고 있다. 이 책을 읽는 모든 이들에게 하나님의 역사를 경험하는 간접적인 체험도 함께 하길 바라며 일독을 권한다.

2023년 8월 2일
추천인 이명권 박사

저는 청소년 시절의 어린 나이에도 사색(어떤 것에 대하여 깊이 생각하고 이치를 따짐)과 명상(고요히 눈을 감고 깊이 생각함)을 무척 좋아했습니다. 특히 삼라만상(우주에 있는 온갖 사물과 현상)이 조용한 저녁시간에 사람과 인생에 대해, 그리고 죽음과 진리에 대해 사색하고, 명상하는 것을 아주 좋아했습니다. 하루 저녁은 사람이 태어나서 죽기까지의 전 과정을 깊이 사색하는데, 사람의 인생이 너무나 허무하다는 생각이 들어, 허무한 인생을 생각하면서 혼자서 울기도 했었습니다. 그 이후로 사후세계와 신의 존재와 진리에 대해 많은 생각을 하게 되었습니다. 당시 저는 아직 교회도 다니지 않았고, 신에 대한 존재와 진리에 대해서도 아는 것이 없었기에, 자연스럽게 철학에 관심을 갖게 되었고, 철학에서 궁금한 것들과 진리를 찾으려고 했었습니다. 그 당시만 해도 제 또래에 철학서적을 보는 청소년들은 그렇게 많지 않은 시절이었습니다. 그럼에도 저는 철학에 관심이 생기다보니, 철학에 무엇이 있는지를 알기 위해 철학서적들을 읽고 싶은 마음이 생겼습니다. 그때에는 인터넷이 없는 시절이라, 직접 서점에 가서 알아보고, 철학서적들을 구입하게 되었습니다.

어린 나이에 철학서적들을 서점에서 많이 구입을 하자, 책을 팔고 있는 형이 의아한 표정으로 이 책들을 누가 읽으려고, 이렇게 많이 사가냐고 저에게 물었습니다. 그래서 저는 제가 읽고 싶어서 사는 것이라고 말해주었더니, 깜짝 놀라면서 아직 읽기에는 상당히 어려울 텐데 대단하다는 말을 해주었습니다. 제가 그때 구입했던 서적들은 "플라톤의 소크라테스의 변명", "쇼펜하우어의 의지와 표상으로서의 세계", "아리스토텔레스의 형이상학과 플라톤", "괴테의 파우스트", "안 병욱의 키에르케고르 사상", "볼테르의 깡디드", "몽테뉴의 수상록", "키에르케고르의 죽음에 이르는 병", "단테의 신곡" 등을 읽으면서 지루하거나 어렵다는 생각이 전혀 들지 않았습니다. 오히려 저의 생각이 더 넓어지고, 깊어지는 것을 실감할 수가 있었고, 후에 글을 쓰고, 책을 쓰는데 많은 도움이 되었습니다.

하지만 철학에는 진리가 없다는 것을 알게 되었고, 어릴 적부터 어머니를 따라 절에 자주 다니면서, 자연스레 불교의 영향을 받게 되었습니다. 산사(산속에 있는 절)에 가게 되면, 산사의 고즈넉한(고요하고 아늑한) 분위기와, 산사에서만 느낄 수 있는 여러 가지 자연의 소리들과, 어둠이 짙게 깔린 고요한 산사의 밤에, 바람에 부딪치는 산사의 청아한 풍경소리가 무척이나 좋아 보였습니다. 이러한 감성(자극의 변화)으로 스님이 되면 어떨까 하는 생각도 해보면서 불교에 관한 서적들을 읽게 되었는데, 특히 이 청담 스님이 쓰신 "잃어버린 나를 찾아" 라는 책을 밤을 새워가며, 읽어보고 또 읽어 보았지만, 불교에도 진리가 없다는 것을 알게 되었습니다. 그리고 맨 마지막으로 보게 된 책이 성경책이었는데, 창세기를 보면서 하나님께서 천지를 창조하시고, 사람을 창조하셨다는 명확한 말씀에서 신의 실존을 비로소 알게 되었고, 진리를 알게 되어 스스로 교회에 나가게 되었습니다.

그런데 크리스천이 되고, 신학을 공부하여 목사가 되었어도 여전히 궁금하고, 모르는 게 너무나도 많았지만, 속 시원하게 알 수 있는 방법이 없었습니다. 오직 하나 성령 충만을 받으면, 모든 것이 해결되는 것처럼 많은 사람들이 말하고 있어서, 저 또한 실질적으로 그렇게 생각하기도 했었습니다. 그래서 목사가 되어서도 성령 충만을 받기 위해 수시로 금식기도와 철야기도를 밥 먹듯이 했었습니다. 그럼에도 모르는 것들에 대한 궁금증은 날이 지날수록 더해갔습니다. 그리고 가장 소중한 아내가 죽고 난 후에 무엇보다도 사후의 세계가 무척 궁금했지만, 사후세계에 대한 책들이 기독교 서점에 많이 나와 있었음에도, 저의 궁금증을 시원스럽게 해결해 줄 수 있는 마음에 와 닿는 사후세계에 관한 책을 찾을 수가 없었습니다. 사람들은 평상시에는 사후세계에 대해 전혀 관심이 없다가도, 부모나 소중한 가족 중에 누구라도 먼저 죽게 되면, 그 때에 비로소 사후세계에 대한 관심과 궁금증을 갖게 된다는 것을 알게 되었습니다.

저는 주님께 기도하면서 제가 궁금하게 생각하고, 알고 싶었던 목록들을 작성하여 하나하나 깊이 사색하고, 여기에 관련된 책들을 찾아보며, 계속해서 생각을 하다보면, 주님께서 저에게 놀라운 깨달음과 이해력을 주셨습니다. 하나의 주제를 가지고 주님의 말씀과 연관 지어 깊이 생각하고, 계속해서 생각하다 보면, 놀라운 이해력이 생기고, 깊은 생각들이 떠오르는 것을 실감하게 되었습니다. "두 사람이 죽어서 도착한 곳은 어디인지", "사람들이 세상에서 사는 동안 가장 좋은 삶은" 무엇인지, "땅의 사람 하늘의 사람"은 어떤 사람인지, "사후의 세계"는 어떤 상태인지, "예수그리스도는 누구신지", "바른 신앙생활"이란 어떤 삶인지, "참 나는 무엇인지", "사탄의 전략"는 무엇인지 등, 사람 모두가 궁금해 하고, 또한 반드시 알아야 하는, 사람들의 삶과 죽음 그리고 사후세계의 천계와 직접적인 관계가 있는 아주 소중한 내용들입니다.

왜냐하면 사람의 삶과 생명이 이 세상에서 죽음으로 끝나지 않고, 죽음의 징검다리를 건너 사후세계의 천계까지 계속해서 이어지는 영원한 삶이기 때문입니다. 이러한 사유로 이 세상에서 우리가 살고 있는 삶과 우리 자신의 본질이, 어떠한 삶이고 무엇인지를 죽기 전에 반드시 알아야 하는 것입니다. 모르고 살다가 죽게 되면, 사후세계에 가서 자신의 본질인 참 영의사람을 돌이킬 수 없는 비참한 파멸로 이끄는 결과를 사후세계에서 실질적으로 겪게 되기 때문입니다. 보이는 육의 모습이 내가 아니라, 보이지 않는 내 안에 있는 참 나(영의사람)를 알아야, 이 세상에서 참 나를 위한 삶을 살게 되고, 죽어서도 참 나가 사후세계를 거쳐 천국으로 가게 되는 것입니다. 보이는 육신은 죽게 되면, 한줌의 흙이 되고, 먼지가 되기 때문에, 결단코 먼지가 될 것을 위해 인생을 허비하고, 잘못된 삶을 사는 어리석은 사람이 되어서는 결단코 안 되는 것입니다. 사람은 땅과 천계에서 동시에 살 수 있도록 창조되었고, 이로 인해 사람에게는 외적(겉 사람)인 것과 내적(속사람)인 것이 주어져 있기 때문입니다. 사람이 세상에서 보이는 외적인 것만을 위하여 산다면, 죽은 이후의 사후세계에서 자신의 참 본질(영의사람)을 보게 되고, 알게 되었을 때, 엄청난 충격을 받게 될 것입니다.

이 세상에서 자신의 진짜 본질이 무엇인지를 알고, 바르게 사는 진리를 알아야, 죽어서도 사후세계를 거쳐 자신의 진짜 본질이 천국으로 가게 되는 것입니다. 사람이 죽어서 사후세계의 천계에 도착하여 자신의 진짜 본질을 알게 되었을 때는, 이미 때가 늦은 것입니다. 그러므로 모든 사람에게 이 세상에서 주어진 기회를 허비하지 말고, 잘 선용을 해야 합니다. 왜냐하면 사람이 죽음을 맞이하기 전에, 세상에서 반드시 알아야 만이 자신과 삶을 바르게 할 수 있고, 잘못된 것에서 변화를 시도할 수 있으며, 바른 길을 갈수 있기 때문입니다. 천국과 지옥은 실재하며, 모든 사람은 죽음을 통해 사후세계의 천계에 도착하여, 이 둘 중에서 반드시 하나의 문으로 들어가는 자신을 보게 될 것입니다. 이것은 누가 강요한다고 되는 것도 아니고, 가르친다고 되는 것이 아닙니다. 사람 자신이 진리의 말씀을 따라 천국과 연관된 삶을 살 것인지, 아니면 보이는 육신과 세상의 것만을 추구하며 살 것인지는, 스스로의 자유의지와 합리적인 마음의 선택에 의해 되어진다는 사실을 반드시 알아야 합니다. 그래서 천권의 책보다 먼저 이 책을 읽어야 하는 것입니다. 그래야 "사람의 본질이 무엇인지를 알게 되고, 어떠한 삶을 살아야 하며, 사람이 죽은 후 사후세계를 거쳐 천국으로 가는 길에 대한" 모든 궁금증에서 벗어나게 되는 것입니다. 뿐만 아니라, 사람자신의 참 본질인 참 생명을 위한 바른 삶을 살 수 있게 되는 것입니다. 더욱이 천하보다도 소중하고, 이 세상 그 무엇과도 바꿀 수 없는 것이 사람의 생명이고, 사람의 생명은 죽어서도 영원하기 때문입니다. 또한 사람이 죽은 이후에는 사후세계를 거쳐 천국과 지옥으로 나누이는 분리만 있기 때문에, 그 누구든 이 세상에 사는 동안 자신의 본질이 무엇이고, 사후세계가 어떤 상태인지를 온 마음을 다해 반드시 알아야 합니다. 사람이 자신의 본질을 알아야 마음과 생각이 바뀌고, 그로인해 사람이 죽기 전에 세상에서 천국으로 갈 수 있는 기회를 가질 수 있고, 준비할 수 있기 때문입니다.

추천서를 써주신 이명권 박사님께 깊은 감사를 드리며, 아빠
가 책을 잘 쓸 수 있도록 기도해준 두 딸들에게도 고마운 마음을
전합니다. 특히 이 책이 완성되기까지 저에게 끊임없는 지혜와
좋은 생각들로 인도해 주신 주님의 크신 은혜에 감사와 영광을
돌리며, 사랑과 기도로 수시로 격려해 주신 천국에 계신 故 김영곤
장로님께 감사의 마음을 전합니다.

선교지 라오스에서

선교사 김 대근

CONTENTS

추천의 글 이 명권 박사 _ 7

이 책을 여는 저자의 글 _ 11

PART 01
사후의 세계

두 사람이 죽어서 도착한 곳 _ 22

오지교회의 처녀목사 _ 42

땅의 사람 하늘의 사람 _ 47

어느 주일날의 기적 _ 69

사후의 세계 _ 72

최악의 절망에서 최고의 희망으로 _ 99

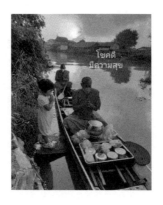

PART 02

예수 그리스도는 누구신가

사탄의 전략 _ 106

하늘에서 온 전화 _ 120

바른 신앙생활 _ 124

사람의 생각 하나님의 생각 _ 137

어떤 예배 자에 대한 주님의 가르침 _ 140

예수그리스도는 누구신가 _ 152

나의 꿈속에 찾아오신 주님 _ 184

PART 03

참 나는 무엇인가

나는 어떤 사람인가 _ 190

에덴동산과 네 강의 의미 _ 212

나를 죽음의 위급한 상황에서 살리신 주님 _ 228

사람들이 세상에서 사는 동안 가장 좋은 삶 _ 233

참 나는 무엇인가 _ 246

죽음에 버려진 아이를 살리신 주님 _ 260

바리새인적인 종교심 _ 264

빈민촌교회에서의 주님의 역사 _ 275

PART 01
사후의 세계

두 사람이 죽어서 도착한 곳

어느 날 주님과 제자들이 이스라엘의 한 마을을 방문하게 되었습니다. 주님은 방문한 마을에서 너무나도 대조적인 놀라운 광경을 보게 됩니다. 주님은 그곳에서 부자와 거지가 한 집에서 같이 있는 것을 보시고, 무척 궁금한 생각이 들었습니다. 주님은 두 사람의 인생이 궁금하여 그들의 인생길을 따라가 그들이 죽은 후에 사후세계의 천계에서 어디에 와 있는지를 알아보았습니다. 주님은 이 두 사람의 삶과 죽음을 통해, 우리에게

어떤 부자가 날마다 즐겁고 호화롭게 살았다. 그 집 대문 앞에는 나사로라 하는 거지 하나가 그 부자의 상에서 떨어지는 부스러기로 배를 채우려하매 심지어 개들이 와서 그의 헌데를 핥았다. 그러다가 그 거지는 죽어서 천사들에게 이끌려가서 아브라함의 품에 안기었고, 그 부자도 죽어서 지옥에서 고통을 당하다가 눈을 들어서 보니, 멀리 아브라함이 보이고, 그의 품에 있는 나사로를 보고, 그가 소리를 질러 말하기를 아브라함 조상님 내가 이 불 속에서 몹시 고통을 당하고 있습니다. 나는 형제가 다섯이나 있으니, 제발 나사로가 가서 그들에게 경고하여 그들만은 이 고통 받는 곳에 오지 않게 하여 주십시오. 아브라함이 이르되 그들이 모세와 예언자들의 말을 듣지 않는다면, 죽은 사람들 가운데 누가 살아난다고 해도 그들은 믿지 않을 것이다.

(성경 눅 16:19~31)

사후세계의 천국과 지옥에 대한 놀라운 사실들을 실질적으로 보여주시고 있다는 데에 우리는 온 마음으로 주목해야 합니다. 천국과 지옥은 실제로 있으며, 사람은 죽은 후에 사후세계를 거쳐, 자신이 반드시 천국이나 지옥으로 가게 된다는 사실을 사후세계에 도착하여 보고, 느끼면서 명백하게 알게 될 것입니다.

지금도 세상의 많은 사람들은 부자가 되기를 원하고, 부자처럼 부유한 삶을 살고, 누리기를 원합니다. 모든 사람들은 인생을 즐겁고, 부유하고, 행복하게 살기를 원합니다. 뿐만 아니라, 모든 사람들은 돈에 대한 걱정과 염려를 하지 않고, 편안한 인생을 살고 싶어 합니다. 사람들이 이 세상에서 사는 동안, 이와 같은 생각에는 변함이 없을 것입니다. 그래서 이 부자의 삶을 통해 세상에 사는 사람들이 세상에서 바라고, 원하는 삶이 어떠한 형태의 삶을 꿈꾸고 있는지를 우리에게 실질적으로 보여주고 있는 것입니다. 그렇다고 사람이 세상에서 부자가 되고, 부자처럼 재물이 많다고 해서 죄가 되는 것은 아닙니다. 사람이 세상에서 인생을 누리고, 즐기며 사는 것 또한 죄가 되지 않기 때문입니다.

왜냐하면 성경 속에는 많은 부자들의 이야기가 여러 곳에 기록되어 있기 때문입니다. 당시 전 세계에서 최고의 부자였던 솔로몬 왕은 "사람마다 먹고, 마시는 것과 수고함으로 낙을 누리는 것이 하나님의 선물이라고" 알려주고 있기 때문입니다.

세상에서 사람들이 인생을 즐겁게 살고, 수고함으로 낙을 누리는 삶이 죄와는 아무런 상관이 없는, 하나님이 사람들에게 주시는 삶의 선물이기 때문입니다. 중요한 것은, 사람의 삶과 생명이 이 세상에서 죽음으로 끝나지 않는다는 것입니다. 이것은 사람에게 세상에서 육신을 위한 즐거움과 부유하고, 행복한 삶도 중요하지만, 사람의 본질이고, 사람의 참 생명인 영의사람을 위하는 삶이 사후세계에서 더 중요하다는 사실을 사람들이 모르고 살고 있다는 것입니다. 사람들이 사람 눈에 보이는 것에는 많은 관심을 가지고 있지만, 눈에 보이지 않는 사람 곧 자신의 본질이고, 자신의 가장 소중한 존재에 대해서는 대부분 관심조차 두지 않고, 아예 없는 것처럼 살아가고 있다는 것입니다.

이 같은 사람의 마음과 삶으로 인하여, 없는 것처럼 살았던 사람자신 본질의 존재를 사람이 죽은 후 사후세계에서 알게 되었을 때, 참으로 비참하고 엄청난 충격으로 느껴질 수 있기에, 사람은 죽기 전에 반드시 자신의 참된 본질이 무엇인지를 알아야 합니다. 성경은 "우리가 그리스도 안에서 바라는 것이 다만 이 세상에서의 삶뿐이라면, 모든 사람 가운데 우리가 가장 불쌍한 자라고" 말해주고 있습니다. 이것은 사람의 삶이 세상에서 뿐만 아니라, 사람이 죽은 이후에도 사후세계를 거쳐 천계의 천국과 지옥에서 영원히 지속되는 삶인 것을 가르쳐주고 있는 것입니다. 주님은 부자와 거지의 삶과 죽음을 통해 세상에서 사람의 죽음이 인생의 끝이 아니라, 사람이 죽은 후에도, 사람의 삶은 사후세계의 천계에서 계속되어지는 영원한 삶인 것을 사람들이 알 수 있도록 사후세계의 실체를 보여주시고 있는 것입니다. 이 것은 사람이 세상에서 죽는다고, 사람의 모든 것이 죽음과 함께 끝나는 것이 아니 다는 사실을, 사람들은 반드시 명심해야 한다는 것을 이 두 사람의 실제적인 죽음을 통해 알려주시는 것입니다.

*** 지옥에 도착한 부자 ***

부자는 인간적으로 지나치게 나쁜 사람은 아니었습니다. 주님 또한 직설적으로 부자에 대해 악한 사람이고, 나쁜 사람이라고 말씀하시지 않으셨기 때문입니다. 만일 부자가 나쁜 사람이고, 욕심이 많은 사람이었다면, 자신의 돈이 아까워 매일 같이 잔치를 베풀지도 않았고, 거지는 부자의 집에서 죽는 날까지 음식을 얻어먹으며, 지낼 수가 없었을 것입니다. 이 부자는 당시에 너무나도 엄청난 부자였기에, 날마다 자기 집에서 잔치를 베풀어 많은 사람들을 초대하여, 죽는 그날까지 인생을 즐기며 살았지만, 돈에 대한 걱정이 전혀 없는 그야말로 어마어마한 부자였습니다. 부자는 날마다 잔치에 초대한 사람들에 대한 예의와 친절함과 풍성한 베풂이 있었지만, 자기 집에 있는 거지에 대한 자비심이나, 불쌍히 여기는 마음은 티끌만큼도 없었습니다. 그럼에도 거지나사로는 죽는 그날까지, 날마다 부자의 잔치 상에서 얻어지는 음식들을 먹으며 살았습니다.

그런데 왜 부자는 죽어서 지옥으로 갔을까가 매우 궁금한 의문이 아닐 수 없습니다. 중요한 것은 이 부자가 부자이기 때문에, 지옥으로 간 것이 절대로 아니 다는 것입니다. 이사야는 "인간 창조의 목적이 하나님의 영광을 위한 것이라고" 인간이 창조된 목적에 대해 알려주고 있습니다. 세상에서 인간의 삶이 먹고, 마시고, 누리고, 즐기는 삶도 필요하지만, 인간의 삶의 목적은, 하나님의 영광을 위한 삶이 되도록 사람이 창조된 목적에 대해 말해주고 있습니다. 사람이 하나님의 영광을 위한 삶이되기 위해서는, 사람이 세상에서 사는 삶이 반드시 하나님과의 관계가 있어야 하는 것입니다. 사람이 하나님을 떠나서는 그 어떠한 경우에도 하나님의 영광을 위한 삶을 살 수가 없기 때문입니다. 부자가 소유한 재물은 셀 수 없을 정도로 많이 있어서, 날마다 잔치를 베풀어 많은 사람들을 잔치에 초대하여 부자가 죽는 그날까지 인생을 즐겼지만, 이 부자는 하나님과의 관계에는 아무런 관심이 없었습니다. 부자는 자신의 많은 재물과 인생의 즐거움을 하나님과의 관계보다도 더 가치 있고, 더 소중히 여기며 살았습니다.

여기에서 정말 중요한 것은 사람의 부유함이나, 사람의 가난이, 사람이 죽은 후에 사후세계에서 천국이나, 지옥을 결정하게 되는 것이 아니 다는 것입니다. 부자가 지옥으로 간 것은, 그의 많은 재물 때문이 아니라, 세상에서 그의 마음과 삶이 하나님과 전혀 관계가 없는 삶을 살았기 때문에 지옥으로 간 것입니다. 부자는 하나님과 가난한 자에 대한 관심과 사랑이 없었고, 그는 오직 자신의 부를 사랑하고, 자신의 부유함을 인생에서 최고로 좋게 여기며 살았습니다. 이것이 부자가 세상에서 누리는 즐거운 인생의 낙이고, 부자가 자신의 마음속에 가진 애정의 전부였습니다. 부자는 세상에서 세상의 모든 좋은 것들을 모두 다 소유하고 있었지만, 그의 마음 중심과 그의 삶 속에는 하나님에 대한 관계나 관심이 아예 없었습니다. 부자는 "하나님과 이웃을 사랑하라는" 가장 중요한 율법의 계명을 지키지 않았고, 어떠한 관심도 두지 않았습니다.

부자는 죽는 그날 까지 하나님과의 관계보다도, 자신이 소유한 많은 재물과 돈을 더 사랑했기 때문에, 결국 지옥으로 간 것입니다. 우리는 이 부자를 통해 세상에서 사람이 갖는 물질적 애정이 사람이 죽은 후, 사후세계에서 죽은 사람의 영적인 존재에 악한 영향을 끼친다는 사실을 분명하게 알아야 합니다.

사람의 마음은 자신이 좋아하고, 애정을 갖는 것에 온 마음이 쏠리기 때문에, 사람이 세상에서 무엇에 대한 애정을 갖고 살았는지가 사후세계에서 밝히 알려지게 되는 것입니다. 부자는 세상에서 사는 동안 날마다 풍성한 부의 행복을 누렸지만, 죽음 이후의 사후세계에서는 세상에서처럼 부의 행복을 더 이상 누리지 못했습니다. 여기에서 정말 중요한 것은 세상과 사후세계의 천계는 모든 것에 있어서 전혀 다른 세계라는 것을 알 수가 있습니다. 그런데 더욱 중요한 것은 사람이 세상에서 죽게 되면, 사람의 죽음이 모든 것의 끝이 아니라, 그 누구든 사후세계로 가서 천계에 있는 천국이나 지옥으로 가게 된다는 사실입니다. 그래서 부자 또한 죽고 난 후에 모든 것을 잃고, 세상에서 생각조차 하지 않았던 지옥으로 떨어지고 말았습니다. 사람이 죽은 후 사후세계를 거쳐 천국에서 살기를 원한다면, 천국의 특성과 천국의 공동체에 맞는 사람이 되어야 천국에서 살 수 있지, 천국에 맞지도 않는 사람이 천국에서 살 수 있는 것이 아니 다는 것을 반드시 알아야 합니다.

성경은 "하늘에 속한자의 영광이 있고, 땅에 속한 자의 영광이 따로 있다고" 말해주고 있습니다. 이 부자는 바리새인으로서 돈을 너무나 사랑했기에, 영원한 천국에 대한 주님의 말씀을 믿지 않고, 비웃었다고 성경은 말해주고 있습니다. 오늘날 이 세상에서 이 부자와 같은 마음과 생각으로 살고 있는 많은 부자들은, 반드시 이 부자의 이야기를 거울삼아 세상에서 어떤 삶을 살아야 할지를 진지하게 고민해보고, 잘 생각을 해야 합니다. 이 부자의 이야기는 사람이 죽는다고, 인생의 모든 것이 끝나는 것이 아님을 우리에게 생생하게 보여주고 있기 때문입니다. 죽음이 인생의 끝이라고 생각하는 사람들도, 반드시 이 부자의 이야기를 주의 깊게 들여다보고, 자신에게 정말 중요한 것이 무엇인지를 알아야 합니다. 세상 사람들 중에는 죽음이 인생의 끝이라고 생각하고, 말하는 사람들도 있습니다. 하지만 이 부자는 죽어서도 사후세계에서 자신이 예상치 못했던, 처참한 고통을 마치 현실에서처럼 똑같이 겪고 있다는 사실이 우리에게 큰 충격을 안겨주고 있습니다.

이 부자가 지옥에서 얼마나 고통스러웠으면, 손가락 끝에 물을 찍어 자기의 혀를 서늘하게 해달라고, 간청한 것에서 그의 고통이 얼마나 극심한 것인가를 사실적으로 느끼게 해주고 있습니다. 더욱이 우리에게 주시는 충격적인 메시지는, 이 부자가 이 세상에서 분명히 죽었는데, 죽어서도 여전히 똑같은 사람으로 살아 있다는 사실이 또 다시 우리에게 엄청난 충격으로 전해지고 있습니다. 이것은 사람의 본질이 눈으로 볼 수 있는 육신이 아니라, 영적인 존재이기 때문입니다. 참 나는 눈에 보이는 겉사람 곧 육의사람이 아니라, 눈에 보이지 않는 속사람 곧 영의사람인 것을 죽기 전에 일찍 알아야 사후세계에서 희망을 가질 수가 있습니다. 사람의 육의사람은 죽어도 사람의 영의사람은 영원히 죽지 않는 영적인 존재로 창조되었기 때문입니다. 이 부자 또한 이러하기에 그가 이 세상에서 죽었지만, 죽어서도 사후세계에서 이 세상에서처럼 동일한 사람의 모습으로 똑같이 보고, 느끼고, 생각하고, 기억하고, 말을 하고 있다는 사실이 우리에게 더욱 놀라움을 주고 있는 것입니다.

사람이 죽었는데, 사람이 죽은 후에 어떻게 이러한 일이 가능할까 라는 믿지 못할 부정과 의문과 두려운 마음이 생길수도 있습니다. 하지만 주님이 말씀하시는 사후세계는 인간의 삶이 연속되고, 생명체가 존재하는 실재적인 세계임을 우리에게 사실 그대로를 보여주시고 있는 것입니다. 이것은 인간의 죽음으로 인간의 삶이 송두리째 끝나는 것이 아니라는 것을 실재로 가르쳐주시기 위한 것입니다. 뿐만 아니라, 인간의 죽음은 사후세계로 계속 이어져, 전혀 새로운 삶이 천계에서 시작이 된다는 것을 우리에게 알려주시고 있는 것입니다. 부자는 세상에서 사는 동안 하나님께 가장 축복받은 사람으로 생각하고, 거지 나사로는 하나님이 버린 자로 여겼으나, 부자는 사후의 세계에 도착하여 자신이 바로 버림받은 자임을 비통한 심정으로 알게 됩니다.

성경은 이 부자에게 다섯 형제가 있었다고 알려주고 있습니다. 부자는 세상에 남겨진 오형제가 자기와 같은 삶을 살다가, 죽은 후 지옥에서 만날 것을 생각하니, 마음이 극도로 불안해졌습니다. 사람이 죽어서 사후세계에 간다고 해서 이 세상의 모든 것이 잊혀지고, 사라지는 것이 아님을 부자를 통하여 한편의 영화처럼 생생하게 보여주고 있습니다. 사람이 죽으면, 사후세계로 장소는 바뀌지만, 사람이 세상에서 갖고 있었던 마음과 생각과 기억은 바뀌지 않는다는 것을 현실적으로 보여주고 있습니다. 이것은 사람의 본질이 육이 아니라, 영적인 존재이기에, 사람은 육신적으로 죽을지라도 사람의 영은 죽지 않고, 영이 본래 갖고 있었던 마음과 생각과 기억을 사후세계에서도 똑같이 하게 된다는 사실을 비로소 알게 되는 것입니다. 그래서 부자는 세상에서 살고 있는 자신의 다섯 형제를 위하여 애절한 심정으로 아브라함에게 간청을 하게 됩니다.

부자는 아브라함에게 세상에 있는 동생들에게 형이 죽어서 지옥에 와있다는 것을, 세상에서 자기 집에 함께 있었던 거지나 사로를 되살려 자기 집으로 보내어 전하게 해달라고 간청을 합니다. 이 충격적인 이야기를 통해 주님이 우리에게 주시는 놀라운 메시지를 각자의 마음 속 깊이 새겨두어야 합니다. 이 이야기는 모든 사람에게 닥치는 현실이고, 모든 사람이 죽은 이후에 사후세계에서 겪어야 하는 실질적인 사실이기 때문입니다. 사후세계에서는 천국과 지옥에 있는 사람들이 천국과 지옥에서 자기의 가족이나, 자기가 알았던 사람들을 동시에 서로 볼 수 있다는 사실이, 우리에게 또 다시 엄청난 충격으로 전해지고 있습니다. 인간의 죽음으로 사람의 모든 것이 끝나는 것이 아니라, 사람이 죽은 후에, 사후세계에서 더 큰 충격들이 기다리고 있음을 사람이 죽기 전에 반드시 알아야 세상에서 조금이라도 희망을 가질 수가 있습니다. 하지만 천국에 있는 사람과 지옥에 있는 사람이 서로 보고, 대화는 할 수 있어도, 서로 왕래 할 수는 없다고 알려주고 있습니다.

그래서 사람이 죽은 후에, 사후세계의 천국과 지옥에서 부모나, 형제나, 친척이나, 친구나, 가까운 이웃을 서로 보기 전에, 세상에서 먼저 하나님과의 관계를 갖는 것이 무엇보다도 중요하다는 사실을 알아야만 합니다. 사람이 죽은 후에는 사후세계에서 죽은 사람을 위해, 기적 같은 일은 결코 일어나지 않기 때문입니다. 사람이 죽어서 사후세계에 간다고 해서, 그 죽은 사람의 본질인 영의사람이 사후세계에서 변하는 것 또한 아무것도 없기 때문입니다. 사람이 죽은 후에도 사후세계에서 세상에서 살아온 그 사람의 마음과 삶이 그대로 계속되고, 이어지기 때문에, 사후세계에 왔다고 해서 달라지는 것이 아무것도 없는 것입니다. 사람이 죽어서 사후세계에 와도 죽은 사람의 본질인 영의사람이 바뀌지 않기 때문에, 자신이 세상에서 살아 온 마음과 삶에 의해 천국과 지옥으로 극명하게 분리되어 지는 것입니다. 그러므로 사람은 그 누구든 이 세상에서 하나님과의 관계를 죽는 그날까지 유지하며, 살아야 한다는 것을 반드시 명심해야 합니다. 세상에서 사람이 부자이고, 가난한 것으로는 천국과 지옥과는 아무런 상관이 없으며, 사람이 세상에서 사는 동안 하나님과의 바른 관계가, 사람의 생명과 인생을 천국으로 인도하기 때문입니다.

하나님과의 바른 관계에 대한 사람들의 보편적인 견해는, 교회에 가서 예배를 드리고, 교회에 헌신하고, 각종예배에 빠짐없이 참여하는 신앙생활이 하나님과의 바른 관계라고 생각할 수 있습니다. 하지만 주님은 제사보다 자비를 원하신다고 말씀하셨고, 사람과의 관계에서 잘못된 것을 먼저 해결하는 것이, 예배와 헌신보다도 더 중요하다고 가르쳐주셨습니다. 주님이 원하시는 하나님과의 바른 관계란, 우리의 삶 속에서 악과 거짓을 떠나, 선을 행하는 삶이고, 사람과의 관계에서 공정하고, 진실하고, 서로 사랑하며, 화목 하는 것이 곧 하나님과의 바른 관계라고 알려주셨습니다. 이러한 마음과 삶을 무시하고, 여전히 나쁜 짓을 일삼으며, 사람들에게 거짓과 사기로 피해를 주면서 교회에 나가 예배를 드리고, 헌신하고, 봉사하는 그 모든 것들은 위선이고, 가증스러운 것이기 때문에, 하나님과의 바른 관계라고 말할 수 없는 것입니다.

*** 천국에 도착한 거지나사로 ***

거지나사로의 삶은 누가 보아도 너무나 비참한 삶이었습니다. 거지나사로에게는 부모나, 형제나, 친구나, 이웃이 아무도 없었습니다. 거지나사로는 부모와 모든 사람들로부터 버림을 받은 버려진 고아였습니다. 거지는 누군가가 먹을 것을 주어야 살아 갈 수가 있습니다. 그래서 거지들은 항상 먹을 음식을 찾아이리저리 떠돌아다니는 습성(습관이 되어버린 성질)이 있습니다. 제가 어렸을 때, 우리 동네에 잔치가 열리면, 많은 거지들이 왔는데, 잔치 집에서는 거지들에게 먹을 음식을 푸짐하게 주었습니다. 그래서인지 거지들은 그 어떠한 장소보다도 잔치 집을 가장 좋아합니다.

부자는 날마다 호화로운 잔치를 즐겨, 매일 많은 사람들을 잔치에 초대했다고, 성경은 세상에서 부자의 삶이 어떠한 삶이었는지를 자세하게 이야기해주고 있습니다. 그래서 거지나사로에게는 이 부자의 집 보다 더 좋은 장소가 없었습니다. 거지나사로는 음식을 구하기 위해 여기저기 힘들게 떠돌아다닐 필요가 없었습니다. 거지나사로는 부자의 잔치 상에서 매일 먹을 음식을 쉽게 구할 수가 있었기 때문입니다. 거지나사로는 날마다 부자의 잔치 상에서 손님들이 먹고 남긴 음식으로 배울 채우며 하루하루를 살아갔습니다. 거지나사로에게는 먹을 음식 외에, 그 무엇도 더 이상 필요치가 않았습니다. 그러나 그렇게 세월이 지나가면서 거지나사로는 아프게 되고, 갈수록 병이 더 깊어져가 하루하루 사는 게 너무나도 고통스러운 삶이 되었습니다. 거지나사로의 병이 깊어지자, 동네 개들이 수시로 와서 거지나사로가 먹어야 할 음식들을 가로채갔습니다. 그야말로 거지나사로의 인생은 개보다도 못한 비참한 인생이었습니다. 거지나사로 주위에는 항상 많은 사람들이 있었고, 많은 사람들이 부자의 집을 매일

같이 수시로 들락거렸지만, 누구 하나 거지나사로에게는 그 어떠한 관심도 갖지 않았고, 자비를 베푸는 사람도 아무도 없었습니다. 이것은 인간의 본성이 자신의 이득과 이권에만 관심이 있지, 근본적으로 얼마나 악한 것인가를 실재적으로 보여주고, 느끼게 하는 대목입니다. 거지나사로는 병세가 더욱 악화되어 결국 먹지 못하여 더 이상 살 수가 없게 되었습니다.

사람에게 가장 비참하고, 고통스러운 심정은 병들고, 먹을 것도 없는데, 도와주거나 관심을 가져주는 사람이 아무도 없다는 것입니다. 그래서 현실의 사회에서 이 같은 사람들 중에 더 이상 세상에서 살고 싶은 희망을 버리고, 고독사로 생을 마감하는 사람들이 우리 주위에서 생기는 것입니다. 미국 CNN 방송에서도 한국 중년 남성들의 고독사 문제의 실태를 집중적으로 파악하여, 매년 수천 명이 고독사로 사망하고 있다는 실태를 알리기도 했습니다. 어떤 사람은 고독사로 죽은지가 1년이 지나고, 각종 고지서가 아파트 문 앞에 널려 있었음에도, 그 누구 하나 관심을 갖는 사람이 아무도 없었습니다. 그래서 사람에게 가장 중요한 것은 선에 대한 애정을 갖는 것입니다. 사도 바울은 이에 대해 "선을 행하고 선한 사업을 많이 하고, 나누어주기를 좋아하며, 너그러운 자가 되게 하라고" 가르쳐주신 것입니다. 사람은 그 누구든 선에 대한 애정이 없으면, 마음이 황폐해지고, 오직 자신과 자신의 자아사랑에만 집착하며 사는 이기적(자신의 이익만을 생각하는 짓)이고, 독단적인(개인주의 성향) 사람이 되기 때문입니다. 그래서 다윗 왕은 "도울 힘이 없는 자를 의지하지 말고, 오직 하나님을 도우심으로 삼고, 하나님께 소망을 두라고" 가르쳐주신 것입니다.

우리가 여기에서 반드시 알아야 할 것은, 부자가 부자이기 때문에 지옥으로 가고, 거지가 가난하고, 병들었기 때문에 천국으로 간 것이 아니 다는 것을 분명하게 알아야 합니다. 부자가 지옥으로 간 이유가 있고, 거지나사로가 천국으로 간 이유가 있기 때문입니다. 거지나사로의 이름이, 거지나사로가 천국으로 가게 된 이유를 알려주고 있습니다. 거지나사로의 이름은 "하나님이 돕는 자라는 뜻을" 가지고 있습니다. 부자는 세상에서 부유하여 잘 먹고, 잘 사는 부자였기 때문에 지옥으로 가고, 거지나사로는 거지이고, 가난하고, 병들어서 천국에 간 것이 아니 다는 것입니다. 거지나사로는 인생자체가 거지였지만, 그는 삶속에서 항상 하나님을 의지하고 살았습니다. 거지나사로는 세상에서 가진 것이 아무것도 없었지만, 그의 마음속에는 항상 하나님이 있었습니다. 그 누구든 사람의 마음속에 하나님이 있는 사람이 죽어서도 천국으로 갈 수 있다는 것을 확실하게 보여주시고, 알려주신 것입니다. 나사로는 거지로서 이웃에게 나쁜 짓을 행하지 않았습니다. 그는 거지로서 이웃의 좋은 것을 탐내거나 훔치지도 않았습니다. 그의 마음은 이 세상에서 소유욕에 대한 욕심이 아예 없었습니다.

나사로는 거지였지만, 그 누구에게도 거짓말을 하지 않았습니다. 그는 비록 부자의 잔치 상에서 얻어지는 음식을 먹고 사는 거지였지만, 그는 죽는 그날까지 하나님과의 관계를 유지하며 살았기에, 죽어서 천국으로 가게 된 것입니다. 이것은 사람이 어떤 사람인지가 중요한 것이 아니라, 현재 사람 자신이 하나님과의 관계를 유지하며, 살아가고 있느냐가 대단히 중요하다는 사실을 알려주는 것입니다. 성경은 "내가 너희 각 사람의 행위대로 갚아주겠다고" 말해주고 있습니다. 이 세상에서 사람 각자가 살아 온 마음과 삶이, 죽음 이후의 사후세계에서 천국과 지옥으로 갈라지게 되는 것입니다. 우리가 이 세상에서 살았던 마음과 삶이 죽음으로 끝나지 않고, 죽음의 징검다리를 건너 사후세계로 계속해서 이어지기 때문입니다. 이처럼 사람은 영원한 존재이기에, 사람이 세상에서 하나님과의 관계를 유지하는 삶이, 사후세계에서 자신의 본질적인 생명을 위해 무엇보다도 대단히 중요하다는 사실을 반드시 알아야 하는 것입니다. 한 걸음 더 나아가 세상에서 하나님과의 관계를 지속적으로 유지한 사람이 죽어서도 사후세계를 거쳐 하나님의 나라에서 거주할 수 있게 되는 것입니다.

천국과 지옥은 사람이 죽으면, 그 누구나 가야 하는 장소이기에, 인간은 세상에서 사는 동안 하나님과의 바른 관계를 유지하며, 자신의 삶 속에서 선한 아름다운 이야기를 많이 만들어야 하는 것입니다. 사도 바울은 이에 대해 "사랑에는 거짓이 없나니 악을 미워하고 선에 속하라"고 알려주고 있습니다. 거지나사로 가 죽었을 때, 한 거지의 죽음에 대해 그 누구도 관심이 없었고, 슬퍼하는 사람도 아무도 없었습니다. 거지나사로가 죽자, 죽어 서 버려진 나사로를 동네 개들과 새들이 와서 모두 먹어치워 버 렸습니다. 거지나사로의 뼈만 한 선한 사람에 의해 예루살렘 동 쪽 게헨나 골짜기에 있는 쓰레기 더미 위에 버려졌습니다. 거지 나사로는 거지로서 이 세상에서 세상적인 축복을 누리지는 못했 지만, 죽은 후 사후세계에 가서는 영원한 생명과 행복을 누리게 된 것입니다. 그는 거지였지만, 하나님과의 관계를 유지하며, 보 이지 않는 영원한 세계를 사모하고, 영원한 곳에 대한 소망을 품 고 살았기 때문에, 죽어서 천국으로 간 것입니다. 이 세상에서 거지나사로의 삶과 죽음은 참으로 비참했지만, 그의 영혼은 천 사들에 의해 천국으로 옮겨진 것입니다.

사후세계의 천계에서 아브라함은 부자에게 형제들의 삶을 바 꿀 수 있는 것은 오직 하나님의 말씀뿐이라고, 부자의 간청에 대 답해 주었습니다. 사람은 그 누구든 이 아브라함의 가르침을 마 음깊이 새겨야 합니다. 사람은 죽어서도 모든 기억을 잃지 않고, 이 세상에서 갖고 있었던 모든 기억이 죽음 이후의 사후세계에 서 천계까지 계속 이어지기 때문입니다. 사람이 이 세상에서 가지고 가는 자신의 기억들이 사후세계에서 자신을 대변하는 매우 중요한 역할을 하게 될 것입니다. 사람은 세상에서 자신이 좋아하고, 마음 적으로 애정을 갖고 살았던 것들이 사람이 죽은 후에도 사후세계에 그대로 남게 되기 때문입니다. 이것은 사람이 죽은 후에도 사후세계에까지 죽은 사람의 본질인 영의사람과 함께 있는 것은, 그가 세상에서 마지막까지 애정을 가졌던 것들이, 죽은 사람의 본질인 영의사람과 함께 영원히 남게 되는 것입니다. 예레미야는 이에 대해 "주님은 모든 사람의 행위에 주목하시고, 그들의 행위와 열매에 따라 심판하신다고" 말해주고 있습니다.

사람이 죽은 후에는 죽은 사람의 본질인 영의사람을 위해 어떤 변화도, 어떤 기적도 일어나지 않습니다. 그러므로 사람이 이 세상에서 사는 동안 하나님과의 바른 관계를 갖고, 하나님의 말씀을 따라 선을 행하는 삶을 살아야, 죽어서도 천국에서 영원한 생명과 행복을 누릴 수가 있는 것입니다. 아브라함은 부자에게 죽었던 사람이 다시 살아서 가는 기적이, 산 사람을 변화 시키는 것이 아니라, 오직 하나님의 말씀만이, 세상에 살고 있는 사람을 변화시켜 천국으로 오게 할 수 있다고 대답해 주었습니다. 이것은 사람이 세상에서 하나님과의 관계를 무시하고, 하나님의 말씀을 떠나서 살게 되면, 사람이 죽은 후에 이 부자처럼 지옥에 떨어져 비통한 후회를 하게 된다는 사실을 명백하게 알려주시는 것입니다.

주님은 사람이 부와 가난에 의해 천국과 지옥으로 가는 것이 아니라, 이 세상에서 사람자신이 살아 온 마음과 삶에 의해, 천국과 지옥으로 간다는 것을 부자와 거지나사로를 통해 실질적으로 보여주시고 있는 것입니다. 사후세계에서 우리에게 주시는 놀라운 메시지는, 사람이 죽은 이후에도 이 세상에서처럼, 똑같은 사람의 모습으로 보고, 느끼고, 생각하고, 기억하고, 말하고, 세상의 가족들을 걱정도 한다는 사실입니다. 그 누구든 죽은 후 사후세계에 가서 사람의 모습으로 보고, 느끼고, 생각하고, 기억하고, 말도 하고, 세상에 남겨진 가족걱정을 하게 된다면, 저의 이 글을 반드시 기억하게 될 것입니다. 그러기에 우리는 이 세상에서 그 무엇보다도 하나님을 우리 마음 중심에 모시고, 하나님을 의지하며, 하나님의 말씀을 우리 삶의 거울로 삼아 살아야 하는 것입니다. 하나님의 말씀만이 우리 자신을 변화시킬 수 있고, 온갖 악과 거짓으로부터 우리의 삶을 바르게 인도하여, 영원한 천국으로 안내하기 때문입니다. 사람이 천국에서 살기에 합당한 사람이 되지 못하면, 사후세계에서 갈 곳은 오직 한곳 지옥뿐이기 때문에, 사람은 그 누구든 세상에서 반드시 천국 공동체에 적합한 사람으로 자신을 변화시켜야 합니다. 사람의 변화는 세상에서만 가능하고, 사람은 그 누구든 죽어서 사후세계를 거쳐 지옥이 아닌 천국으로 가야하기 때문입니다. 천국과 지옥이 실재하는 것은, 사람이 육적인 존재로서 땅에서만 사는 것이 아니고,

세상에서 죽으면 모든 것이 끝나는 것이 아니기 때문입니다. 사람은 영적인 존재로서 죽음 이후의 사후세계인 천계에서도 영원히 살 수 있도록, 영원한 생명을 가진 생명체로 창조되었기 때문입니다.

오지교회의 처녀목사

제가 I 나라에서 선교사로 있었을 때, 오지에 있는 교회들을 방문할 기회가 있었습니다. 오지지역에 있는 교회들을 담당하는 현지 목사님과 함께 10개의 오지교회를 찾아가서 교회의 상황과 목회자들의 생활을 알아볼 수 있는 참으로 좋은 기회였습니다. 아홉 교회를 방문하고, 마지막 열 번째 교회를 찾아가는 날, 아침부터 비가 내리고 있었습니다. 현지목사님은 비가 계속해서 올 것 같고, 가는 길도 안 좋으니 오늘 열 번째 교회는 가지 말자고 저에게 말했습니다. 저도 아홉 교회를 방문하느라 피곤하기도 하고, 비까지 내리고 있어서 가지 말까라는 생각을 하는 순간, 주님께서 제 마음속에 열 번째 교회는 반드시 가야 한다는 어떤 강력한 암시를 주시는 것을 느낄 수가 있었습니다.

저는 현지목사님에

> 사람들이 사는 동안에 기뻐하며 선을 행하는 것보다, 더 나은 것이 없는 줄을 내가 알았고, 사람이 선을 행할 줄 알고도 행하지 아니하면 죄니라.
>
> (성경 잠 3:12, 약 4:17)

게 비 때문에 포기할 수 없으니, 꼭 가야한다는 나의 굳은 의지를 보이자, 어쩔 수 없이 둘이서 좋지 않은 오래 된 낡은 차를 타고 출발하게 되었습니다. 우리는 앞이 잘 보이지 않을 정도로 많은 비가 내리고 있었지만, 그 빗속을 한참동안을 달려서 어느 지점에 도착을 하게 되었는데, 다행히 그 지점까지는 도로 포장이 되어 있어서 별 어려움 없이 올 수가 있었습니다. 하지만 우리 앞에 놓여 있는 작은 폭의 길은 매우 위험하고, 사람이 걸어서가기에도 쉽지 않은 그런 비포장도로의 진창길이 우리 앞에 놓여 있었습니다. 다시 현지목사님은 저에게 이런 길은 이 낡은 차로 지나갈 수 없으니, 돌아가야 한다고 해서 그 때, 저도 정말 난감하지 않을 수가 없었습니다.

하지만 저는 여기까지 왔으니 포기하지 말고 가보자고 하고, 현지목사님은 더 이상 갈 수 있는 길이 아니니 돌아가자고 하고, 한참을 그곳에서 옥신각신 하다 내가 포기를 안 하자, 결국에는 그 위험한 길을 가게 되었습니다. 오래된 낡은 자동차는 진창길을 괜찮게 가는가 싶었는데, 더도 아니고 덜도 아닌 딱 중간 지점에서 더 이상 가지 못하고, 그만 차가 멈추고 말았습니다. 왼쪽은 경사가 심해서 만일 차가 추락하게 된다면, 큰 사고로 이어질 수 있고, 오른쪽에는 도랑물이 흐르고 있는 농수로였습니다. 겨우 차 한 대 지나갈 수 있는 좁은 진흙탕 길에 멈춰선 차는, 아무리 액셀러레이터를 밟아도 끔쩍도 하지 않았습니다. 결국 나는 운전석으로 가고, 현지목사님은 차에서 내려 바지를 걷어 올리고, 비가 내리는 진흙탕 속에 빠져 뒤에서 차를 여러 번 밀어 보았지만, 여전히 차는 조금의 움직임도 없었습니다.

사람 하나 보이지 않는 오지의 진창길에서 나는 인간적인 힘과 방법으로는 안 되겠다 싶어서, 현지목사님을 불러 주님께 도움을 요청하는 기도를 드리고, 다시 해보자고 말했습니다. 우리둘은 비가 내리는 아무도 없는 오지의 진흙탕 길 중간 지점에서, 간절한 심정으로 주님께 도움을 요청하는 기도를 드렸습니다. 우리는 주님께 하늘의 천사들을 우리에게 보내어 주셔서, 이 오지의 진흙탕 길에서 무사히 빠져나가게 해달라고 절박한 심정으로 기도를 드렸습니다. 우리는 기도를 마치고, 나는 운전석으로 돌아가 핸들을 꽉 부여잡고, 기어를 1단에 놓고 액셀러레이터를 조심스럽게 밟았습니다. 왜냐하면 조금이라도 실수해서 진흙탕에서 차가 미끄러지게 된다면, 그야말로 아무런 대책 없이 큰 사고로 이어질 수 있었기 때문입니다. 현지목사님은 다시 뒤로 가서 차를 밀고, 저는 운전대를 부여잡고 주님께 기도하면서 액셀러레이터에 힘을 주어 밟았습니다. 조금 전까지 진흙탕에 빠져 전혀 끔쩍도 하지 않던 차가, 어떤 강력한 힘에 의해 아주 부드럽게 차가 들려서 앞으로 나가는데, 너무도 신기했던 것은 그 좁은 진흙탕 길에서 낡은 차는 조금도 좌로나 우로나 치우치지 않고, 똑바로 나가는 것을 보고, 놀라움과 감동으로 가득 찼던, 그

오지 길의 진흙탕 길을 지금도 잊을 수가 없습니다.

주님께서 하늘의 천사들을 보내어 오지의 진흙탕 길에 갇혀 있는 우리를 도와주셨기에, 우리는 그 오지의 진흙탕 길에서 무사히 빠져나올 수가 있었습니다. 진흙탕길 넘어에는 숲이 있었는데, 집들이 보이질 않아 저는 차에서 내려 숲속으로 걸어 들어가니, 숲속에 보이지 않던 집들이 있었습니다. 숲속에 집들은 있었지만, 보이는 사람이 아무도 없어서 나는 소리를 지르며, 사람을 찾고 있는데, 한참 후에야 어디에선가 한 여자 분이 남루한 옷을 입고 맨발로 뛰쳐나왔습니다. 제가 누구냐고 물으니, 목사라고 말하면서 저에게 잠시만 기다리라고 해서 기다리고 있으니, 어디에선가 더 많은 사람들을 데리고 와서 자기 교회 성도들이라고 알려주었습니다.

맨발로 진흙탕 길을 걸어와서 도착한 현지목사님이 여자목사님에 대한 소개를 하는데, 7년 전에 신학교를 졸업하고, 처녀의 몸으로 이 오지교회에 와서 결혼도 하지 않은 채, 지금까지 오지교회를 섬기고 있다고 말해주어 큰 감동을 받았습니다. 저는 준비해간 봉투를 여자목사님께 건네주었는데, 갑자기 감정이 복받쳐 오르는지 목이 메고, 눈물을 쏟으면서 저에게 말했습니다. 그동안 성도들과 너무나도 고기가 먹고 싶고, 너무나도 과일이 먹고 싶었지만, 돈이 없어서 먹을 수가 없었는데, 7년 만에 기도가 응답되어, 오늘 성도들과 함께 고기와 과일을 마음껏 먹을 수 있게 되어 너무 감사하다는 말을 했을 때, 왜 주님께서 저에게 이 교회는 꼭 가야한다는 강력한 암시를 주었는지를 이 오지교회에 와서 알게 되었습니다. 이 여자목사님이 7년 동안 이 오지교회에서 시집도 가지 않고 목회하는 동안, 외부에서 그 누구도 찾아오는 사람이 없었는데, 제가 처음으로 찾아가 그들의 작은 소망인 기도의 응답이 되었다는 사실에, 저 자신에게도 큰 은혜가 되었고, 내 생애 선교지에서 잊지 못할 가장 아름다운 주님의 이야기로 소중하게 간직되고 있습니다.

땅의 사람 하늘의 사람

사람은 천계와 자연계에서 동시에 살 수 있도록 사람으로 창조 되었고, 영적인 존재로 창조되었습니다. 천계는 천국과 지옥이 있는 영계를 말하고, 자연계는 사람들이 살고 있는 땅을 말합니다. 하늘과 땅의 창조는, 사람이 이 두 세계에서 동시에 살 수 있도록 창조되었기 때문에, 사람에게는 특별히 내적(영적인 사람)인 것과 외적(자연적인 사람)인 것이 주어진 것입니다. 성경은 "사람의 내적인 사람을 속사람이라 말하고, 사람의 외적인 사람을 겉사람이라" 지칭(어떤 대상에 대한 이름)하고 있습니다. 또한 "사람의 속사람을 영적인 사람 또는 영의사람이라 말하고, 사람의 겉 사람을 자연적인 사람 또는 육의사람"이라고 말합니다. 사람의 자연적인

> 예수께서 이르시되 진실로진실로 네게 이르노니 사람이 거듭나지 아니하면, 하나님의 나라를 볼 수 없느니라. 사람이 물과 성령으로 나지 아니하면, 하나님의 나라에 들어갈 수 없느니라. 육으로 난 것은 육이요, 영으로 난 것은 영이니, 내가 네게 거듭나야 하겠다는 말을 놀랍게 여기지 말라.
>
> (성경 요 3:1~7)

육의사람은 땅에서 죽기 전까지 살게 되지만, 죽게 되면 자연적인 육의사람은 흙으로 돌아가고, 사람의 속사람인 영의사람은 사후세계를 거쳐 천국 또는 지옥으로 가서 거주하게 되는 것입니다. 하늘에 있는 천계는 자연적인 세계가 아니라, 영적인 세계이기 때문입니다.

이러한 이유로 사람이라고 해서, 다 같은 사람이 아니 다는 것을 알아야 합니다. 비록 사람들이 똑같은 세상에서 살고 있지만, 영적으로 사는 하늘의 사람이 있고, 자연적으로만 사는 땅의 사람이 있기 때문입니다. 성경은 "영적인 사람을 산사람이라 말하고, 자연적인 사람을 죽은 사람"이라고 말해주고 있습니다. 왜 자연적인 사람이 죽은 사람인가는 세상 적이고, 자연적인 것 이외에는 어떤 선함이나, 진리에 속한 것을 전혀 시인(인정)하지 않기 때문입니다. 오히려 자연적인 육의사람은 세상 적이고, 육신에 관계된 것들을 숭배하고, 애정을 갖고, 쫓아서 살기를 원하기 때문입니다. 이것은 사람의 눈에 보이는 육의 사람과 세상과 자연적인 것에만 애정을 갖고 집착하며 살기 때문입니다. 사람의 내면에 사람의 본질인 영적인 존재가 있다는 것을 시인하지 않고 살게 되면, 사람이 죽은 후 영적인 세계인 천국에서 살 수가 없으므로 죽은 사람이고, 죽은 후에는 사후세계를 거쳐 지옥으로 가게 되는 것입니다. 반면 영적인 사람은 진리와 선에 대한 애정을 갖고, 진리와 선을 쫓아서 행하는 사람으로 생명이 있는 사람을 말합니다.

　자연적인 육의사람의 삶의 목적은 관능적(감각과 쾌락)이고, 오직 세상적인 삶에 있으며, 영원한 생명이나, 주님에 대해서는 전혀 알려고 하지를 않는 사람입니다. 하지만 영의사람의 삶의 목적은 주님과의 관계에 삶의 의미를 두고, 영원한 천국에 소망을 두고 사는 사람입니다. 자연적인 육의사람은 세상을 지배하는 악과 거짓의 지배를 받으며, 악과 거짓의 노예일 뿐입니다. 자연적인 육의사람은 재물이나, 이득 또는 명성이나, 명예와 같은 것들에 사람의 가치를 부여하는 사람입니다. 반면 영의사람은 선에 대한 애정과 주님의 말씀과 천국에 그 삶의 가치를 두고 사는 사람입니다. 그래서 사람이 이 세상에서 어떤 삶을 사느냐 하는 것은 사람 자신을 위해 대단히 중요한 것입니다. 사람은 자연적인 세상에서만 살지 않고, 자연적인 세상과 영적인 천계에서 동시에 살 수 있도록 사람으로, 영적인 존재로 창조되었기 때문입니다.

　사람이 세상에서 땅의 사람으로 살 것인지, 아니면 하늘의 사람으로 살 것인지는, 사람의 마음과 생각에 달려 있습니다. 사람은 자신의 마음과 생각에 의해, 자신이 원하는 삶을 선택하여 살기 때문입니다. 이러한 이유에서 현재 이 세상에서 사람들이 살고 있는 삶은, 그 어떠한 삶이든, 사람 자신의 마음과 생각이 원하는 삶을 살고 있다는 것을 부인할 수 없는 것입니다. 그러기에 사람은 누구나 세상에 사는 동안 땅의 사람은 어떤 사람이고, 하늘의 사람은 어떤 사람인가를 죽기 전에 반드시 알고 살아야, 사람이 죽은 후, 사후세계에 가서 엄청난 충격과 혼란에 빠지지 않게 되는 것입니다. 사람 누구나 한 사람 안에 땅의 사람과 하늘의 사람이 동시에 공존하고 있기 때문입니다.

*** 땅의 사람 ***

모든 사람은 내적(속사람 참나)인 것과 외적(겉 사람 육신)인 것을 모두 다 가지고 있습니다. 사람이 내적인 것과 외적인 것을 가지고 있다는 것은, 보다 깊은 뜻이 있다는 것을 반드시 알아야 합니다. 사람의 존재가 눈으로 보이는 자연적인 세상에서만 살다가 죽으면, 모든 것이 끝나는 삶이 아니기 때문입니다. 주님은 "사람들의 어둠을 밝혀주시기 위하여 이 세상에 생명의 빛으로 오셨고," 사람들에게 가르쳐준 말씀이 사후세계인 천계에 대한 말씀이었기 때문입니다. 주님 자신이 천계이시고, 천계에서 왔기에, 천계에 대한 실체를 사람들에게 보여주셨고, 여러 가지 비유들로 천계를 알려 주셨습니다. 그러나 사람들은 어둠을 너무나 사랑하기에, 천계의 빛으로 오신 주님에게 가까이 나오는 것을 원치 않았습니다. 사람들은 눈에 보이지 않는 천계보다는 눈에 보이는 세상이 훨씬 더 현실적이고, 실질적이었기 때문입니다. 그래서 사도요한은 이에 대해 "그 정죄는 이것이니, 빛이 세상에 왔으나, 사람들이 빛보다 어둠을 더 사랑하였으니, 이는 그들의 행위가 악하기 때문이라고" 말해주고 있습니다.

인간 됨됨이가 악한 땅의 사람은, 겉 사람(자연적인 육의사람)으로 내적(속사람)이고, 영적인 것들을 전혀 생각하지 않는다는 것입니다. 땅의 사람은 자연적인 육의사람으로, 이 세상의 자연에 속한 것들을 물질적(보이는 것과 관련됨)으로 생각하는 사람입니다. 자연적인 사람들이 마음속에 가지고 있는 내면적(마음과 생각)인 것들은, 오직 이 세상을 향해서만 열려 있기 때문입니다. 왜냐하면 땅의 사람에게 첫째는 세상이고, 그가 가장 사랑하는 세상의 정욕(마음의 여러 가지 욕구)과 자신의 욕망(지나치게 탐하는 욕심)에 따라서 살기를 원하기 때문입니다. 사도요한은 이에 대해 "이는 세상에 있는 모든 것이 육신의 정욕과, 안목의 정욕과, 이세상의 허영심이니, 다 아버지께로부터 온 것이 아니요. 세상으로부터 온 것이라. 이 세상도 지나가고, 그 정욕도 지나가되 오직 하나님의 뜻을 행하는 자는 영원히 거하게 된다고" 말해주고 있습니다. 이것은 사람이 세상에서 사는 동안 세상적인 것과 관계된 모든 것은, 일시적이고, 영원한 것이 되지 못하지만, 하나님의 말씀을 따르는 자는 죽은 후에도 영원한 천국에서 영원히 살게 된다는 것을 명확하게 알려주고 있습니다.

땅의 사람은 자기 사랑과 세상적인 사랑으로 자연적 안에 있기에, 땅의 사람은 이러한 것으로부터 생각하고, 뜻하고, 말하고, 행동을 하는 사람입니다. 사람이 영적으로 내적(참 나인 영의사람)인 사람이 열리지 아니하면, 겉 사람인 외적(육의사람)인 사람이 자연적인 세상을 향해 열리기 때문입니다. 외적인 사람의 열림은 세상을 향해 열리고, 그 형성은 이 세상에 속한 것들에 알맞게 형성이 되는 것입니다. 영적으로 내적인 영의사람이 열리지 아니하면, 자연적인 사람은 속사람(영의사람)이 있다는 것조차 알지 못하고, 그 속사람이 죽음 이후에 사후세계에 가서도 삶이 영원히 지속된다는 것을 믿지 못하게 되는 것입니다. 이 속사람이 인간의 본질이고, 인간의 참 생명인 것을 모든 사람은 하루라도 빨리 깨달아 알아야 하는 것입니다. 이 속사람이 사람의 참 본질이고, 사람 자신의 참 생명인 것을 속히 깨달아야 그 사람의 영적인 이해성이 열리고, 진리에 대한 애정을 갖게 되며, 비로소 바른 삶을 살 수 있게 되는 것입니다.

땅의 사람들은 이 세상의 빛 안에만 있기 때문에, 그들은 자연을 신이라 믿고, 거짓을 진리로 알며, 악에 속한 것들을 선이라 여기는 사람들입니다. 땅의 사람들은 자신들의 내적(마음의 작용)인 것이 너무나도 외적(외부적인 것)이기 때문에, 자신들이 보고, 손으로 만져지는 것이 아니면, 아무것도 믿지 않는 관능적(감각과 쾌락)인 사람들입니다. 영적인 속사람(영의사람)은 천국의 형상을 이루지만, 자연적인 겉 사람은 세상적인 형상을 이루게 됩니다. 그래서 고대 사람들은 사람을 소우주라 부르기도 한 것입니다. 사람은 외적인 것들에서부터 내면적(마음과 생각에 관한 것)인 것들을 향하여 진전 되어야 주님의 빛 안으로 들어가게 되고, 영적인 깨달음 속으로 들어가게 되는 것입니다. 고대 사람들은 이를 가리켜 사람의 자연적인 관능(감각 기관의 작용)들로부터 물러서는 것이라고 말하였습니다. 사람이 사람의 자연적인 관능들로부터 벗어나야, 사람의 내적인 것들에 관심을 갖게 되고, 생각할 수 있기 때문입니다.

사람의 겉 사람(육의사람)은 속사람(영의사람)에 종속(딸려 붙음)되고, 속사람의 지배하에 있어야만 합니다. 왜냐하면 사람의 겉 사람은, 사람의 속사람을 따르도록 창조되었기 때문입니다. 사람은 속사람이 주인이어야 하고, 겉 사람은 속사람을 따라야 하는 것입니다. 하지만 세상에 살고 있는 많은 사람들은 이와는 정반대로 겉 사람이 주인행세를 하며, 속사람을 지배하고 사는 사람들이 엄청나게 많다는 것입니다. 하지만 사람의 겉 사람이 속사람에게 결합되지 아니하면, 사람은 참다운 생명을 받을 수 없게 되는 것입니다. 사도바울은 이에 대해 "너희가 육신을 따라 살면 죽을 것이나, 성령으로써 육신의 행실들을 죽이면, 살게 되리라고" 알려주고 있기 때문입니다. 사람이 육신을 따라 산다는 것은, 겉 사람이 추구하고, 겉 사람이 원하는 세상적인 욕망(지나치게 탐하는 욕심)을 따라 사는 것을 말하는 것입니다. 하지만 이처럼 육신을 따라 사는 사람, 곧 겉 사람의 욕망을 따라 사는 사람은 반드시 죽게 된다고 성경은 경고하고 있습니다. 사람이 죽는다는 것은 세상에서 사람의 육신적인 죽음뿐만 아니라, 사후세계에 가서 사람의 본질인 영의사람이 지옥에 떨어지게 되는 것을 말하는 것입니다. 사람의 본질은 육의사람이 아니라, 사람의 내면에 있는 영의사람 곧 속사람이 사람의 참 본질이기 때문입니다.

그래서 속사람인 영의사람이 닫쳐진 사람들은 천계에 대해, 주님에 대해, 주님의 말씀에 속한 것들에 대해, 그 어떠한 관심도 갖지 않는 사람들입니다. 땅의 사람인 겉 사람은 무엇보다도 자기 자신과 세상을 더 사랑하고, 눈에 보이는 자신의 겉 사람과 세상적인 것들에만 지나칠 정도로 집착하고 관심을 가지기 때문입니다. 땅에 속한 사람의 특성은, 신적 존재와 신적 진리에 대하여 아무 것도 믿지 않는 다는 것입니다. 사람의 겉 사람이 갖는 마음과 생각은 세상의 물질적일뿐, 조금도 영적인 것에 대한 관심이나 생각을 하지 않기 때문입니다. 나중에 사후세계에서 이 방법으로 악한 자와 선한 자를 구분해 내는데, 악한 자들은 영적인 것과 진리와 선에 대해 그 어떠한 관심을 갖지 않으며, 그 어떤 즐거움도 느끼지 못한다는 것입니다. 이 같은 방법으로 사후세계에서 악한 자들을 선한 자들에게서 분리시키는 것입니다. "자연적인 사람이 주님의 말씀으로 거듭남에 의해 영적인 사람이 되지 아니하면, 그는 세상에서든, 사후세계에서든 지옥에 있게 되는" 것입니다. 자연적인 사람의 모든 것은 세상으로부터 악과 거짓에서 나오기 때문입니다. 또한 주님께로부터 나오지 아니하는 모든 것에는 그 어떠한 진리나, 선이나, 생명이 있을 수 없고, 오직 선한 분은 주님 홀로 한분이시기 때문입니다.

주님은 자연적인 땅의 사람은 반드시 영적인 사람으로 새롭게 거듭나야 한다는 것을 친히 알려 주셨습니다. 주님은 이에 대해 "육으로 난 것은 육이요. 영으로 난 것은 영이니, 내가 너에게 거듭나야 한다고 말한 것을 너는 놀랍게 여기지 말라." 사람은 누구나 반드시 거듭나야 한다는 것을 강조하여 말씀해주신 것입니다. 자연적인 사람도 진리를 가지고 있지만, 그 진리는 생명이 없는 진리로 과학 또는 지식이라고 부르는 진리입니다. 그러나 자연적인 사람이 바른 선용(좋은 일에 사용)과 생명을 위한 목적으로 자신의 과학과 지식을 선용한다면, 자연적인 사람이 가지고 있는 과학과 지식은 영적인 것들을 만나게 됩니다. 그리고 자신의 과학과 지식에서 선과 일치하는 것들을 채택하여 자신의 삶에 적용하게 되는 것입니다. 자연적인 과학과 지식은 속사람에 속한 진리와 선을 받는 도구이고, 그릇이 되어야 하는 것입니다. 성경에서 말하는 그릇이란, 영적인 뜻으로 자연적인 사람이 가지고 있는 유익한 달란트나, 선용(좋은 일에 사용)적인 과학과 지식을 가리키는 것입니다. 그래서 같은 과학과 지식이 악한 자에게는 악에 쓰여 지기 때문에 거짓이 되고, 선한 자에게는 선에 쓰여 지기 때문에 진리로 바뀌게 되는 것입니다.

자연적인 땅의 사람은, 사람이 죽은 이후에도 사후세계에서 여전히 사람으로 존재할 수 있다는 사실을 아예 믿지 않습니다. 그러니 사람이 죽은 이후에 사후세계에서도, 세상에서와 같이 모든 감각을 향유(누리어 가짐)할 수 있다는 사실에 대해 어찌 믿을 수가 있겠습니까. 그러나 주님은 부자와 거지나사로를 통하여 인간의 죽음이 모든 것의 끝이 아니라, 자연적인 사람이 그토록 부인해왔던, 사후세계가 실제로 존재하고 있음을 알려주신 것입니다. 부자와 거지나사로는 둘 다 죽었지만, 부자는 죽어서 지옥에 도착했고, 거지나사로는 죽어서 천국에 도착하여 그들은 죽어서도 사후세계에서 천국과 지옥에 있는 서로를 알아보았습니다. 뿐만 아니라, 그들은 사후세계에서 세상에서처럼 사람이 지녔던 모든 감각들을 똑같이 지니고 있었습니다. 그들은 사후세계에 가서도 서로 보고, 말하고, 생각하며, 모든 것을 현실처럼 느낄 수 있다는 사실을 한편의 영화 장면처럼 생생하게 보여주고 있습니다.

그러하기에 사람은 땅의 겉 사람에서, 영적인 속사람으로 반드시 거듭나야 하는 것입니다. 세상에서 사람은 거듭남을 통해서 주님께로부터 천국에 거주할 수 있는 새 생명을 받기 때문입니다. 자연적인 땅의 사람은 자연이 전부이고, 자연을 신으로 여기는 사람입니다. 땅에 속한 사람은 영적인 존재를 부인하고, 사후세계를 부인하며, 자연적인 존재만을 주장합니다. 자연적인 땅의 사람은 재물과 이득과 명예에 속한 세상의 기쁨을 박탈당하면, 어떠한 축복도 향유(누리어 가짐)할 수 없다고 생각하는 사람들입니다. 이처럼 영적인 속사람이 닫혀 있고, 자연적인 겉 사람만이 열려 있는 사람들은 지나치게 관능적(감각과 쾌락)이고, 세상에서 탐욕(지나치게 탐하는 욕심)적인 사람에 불과한 것입니다. 성경은 이들을 가리켜 "자연적인 사람이라 말하고, 겉 사람이라 말하며, 또는 땅에 속한 사람 그리고 죽은 사람이라고" 말해주고 있습니다.

사도바울은 이들에 대한 결론을 말해주고 있습니다. "육신을 따르는 자는 육신의 일을, 영을 따르는 자는 영의 일을 생각하나니, 육신의 생각은 사망이요. 영의 생각은 생명과 평안이다"고 알려주고 있습니다. 사람이 자연적인 땅의 사람으로 살 것인지 아니면, 하늘에 속한 영적인 사람으로 살 것인지는, 인간 각자의 자유의지인 자신의 합리적(논리적이고 이치에 맞는)인 생각과 의지(뭔가를 이루고자 하는 마음)에 달려 있는 것입니다. 강제적으로 강요하는 것으로는 그 누구든 주님의 진리와 선을 따를 수 없고, 사람이 자신의 자유의지에 의해 선택하지 않은 것은 자신과는 아무런 관계가 없기 때문입니다. 또한 사람은 자연적인 이해성과 영적인 이해성을 동시에 갖고 있기 때문에, 자신의 합리적인 생각과 이해성으로 영적인 것에 대한 생각과 이해를 할 수 있기 때문입니다. 중요한 것은 사람이 세상에서 사는 동안, 눈에 보이는 육신과 세상에만 집착하고 자연적인 땅의 사람으로만 살게 된다면, 죽은 후 사후세계에서 반드시 지옥으로 가게 된다는 사실을 명심해야 합니다. 사람은 땅과 하늘의 천계에서 살 수 있도록 창조되었고, 그로 인하여 사람에게는 내적(속사람 영의사람)인 것과 외적(자연적인 육의사람)인 것이 주어져 있기 때문입니다.

*** 하늘의 사람 ***

하늘에 속한 사람은 최초의 태고교회를 뜻하는 말이지만, 성경 말씀의 뜻으로는 개인적인 사람으로서 개인적인 사람 안에 있는 교회를 의미하고 있습니다. 이것은 주님의 성전이 아닌 사람은 그 성전이 뜻하는 교회나, 하늘에 속한 사람이 될 수 없다는 것을 뜻하고 있기 때문입니다. 사도바울은 이에 대해 "너희가 하나님의 성전인 것과 하나님의 성령이 너희 안에 거주하는 것을 알지 못하느냐고" 반문하고 있습니다. 그래서 태고시대에는 태고교회를 사람이라 불렀습니다. 참된 교회는 내적으로 속사람(영의사람) 안에 존재하기 때문입니다. 사람에게 있어서 외적인 교회(보이는 교회)는 내적인 영적인 교회가 없으면, 외적인 교회는 아무엇도 아닌 것입니다. 하늘에 속한 사람이란 외적인 사람이 아니라, 내적으로 영적인 사람을 뜻하기 때문입니다. 그래서 사람에게는 누구에게나 외적(겉 사람 또는 육의 사람)인 것과 내적(속사람 또는 영의사람)인 것이 주어진 것입니다. 이러한 이유에서 교회도 외적인 교회와 내적인 교회가 주어졌는데, 참된 교회는 사람의 내적인 속사람 안에 있어야 하는 것입니다.

하늘의 사람이란, 거듭난 사람에 대해서 말하는 것입니다. 하늘과 땅이 생겼다는 것은, 영적인 의미에서 새롭게 거듭난 탄생을 뜻하는 것입니다. 거듭난 사람은 믿음과 진리가 마음속에서 하나 되어, 삶속에서 실제로 그렇게 사는 사람을 가리키는 것입니다. 성경은 "거듭난 사람을 일곱째 날로" 표현하기도 했습니다. 일곱째 날은 주님께서 행하신 모든 일에서 완성을 이루신 날로 히브리말로는 안식을 뜻하며, 거룩한 안식일로 지켜졌습니다. 이 일곱째 날의 말씀이 뜻하는 영적인 의미는, 사람의 새 창조와 사람의 영적인 완성으로 주님의 말씀에 의해 속사람이 거듭난 사람을 의미하는 것입니다. 주님 자신도 인간으로서 인성을 신성으로 성화를 이루어 신적인 사람이 되셨으며, 주님 자신이 "안식일의 주인이 되신다는" 말씀에서 보다 더 확실하게 알 수가 있습니다. 거듭난 사람도 주님의 안식을 뜻하는데, 그것은 주님을 닮았기 때문입니다. 또한 안식의 날은 엿새 동안의 모든 시험의 싸움과 애씀이 끝난 날이라 일컬어졌습니다.

거듭난 사람은 자기 자신의 욕망(지나치게 탐하는 욕심)에 따라 살지 않고, 다만 진리와 선이 되시는 주님의 삶을 본받아 살아가는 사람입니다. 사도바울은 이에 대해 "내가 그리스도를 본받는 것 같이 너희도 그리스도를 본받는 자가 되라"고 가르쳐주신 것입니다. 거듭난 사람을 안식 또는 쉼이라고 표현하는 또 다른 이유는 영적인 싸움이 끝이 났기 때문입니다. 이 영적인 싸움은 "주님 홀로 사람을 대신해서 싸우시는 것이기에 싸움을 이기시고, 그치신 것을 주님께서 안식하셨다고" 말씀하신 것입니다. 이사야 선지자는 사람의 새 창조, 거듭남이 여호와 하나님이신 주님께서 하시는 일이라고 말해주고 있습니다. 여호와이신 주님께서 "하늘들을 창조하시고, 땅을 형성하시고, 그 모든 것을 구성하셨다고" 알려주고 있습니다. 땅은 겉 사람을, 하늘은 속사람을 뜻하는데 이 모든 것을 구성하시고, 만드신 분이 주 여호와 하나님 이시다는 것입니다. 사람이 거듭나는 과정에 있는 동안에는 겉 사람은 아직도 속사람에게 순종하고, 따르려 하지 않는다는 것입니다. 하지만 겉 사람이 속사람에게 순종하고, 따르게 될 때, 비로소 영적인 싸움이 끝이 나는데, 이 싸움은 주님 홀로 사람을 대신해서 싸우시는 것입니다. 이때 거듭난 사람은 악과 거짓의 노예에서, 참된 믿음의 사람으로, 진리의 선에 속한 사람으로 바뀌게 되는 것입니다. 이것이 거듭난 사람의 실제적인 변화인 것입니다. 거듭난 사람의 실제적인 변화는 내적인 변화를 통해 삶에서도 실제적으로 그처럼 나타나는 것을 가리키는 것입니다.

겉 사람이 속사람에게 순종하지 아니하고, 따르려 하지 않을 때에는, 겉 사람을 사람이라 말할 수 없었지만, 겉 사람이 속사람에게 순종하고, 따르게 되면, 믿음의 삶에 의해 참사람이 되는 것입니다. 믿음의 삶은 겉 사람으로 하여금 사람 되게 하는 준비를 하게 하였고, 한 걸음 더 나아가 진리의 선을 행하는 삶은, 겉 사람으로 하여금 사람이 되게 했기 때문입니다. 주님을 가장 향기롭게 하는 것은, 사람의 믿음과 사랑에 관한 것들입니다. 그래서 거듭난 사람은 주님을 가장 향기롭게 하는 향기가 되는 것입니다. 이로서 주님의 영광을 가리 우거나, 주님의 이름을 욕되게 하는 사람은, 그 누구든 거듭난 사람이 아닌 것입니다. 거듭난 사람에게는 믿음과 사랑이 하나로 결합되어 있기 때문입니다. 믿음과 사랑이 하나로 결합된 상태를 가리켜 거듭난 사람이라 말하고, 또는 영에 속한 사람이라 말하게 되는 것입니다. 이러한 이유에서 거듭난 사람의 삶속에서 믿음과 사랑은 보이는 형체로 나타나야 하는 것입니다. 예언적인 것이나, 은사적인 것을 거듭 남이라 말하는 것은 성경에 위배되는 잘못된 것임을 알아야 합니다. 은사적인 것에는 겉으로 나타나는 표적이 있듯이, 거듭남에도 겉으로 나타나는 실질적인 선의 형체가 있어야 하기 때문입니다. 진리는 선으로부터 자신의 생명을 가지는데 진리는 선의 형체이고, 선의 성품이기 때문입니다. 그래서 거듭난 사람이란 그 사람 자신의 선과 그 선과 결합하여 나오는 진리가 거듭난 사람을 나타내는 것입니다. 사람은 모든 선에서 비롯된 진리에 의해 진정한 하늘의 사람이 되기 때문입니다.

그래서 "하늘에 속한 사람 곧 영적인 사람은, 거듭난 사람으로 속사람이 날로 새로워지는 사람"이라고 사도베드로는 가르쳐 주고 있습니다. 거듭난 사람이라고 주장하면서 날로 좋아지지 않고, 이전보다도 더 나빠지는 사람들이 있습니다. 분명하게 말하지만 이들은 처음부터 거듭난 사람이 아니 다는 것입니다. 본인이 영적인 사람이고, 거듭난 사람이라면, 성경 말씀대로 날마다 새롭게 나아져야 하기 때문입니다. 다윗 왕도 이에 대해 "하나님이여 내 속에 정한 마음을 창조하시고, 내 안에 정직한 영을 새롭게 하소서"라고 말해주고 있습니다. 사람의 기준과 교리의 가르침에서 거듭남이 아니라, 거듭남에 대한 실질적인 증거는 그 사람 됨됨이와 삶을 통해 알 수가 있는 것입니다. 거듭난 사람은 외면(겉모습)과 내면(사람의 속마음)이 세상적인 사람들처럼 수시로 바뀌지 않고, 언제 어디서나 똑같은 모습이기 때문입니다. 거듭남의 역사는 어떤 표적이나 은사가 아니라, 거듭난 사람의 내면과 외면이 똑같아야 하고, 삶을 통해서도 실질적으로 똑같이 나타나야 하는 것입니다. 이 나타남이 거듭난 사람의 내면과 외면의 동일함인 것입니다. 이것이 성경이 말씀하시는 거듭난 크리스천의 향기이고, 크리스천의 영성(영적인 성품)인 것입니다.

특히 거듭난 사람은 진리의 선에 대한 애정을 갖고 있기 때문에, 누구에게나 공정하고 진실하여 선을 악으로 이용한다거나, 자신의 유익이나 목적을 위해, 악하고 거짓된 행동을 그 어떠한 경우에도 하지 않는 사람입니다. 거듭남의 변화는 사람의 마음과 생각의 변화로, 사람의 마음과 생각이 바뀌어야 그 사람의 삶도 바뀌기 때문입니다. 그래서 주님은 열매로 그 사람이 어떠한 사람인가를 알 수 있다고 알려주셨습니다. 열매는 그 사람의 언어와 행동과 마음과 삶을 뜻하는 것으로 이러한 것들을 대면했을 때, 그 사람의 됨됨이와 본질을 알 수 있다는 것입니다. 따라서 사람은 그 누구든 세상에서 사는 동안 자연적인 땅의 사람에서 영적인 하늘의 사람으로 거듭나야, 죽은 후 사후세계에 가서도 천국에 거주하게 되는 것입니다. 주님은 "사람이 거듭나지 아니하면, 하나님 나라를 볼 수도 없고, 하나님 나라에 들어 갈 수도 없다"고, 밤중에 찾아온 니고데모에게 명백하게 가르쳐 주셨기 때문입니다.

우리가 배우고, 알고 있었던 거듭남은 정확히 어떠한 것인지 참 이해하기가 어려운 거듭남 이었습니다. 거듭난 사람의 실제적인 변화를 알게 해주는 분명한 성경적인 지식과 가르침이 부족했기 때문입니다. 우리가 영적인 사람에 대해서도 어떤 사람이 영적인 사람인지 정확하게 이해하기가 쉽지 않았습니다. 교회를 다니고, 주님을 믿는 사람이 영적인 사람이 아니라, 속사람 (사람 내면에 있는 영의사람)이 거듭난 사람이 영적인 사람이라는 것을 알 수 없었기 때문입니다. 속사람이 거듭난다는 것은 사람의 내적인 생각과 마음의 변화를 뜻하는 것입니다. 이처럼 사람에게 내적인 변화가 없이는, 사람은 다른 방법으로는 거듭남이 이루어질 수가 없는 것입니다. 사람들은 영적인 것을 겉으로 드러나는 어떤 표적이나, 은사나, 능력에서 찾으려 하고 있습니다. 지금도 이 같은 표적이나, 은사나, 능력을 얻기 위해 금식하고, 철야하며, 기도하는 많은 사람들이 있을 것입니다. 하지만 성경이 말하는 거듭남의 진정한 영적인 의미는, 사람의 속사람이 새롭게 변화되는데 있는 것입니다. 속사람의 거듭남은 사람의 내면적인 생각과 마음의 변화를 가리켜 말씀하신 것입니다. 겉으로 드러나는 표적이나, 은사나, 능력은 모두가 자신을 드러내고, 자신의 능력을 과시하고자 하는 욕망이 담겨 있습니다.

사람이 구원과 영생에 이르는 것은 표적이나, 은사나, 능력이 아니라, 반드시 속사람의 거듭남을 통해서만 이루어진다는 사실을 주님께서 친히 니고데모에게 가르쳐 주셨습니다. 주님께서는 니고데모에게 "거듭나지 아니하면, 하나님의 나라에 들어갈 수 없다고" 단호하게 말씀해주셨습니다. 진실로 진실로를 두 번씩이나 강조하면서까지 사람이 거듭나야 한다는 것을 알려주셨습니다. 이것은 사람이 거듭나지 아니하면, 그 누구도 하나님의 나라에 들어갈 수 없기 때문이라고, 그 이유를 정확하게 니고데모에게 설명해주셨습니다. 뿐만 아니라, 거듭남은 성령을 체험하면, 단번에 이루어지는 것으로 잘못 알고 있었습니다. 성령은 주님으로부터 나오는 신적인 역사와 신적인 능력 그리고 신적인 진리를 뜻하므로, 물과 성령으로 거듭나야 한다는 주님의 말씀은 주님의 신적진리에 따르는 삶으로 거듭나야 한다는 것을 알려주신 것입니다. 거듭남에 대한 이 같은 진리를 알지 못했기에, 너무나 많은 크리스천들이 말로는 거듭났다고 말하지만, 실제적으로는 이 세상에서 "빛과 소금의 삶"을 살지 못하고 있는 것입니다. 사람의 거듭남은 진리의 말씀을 따라 선을 행하는 삶으로 이루어지기 때문에, 왜 거듭남이 단번에 이루어지는 사건이 아니 다는 것을 명확하게 알 수가 있는 것입니다. 하나님의 말씀을 따라 살지 않으면서 거듭났다고 말하는 것은 하님을 기만(속이는 것)하는 것이고, 자신을 속이는 것입니다. 사람의 자연적인 성품은 세상의 풍조를 따라 살려는 욕망이 있듯이, 거듭난 사람의 영성(영적인 성품)은 진리의 선을 사랑하여 진리를 따라 살고자 하는 마음을 갖게 되기 때문입니다.

주님께서 사람을 거듭나게 하신다는 것은, 사람의 내면적인 생각과 마음을 변화시켜, 주님의 진리와 선으로 사람을 인도하시는 것을 가리켜 말씀하신 것입니다. 주님은 "나는 길이요, 진리요, 생명"이라고 주님이 누구신가에 대해 알려주셨습니다. 그래서 주님을 부인하고, 주님을 떠난 모든 것은, 그 어떠한 것도 진리가 될 수 없고, 선도 될 수 없으며, 생명이 될 수가 없는 것입니다. 사람의 고유속성(본래부터 가지고 있는 성질)과 유전적인 본성은 악과 거짓 이외에 아무것도 아니기 때문입니다. 따라서 사람이 자신의 고유속성에 의해 삶을 살아간다면, 구원은 절대적으로 불가능한 것이 되고 마는 것입니다. 이러한 이유에서 사람이 새로 거듭나지 않은 사람은, 결코 하나님의 나라에 들어갈 수 없기 때문입니다. 주님이 이 세상에 오심과 십자가의 고난과 부활은 자연적인 인간 또는 땅에 속한 인간을 구원하기 위한 목적인 것입니다. 주님의 일, 주님의 역사는 사람을 거듭나게 하고, 새롭게 하고, 성결하게 하고, 죄를 용서하여 마지막으로는 인간을 구원하여 천국으로 인도하는 것에 그 목적이 있는 것입니다. 이 거듭남의 목적은 속사람(사람 내면에 있는 영의사람)이 겉 사람을 지배하고, 겉 사람 또는 자연적인 사람이 속사람을 따르게 하는데 그 목적이 있는 것입니다.

거듭남은 사람의 생명을 영원하게 하는 현상이고, 거듭난 사람은 완전한 사람으로 죽은 후에도 천국에서 영원한 삶을 누리게 되는 것입니다. 주님께서 자신의 인성을 신성으로 만드셨던 것과 같이, 주님께서는 거듭난 사람을 영적인 사람으로 곧 하늘의 사람으로 인도하시고 만드시는 것입니다. 사람은 내적인 생각과 마음의 변화로 진리에 대한 애정을 갖게 되고, 진리를 따라 선을 행하는 삶에 의해 점진적으로 거듭나게 되는 것입니다. 거듭남은 단 한 번에 이루어지는 사건이 아니라, 진리의 말씀을 따르는 삶의 과정을 통해, 계속해서 보다 내면적으로 천국이 형성되고, 종국에는 주님은 내 안에 나는 주님 안에 거하게 되는 상태를 뜻하는 것입니다. 그래서 사도베드로는 "거듭남은 항상 있는 하나님의 말씀으로 되었다고" 말해주신 것입니다. "이는 모든 육체는 풀과 같고, 그 모든 영광은 풀의 꽃과 같으나, 주님의 말씀은 영원"하기 때문입니다.

주님의 말씀을 따라 살지 않으면서 거듭났다고 말하는 것은, 하나님과 자신을 속이는 것입니다. 거듭난 사람은 무엇보다도 주님의 말씀에 대한 애정을 갖기 때문에, 주님의 말씀이 요구하는 선을 행하며 살게 되는 것입니다. 주님은 이에 대해 "사람이 나를 사랑하면 내 말을 지키리니, 내 아버지께서 그를 사랑하실 것이요, 우리가 그에게 가서 거처를 그와 함께 하리라"고 소중한 약속의 말씀을 해주셨습니다. 그래서 거듭난 사람은 내면과 외면이 항상 일치해야하고, 믿음과 사랑이 거듭난 사람의 삶을 통해 보고, 느낄 수 있는 형체로 나타나야 하는 것입니다. 이 같은 열매로 사람이 거듭난 사람인가를 보다 더 명확하게 알 수 있고, 나타남이 없는 것은 아예 그 자체가 없었거나, 또는 죽은 것이기 때문입니다. 어떤 사람들은 너무나도 이기적인 자신과 자신의 성질로 충만한데도 거듭났다고 주장하는 사람들이 있습니다. 하지만 분명한 것은 거듭난 사람은 날로 새로워지고, 좋은 사람이라는 것을 누구나 보고, 느낄 수 있어야 비로소 거듭난 사람이라 인정받을 수 있는 것입니다. 사람의 거듭남의 변화는 사람의 내적인 것과 외적인 것의 변화로 이것은 사람의 실제적인 변화이기 때문입니다. 이처럼 거듭난 사람에게 주어지는 놀라운 축복은, 죽은 이후에 사후세계를 거쳐 천계의 천국에 들어가 주님이 주시는 온갖 좋은 것들로 영원히 행복한 삶을 누리는 것입니다.

어느 주일날의 기적

제가 M 나라에서 선교사로 있었을 때, 어느 주일날 예배를 드리러 교회에 가게 되었습니다. 그런데 선교지에 온지 얼마 되지 않아, 말도 잘 통하지 않는 상황에서 혼자서 택시를 타고, 몇 번 교회에 갔었던 기억을 더듬어 가며, 추운 겨울에 교회를 찾아가는 길은 생각보다 쉽지가 않았습니다. 그러다 보니 조금 늦은 시간에 교회에 도착하게 되었고, 이미 예배는 시작이 되어서, 저는 예배 실 뒤쪽에 있는 빈자리의 의자를 찾아서 앉아 설교말씀을 경청하고 있었습니다.

잠시 시간이 흘러가고, 설교 말씀에 집중하고 있는데, 제가 앉아 있는 곳에서 다소 떨어진 오른쪽 의자에 앉아서 예배를 드리던 한 남자 아이가 울고 있었는데, 소리 없이 울고 있었기에, 주위 사람들이 쉽게 알아차리지를 못했습니다. 저는 느낌이 이상하여 주위

> 믿는 사람들에게는 이런 표징들이 따를 터인데,
> 아픈 사람들에게 손을 얹으면 나을 것이다.
>
> (성경 막 16장 17~18)

를 둘러보다, 아이의 울고 있는 모습을 보게 된 것입니다. 저는 울고 있는 아이를 보면서 아이가 왜 우는지, 은혜를 받아서 우는지, 아니면 무슨 이유로 울고 있는지 알 수가 없어 다소 걱정스런 생각이 들었지만, 생각만 하다 다시 설교 말씀에 집중하고 있었습니다.

잠시 후, 어디에선가 아이의 엄마가 나타나 계속해서 울고 있는 아이를 데리고, 예배 실 밖으로 나가는 것을 보게 되었습니다. 예배 실 밖으로 나간 지 얼마 안 되어, 아이의 엄마만 다시 예배 실 안으로 들어와 저에게 오더니, 저를 데리고 밖으로 나갔습니다. 저는 무슨 영문인지도 모르고, 아이의 엄마를 따라 예배 실 밖으로 나왔는데, 여전히 아이는 밖에서도 난간에 걸터앉아 소리 없이 닭똥 같은 눈물을 흘리며, 고통스럽게 울고 있었습니다. 아이의 엄마는 저에게 아이가 왜 우는지에 대해 알려주었는데, 아이의 골수가 얼어서 그 고통이 얼마나 큰지, 소리도 내지 못하고 우는 것이라고 알려주었습니다. 겨울만 되면, 아이의 머릿속 골수가 얼어 매번 이런 고통을 당하고 있지만, 형편이 무척 어렵고, 의학적으로도 치료하기가 쉽지 않아, 추운겨울이 아이에게는 지내기가 가장 힘든 계절이라고, 엄마도 우시면서 저에게 아이를 위해 기도해 달라고 간청했습니다.

저는 아이가 겪고 있는 고통을 생각하니, 너무나도 끔찍하다는 생각이 들었고, 게다가 아버지도 계시지 않는 어려운 가정환경을 생각하니, 고통스럽게 울고 있는 아이가 너무도 불쌍한 마음이 들었습니다. 아이의 머리에 손을 얹고 기도를 하려는데, 저도 모르게 눈물이 쏟아져 나오고, 저의 하염없는 눈물이 아이의 머리를 적시면서 간절한 심정으로 기도를 하는데, 고통스럽게 울던 아이가 눈물이 그치고, 기도를 마쳤을 때, 조금 전 까지 닭똥 같은 눈물을 흘리며, 그렇게 고통스러워하던 아이가 생글생글 웃고 있는 모습을 보면서, 저나 아이의 엄마나 놀라지 않을 수가 없었습니다. 엄마가 아이에게 어떠냐고 물으니, 아이는 이제 아프지 않다고 말하면서 기도할 때, 모든 고통이 사라졌다고 하여 아이의 엄마는 주님이 치료해 주신 것을 매우 기뻐 하셨고, 주님은 선교지의 특수한 상황에서 기적의 은혜를 베풀어 믿는 자에게 주님이 살아계심을 보여주셨습니다. 때로는 주님의 은혜와 기적은 신속하고 즉각적일 때가 있지만, 언제 어디서나 그런 것은 아니며, 특수한 상황에서 역사 하시는 주님의 은혜인 것입니다. 이 기적 같은 이야기 또한 제 선교지 인생에서 잊지 못할 감동적이고, 아름다운 주님의 이야기로 소중히 간직되고 있습니다.

사후의 세계

제가 사후세계에 대해 깊은 관심을 갖게 된 것은, 가장 소중한 아내가 먼저 죽게 되자, 사후세계가 너무나도 궁금하게 생각되어, 저와 같이 궁금해 하는 사람들을 위해 또한 모든 사람들이 죽기 전에 반드시 알아야 하기에 사후세계에 대한 글을 쓰게 되었습니다. 사람은 누구나 선한 삶을 산 사람은 천국으로 가고, 악한 삶을 산 사람은 지옥으로 간다는 보편적인 판단력을 가지고 있습니다. 성경은 이에 대해 "선한 일을 한 사람은 영생에 들어가고, 악한 일을 한 사람은 영벌에 들어간다고" 알려주고 있습니다. 사람의 행위와 일은 사람의 생각과 마음이 합쳐져서 만들어내는 결과입니다. 밖으로 나타나는 것은, 그것이 나온 근원에 속해 있기 때문입니다. 사람이

> 이 사람들은 모두 믿음을 따라 살다가 죽었으며, 땅에서는 외국인과 나그네 신세임을 증언하였으니, 자기들이 본향을 찾는 자들임을 나타내는 것입니다.
> 이제는 그들이 더 좋은 본향을 사모하니, 그것은 곧 하늘에 있는 고향입니다.
> 그래서 하나님께서는 그들을 위하여 한 성을 예비해 두셨습니다.
> (성경 히 11:13~16)

죽은 후에도 여전히 그에게 남아 있는 것은, 세상에서 사는 동안 그가 애정을 갖고 사랑했던, 그에게 가장 중심이 되었던 사랑으로 남게 됩니다. 세상에서 사람이 소유했던 애착심(몹시 사랑하는 마음)은 사람이 죽은 후 사후세계에 도착해서도, 변하지 않는다는 것입니다.

사람은 죽을 때는 누구나 빈손으로 가지만, 사람이 죽은 후에도 죽은 사람의 영의사람에게 마지막까지 남아 있게 되는 것은, 그가 세상에서 가장 애정을 가졌던, 사랑만이 남게 됩니다. 그래서 사람의 중심이 되는 애정이 선한 것들과 주님 사랑으로 구성되어 있으면, 그의 애정과 마음은 천국으로 연결되어 지고, 사람의 중심이 되는 애정이 악한 것들과 세상적인 것들로 구성되어 있으면, 지옥으로 연결되어 지는 것입니다. 그냥 무턱대고 아무런 이유 없이, 사람이 천국이나 지옥으로 가는 것이 아니 다는 것을 명확하게 알아야 합니다. 사람이 죽어서 사후세계에 도착하면, 자기가 세상에서 가장 애정을 갖고 살았던, 그 사람 마음 중심에 가졌던 사랑으로 남게 되기 때문입니다. 죽은 사람의 중심이 되었던 사랑과 하나 되지 않은 모든 것들은, 죽음으로 인하여 사후세계에 도착한 그 영의사람으로부터 모두 분리가 되어집니다. 이러한 이유에서 사람은 세상에서 지나친 욕심과 소유욕을 내려놓고, 있는 것으로 감사히 여기며, 선한 마음으로 사는 것이 자신의 본질적인 참 생명을 위해 대단히 중요하다는 사실을 알아야 합니다.

　사람들은 평상시에는 사후세계에 대해 전혀 관심을 갖지 않지만, 자신의 가족이나 사랑하는 소중한 사람이 죽게 되면, 비로소 관심을 갖게 되고, 궁금하게 생각하는 것이 사후의 세계입니다. 사람이 죽어서 사후세계에 가게 되면, 사후세계에서 어떤 일들이 있을까가 무척이나 궁금하고, 알고 싶은 곳이기 때문입니다. 사람은 그 누구든 때와 장소를 가리지 않고 죽음을 맞이하기 때문에, 세상에 사는 동안 사후세계를 알아야 인생을 헛되이 살지 않고, 바르게 살 수가 있는 것입니다. 사후세계는 사람이 죽으면, 누구나 가야하는 곳이기에, 세상에 사는 동안 죽기 전에, 반드시 사후세계를 준비해야 합니다. 사람이 죽으면 사람의 육신은 한 줌의 흙으로 돌아가고, 죽은 사람의 영의사람은(사람의 실체) 동일한 사람의 형상으로 죽음을 통하여 사후세계로 옮겨가기 때문입니다. 또한 사람이 죽은 후에 사후세계를 알고 준비한 사람과, 사후세계를 소홀히 여겨 준비하지 못한 사람과는 천국과 지옥의 차이로 극명(매우 분명히)하게 나누어지기 때문입니다. 베일에 감추어진 사후세계를 17세기의 한 영성신학자가 세 가지 상태로 구분하여 알려주고 있습니다. 사람에게는 직관력(판단과 추리 없이 직접적으로 판단할 수 있는 능력)과 이해력(분별하는 능력)이 있기에 이 사후세계의 상태를 파악하게(본질을 확실하게 이해하다) 되면, 내가 어떤 사람인지, 천국에 속한 삶을 살고 있는 사람인지, 아니면 지옥에 속한 삶을 살고 있는 사람인지 스스로 파악이 되고, 알게 되는 것입니다. 모든 사람이 가장 궁금해 하는 사후의 세계가 어떠한 곳이고, 이 사후의 세계에서 자신이 어떤 사람인지를 명확하게 간파하게(속내를 꿰뚫어 알다) 되어, 자신의 참 모습과 본성을 숨김없이 알게 되는 것입니다. 그러기에 사람은 그 누구든 죽기 전에 반드시 사후세계를 알아야, 비로소 자신의 무지와 어둠에서 밝은 빛으로 깨어 날 수가 있습니다.

*** 사후세계의 첫째상태 ***

사람이 죽어서 천국이나 지옥으로 가기 전, 사후세계에서 거쳐 가야 하는 상태가 있는데, 신학자들은 이 영계의 상태를 중간영계 또는 중간상태라고 말하고 있습니다. 어떤 사람은 이 중간영계(중간상태)를 거치지 않고, 곧장 천국으로 가는 사람도 있습니다. 그는 이 세상에서 사는 동안 거듭남이 완료되어, 천국에 갈 준비가 이미 완벽하게 되어 있었던 사람입니다. 반면 죽어서 곧장 지옥으로 가는 사람도 있습니다. 내면은 악하면서 겉으로 선을 가장한 사람, 자신의 일상생활에서 악을 도모하고, 악한 짓을 하고도 양심에 거리낌이 전혀 없었던 사람, 또는 선을 자기의 유익이나, 목적을 위해 속임의 수단으로 사용한 악한 사람들은 죽음과 동시에 곧장 지옥으로 가게 되는 것입니다.

사후세계의 첫째상태는 죽은 사람영의 외면(말이나 하는 짓이 겉으로 드러나는 모습)의 상태라고 말하기도 합니다. 모든 사람은 영의 외면(겉)과 내면(속)을 갖고 있기 때문입니다. 사후세계의 첫째상태는 사람이 이 세상에서 살았던 세상적인 상태와 거의 비슷하다고 합니다. 그래서 세상에서처럼 아름다운 산들이 있고, 호수와 강이 있으며, 들과 자연적인 모습들이 이 세상의 상태와 거의 비슷하여, 사람은 죽어서도 자신이 마치 세상에 있는 것처럼 느껴져, 자신이 죽었다는 사실을 바로 의식(깨어 있는 상태에서 자기 자신이나 사물을 인식하는 작용)하거나 판단하지 못한다고 합니다. 뿐만 아니라, 사람이 죽어서 사후세계에 도착하게 되면, 일시적으로 그가 세상에서 살면서 주로 사용했던 집이나, 집무실 또는 서재 같은 유사한 것이 제공되고, 그 안에 있는 물건들도 세상에서와 거의 똑같이 배열되어 있기 때문에, 죽은 사람은 자신이 여전히 세상에 있다고 착각하게 되는 것입니다. 이 때에 천사가 죽은 사람의 영의사람(사람의 본질 참 생명)에게 다가와 죽었다는 사실을 알려주어야, 비로소 자신이 죽어서 사후세계에 와 있다는 사실을 알게 되는 것입니다. 사람의 몸은(육의사람) 죽을지라도 사람의 실체인 영의사람은 죽지 않고, 죽은 후에도 여전히 살아 있어서 똑같은 사람의 형상을 하고 있기 때문입니다. 그래서 사람은 세상에서 사는 동안 자신의 본질이 무엇인지를 반드시 알고, 살아야 합니다. 이처럼 인간의 죽음은 생명의 소멸이 아니라, 사후세계의 천계로 연속되어지며, 죽음을 통해 사람의 본질인 영의사람이 사후세계의 다른 상태 곧 영적인 천계로 옮겨가는 영원한 삶인 것을, 모든 사람들은 속히 알아야만 합니다. 사도바울은 "하나님 께서 각 사람에게 그 행한 대로 보응하시되, 선을 행하는 각 사 람에게는 영광과 존귀와 평강과 영생으로 하시겠다고" 알려주고 있습니다. 사도바울은 사람이 세상에서 선을 행하는 삶을 살아 야, 죽어서도 사후세계의 천계에서 영광과 존귀와 평강과 영원 한 생명을 누릴 수 있다는 것을 명백하게 가르쳐주고 있습니다.

사후세계의 첫째상태에서는 세상에서 알았던 사람들을 만나 볼 수 있는 곳이기도 합니다. 먼저 죽어서 사후세계에 와 있는 부모와 가족들, 친구들, 이웃들, 친족들, 그리고 그를 알았던 모 든 사람들을 만날 볼 수 있는 곳이 사후세계의 첫째상태입니다. 이 사후세계에 죽어서 도착한 영의사람이, 먼저 죽어서 천계에 와 있는 가족들과 세상에서 알았던 사람들을 만나 보기를 원한 다면, 동시에 만나 볼 수가 있는 곳입니다. 그러나 부모나 가족 이라 할지라도, 세상에서와는 달리 영의 내면(속사람의 마음)이 서 로 맞지 아니하면, 잠시도 함께 있을 수 없으므로 곧장 다시 헤 어지게 됩니다. 왜냐하면 사후세계는 자연적인 육의 세계가 아 니라, 영적인 세계요. 영의 내면의 세계이기 때문입니다. 죽어서 사후세계에 도착한 영의사람이 보고 싶은 가족들이나 세상에서 가깝게 알고 지냈던 사람들을 만나 볼 수는 있지만, 영의 내면이 서로 일치하지 아니하면, 함께 있을 수가 없기 때문에, 각자가 먼저 와 있었던 천계의 각 공동체로 다시 돌아가게 되는 것입니다. 많은 사람들이 세상에서 사는 동안, 자신내면의 속사람(영의 사람 또는 사람의 실체)에게는 어떤 관심도 갖지 않고 살아가고 있습니다. 하지만 사후세계에 가서 사람 자신의 속사람이 얼마나 중요한 사람인가를 뼈저리게 느끼고 알게 될 것입니다. 그 누구든 사후세계에 가서 비통한 심정으로 후회하기 전에, 이 세상에서 사람 자신의 속사람 곧 참 나를 알아야 하고, 참 나를 위해 살아야 하는 것입니다.

이 사후세계에 죽어서 온 사람들이 이 세상에서처럼 사람의 형상을 하고 있고, 보고, 느끼고, 생각하고, 말할 수 있다는 사실에 놀라움을 금치 못하게 됩니다. 죽어서 사후세계로 온 영의사람들은 분명히 내가 세상에서 죽었는데, 똑같은 사람으로 살아 있는 자신을 보면서, 지금 나는 어디에 와 있는가라는 의문을 갖게 되는 것입니다. 성경은 이에 대해 "육의 몸이 있은즉 또한 영의 몸도 있다고" 알려주고 있습니다. 이처럼 사람에게 영의 몸이 있기에 사람은 죽어서도 사람의 형상으로 영원히 존재하게 되는 것입니다. 사람이 죽어서 이 사후세계의 첫째상태에 온 영의사람들의 한결같은 생각은, 말로만 듣던 천국과 지옥이 어디에 있을까 대단히 궁금해 하고, 알고 싶어 한다는 것입니다. 또한 사람이 죽어서 사후세계의 첫째상태에 온 모든 영의사람들은 자신들이 천국에 갈 수 있을지 모두가 대단히 궁금해 합니다. 사람들이 죽은 후, 사후세계에 와서 이런 궁금한 생각들을 하게 되는 것은, 사람이 세상에서 죽음으로 모든 인생이 끝나는 것이 아니기 때문입니다. 분명 자신이 죽었는데, 똑같은 사람의 모습으로 사후세계에 와서도 보고, 느끼고, 생각하고, 말하는 자신을 보게 되면서 동시에 갖게 되는 궁금증이기 때문입니다. 그래서 죽음으로 이 사후세계의 첫째상태에 온 대부분의 영의사람들은 자신들이 세상에서 도덕적으로 살았고, 봉사활동도 많이 했으며, 사회규범에 맞게 살았었기에, 천국에 갈 수 있다는 생각을 하기도 합니다. 그러나 사람들은 천국을 자신의 내면에서 찾아야 한다는 사실을 모르기 때문에, 이러한 발상을(어떤 생각을 해냄) 하게 되는 것입니다. 더욱이 사람의 외적인 행위는, 그것의 실체인 사람의 마음과 생각 그리고 믿음의 행위에 의해 결정된다는 사실을 모르고 있기 때문입니다. 그래서 사람의 마음과 생각이 사람의 말과 행동보다 더욱 중요하다는 사실을 알아야 합니다. 사람의 마음과 생각이 사람의 본질이고, 그 사람의 실체이기 때문입니다.

이 세상에서 사람들은 사람의 말과 행동을 보고, 사람을 판단하지만, 사후세계에서는 인간의 실체인 영의사람(속사람)의 마음과 생각을 보고, 판단하기 때문입니다. 왜냐하면 사후세계의 첫째상태에서는 악한 영들도 선한 영들처럼 겉으로는 진리를 말하고, 선을 가장하여 행동할 수 있기 때문입니다. 또한 세상에서 악한 사람도 정부와 법으로 인해 겉으로는 도덕적으로 살 수 있고, 자선과 베품을 통해 좋은 평판과 좋게 여기는 마음을 얻어 명예와 부를 얻을 수 있기 때문입니다. 그래서 사람이 죽어서 사후세계에 도착하게 되면, 사후세계에 막 도착한 새로운 영의사람들과 사귀는 천사들이 있다고 합니다. 그런데 죽어서 사후세계에 도착한 새로운 영의사람들이 진리와 선 안에 있지 아니하고, 주님을 하나님으로 시인하지 않는 영들에게는, 천사들이 사귀기 위해 가까이 왔다가도, 즉시 그 영의사람들을 떠나게 되는 것입니다.

뿐만 아니라, 사후세계의 첫째상태에서는, 악한 영의사람들과 선한 영의사람들을 구분해내는 방법이 있는데, 이 방법을 통해 악한 영의사람들과 선한 영의사람들이 이 첫째상태에서 완벽하게 분리 되어지는 것입니다. 분리시키는 방법으로는, 악한 영의사람들은 외면적인 것에 대해서는 관심이 많지만, 내면적인 속사람과 진리와 선에 대해서는 도무지(아무리 해도) 관심을 가지지 않는 다는 것입니다. 이러한 사유로 사후세계의 첫째상태에서는, 사후세계에 온 영의사람들이 세상에서 어떤 마음과 생각으로 무엇에 대한 애정을 갖고 삶을 살았는지를 명확하게 알 수 있게 되는 것입니다. 사람이 세상에서 사는 동안에 전혀 관심을 갖지 않고 살았는데, 사후세계에 왔다고 해서 그 사람의 관심이

한 순간에 바뀌거나 달라지지 않기 때문입니다. 더욱 중요한 것은 진리와 선 안에서 살지 않았던 사람들이 사후세계에 왔다고 해서 마음과 생각이 바뀌어 주님을 하나님으로 시인할 수 없기 때문입니다. 그래서 사도 요한은 "주님이 참 하나님이시고 영원한 생명이시다"고 알려주신 것입니다. 그러기에 사람이 이 세상에서 어떠한 마음과 애정으로 삶을 살아야 할지 죽기 전에, 반드시 깨달아 알아야 하는 것입니다.

악한 영의사람들은 내면적인 속사람(영의사람 참나)과 진리와 선에 대해서 말할 때, 주의 깊게 들으려 하지 않으며, 내면적인 속사람과 진리와 선에 대한 그 어떠한 즐거움도 전혀 느끼지 못한다는 것입니다. 악한 영의사람들은 세상에서 사는 동안 내면적인 속사람과 진리와 선에 대해 아무런 관심을 갖지 않고 살았었기에, 죽어서 사후세계에 왔다고 해서 마음과 생각이 한순간에 달라지거나 바뀌지 않기 때문입니다. 그래서 사후세계의 첫째상태는, 각각의 영의사람들이 세상에서 어떤 마음과 생각으로 어떠한 삶을 살다가 사후세계로 왔는지, 숨김없이 영들의 내면이 (속생각과 속마음)이 낱낱이 드러나게 되는 것입니다. 사람 자신의 기준이나 세상의 도덕적인 규범에 의해 사람이 천국으로 가는 게 아니라, 자신이 세상에서 살아온 마음과 생각과 삶에 의해 자신의 실체가 숨김없이 밝혀지는 것입니다. 사람은 죽어서 사후세계에 와서도 세상에서 자신이 가지고 살았던 애정과 사랑으로 남게 되기 때문입니다. 또한 사후세계에서 악한 영의사람들은 어떤 특정한 방향으로 돌아서고, 그 방향으로 난 길을 따라 스스로 가기를 원한다는 것입니다. 그래서 사후세계에서 악한 영의 사람들이 가고자 하는 방향과 길을 보면, 그들이 세상에서 어떤 마음과 어떤 애정을 갖고 살았는지를 명백하게 알 수 있게 되는 것입니다. 이제 우리는 자신 스스로에게 현재 세상에서 어떤 마음과 무엇에 대한 애정을 갖고, 살고 있는지를 자신에게 진지하게 물어 보아야 합니다.

　죽음으로 세상을 떠나 사후세계의 천계에 도착한 모든 영의사람들은 천국에 있는 공동체나 지옥에 있는 공동체에 각각 연결이 되게 됩니다. 천국과 지옥은 그 사람의 내면과 외면(겉과 속)이 얼마나 일치하는가에 따라 결정이 되는 것입니다. 사후세계의 천계에서는, 아무도 자기 생각과 다르게 말하고, 또한 자기 마음과 다르게 다른 생각을 할 수 없는 영적인 세계이기 때문입니다. 사후세계의 천계에서는, 모든 영의사람이 세상에서 자신이 소유했던 애정의 형상, 자신이 사랑했던 사랑의 형태로 남아 있게 됩니다. 사후세계의 천계에서는, 자신의 내면과 외면이 똑같아 세상에서처럼 자신을 가장하거나 속일 수가 없게 되는 것입니다. 그래서 사후세계의 첫째상태는, 인간의 실체인 죽은 사람의 본성(사람이 본래 가지고 있는 성질)이 곧 죽은 사람의 영의상태(속사람)가 가장 명확하게 밝혀지는 상태라고 말할 수 있습니다. 그러하기에 우리는 이 세상에서 내면과 외면이 일치해야하고, 내면과 외면이 똑같은 삶을 사는 것이 우리 자신에게 얼마나 중요한 가를 반드시 알아야 합니다. 우리가 사는 삶이 이 세상에서 사는 인생으로 결단코 끝나지 않기 때문입니다. 이러한 이유로 우리는 세상에서 사는 동안 악과 거짓을 멀리하고, 진리와 선을 사랑하고, 겉과 속이 일치하는 삶을 살아야 하는 것입니다.

*** 사후세계의 둘째상태 ***

사후세계의 둘째상태는 죽은 사람영의 내면의 상태라고 말합니다. 사람의 말과 행동을 살펴보면, 모든 사람에게 외면과 내면, 곧 겉과 속이 있다는 것을 알 수가 있습니다. 그래서 사람은 상대가 악할지라도 직선적으로 나쁘게 말하지 않으며, 예의바르게 행동한다는 사실로 이것을 알 수가 있습니다. 사람의 속생각으로는 다른 감정을 품으면서, 겉으로는 다르게 말하는 경우가 허다하다는 것을 우리는 너무나도 잘 알고 있기 때문입니다. 이것은 사람의 속생각과 겉 생각이 따로 분리되어 있다는 것을 알 수가 있습니다. 하지만 본래 사람은 속생각과 겉 생각이 하나가 되도록 창조되었습니다. 실제로 선한 사람들 안에서는 이 두 생각은 하나가 되어 있습니다. 선한 사람들의 생각과 말은 항상 선하기 때문입니다. 그러나 악한 사람들의 속생각과 겉 생각은 하나가 되지 못하고, 상황에 따라 수시로 겉과 속이 다르다는 것을 알 수가 있습니다. 그래서 우리가 흔히 사용하는 언어 중에 사람이 화장실 갈 때와 돌아 올 때의 마음과 생각이 다르다는 것을 실제로 느끼기에 이런 표현을 말하게 되는 것입니다.

　악한 자들은 속으로는 악한 생각을 하면서, 겉으로는 선한 말을 하기 때문입니다. 악한 사람들은 악이 목적하는 바를 이루기 위해, 선을 수단으로 이용하는 사람들입니다. 사람의 내면은 그의 영의사람에 속해 있고, 영의사람의 생활이 그 사람의 생활이며, 사람의 몸은 영의사람으로 인하여 사는 것입니다. 그렇기 때문에 사람은 죽어서도 사후세계에서 자신의 내면 그대로 영원히 남게 되는 것입니다. 사람의 속생각과 속마음이 사람의 실체이고 본질이기 때문입니다. 사람의 외적인 생각, 외적인 말, 외적인 행동, 외적인 애정이 자신의 것이 아니라, 자신의 내적인 생각과 마음에서 나온 것들이 진정으로 사람 자신의 것이기 때문입니다. 사람에 대해 말할 때, 사람의 생각과 마음을 빼버린다면, 사람은 아무것도 아닌 것입니다. 사람의 모든 것이 사람의 마음과 생각에서 나오기 때문입니다. 사람의 외적인(말의 표현과 표정)것은 언제나 내면(속마음과 속생각)에 따라 속일 수가 있습니다. 이러한 이유로 사람의 겉과 속이 다른 생각과 말들이, 사후세계에서 자신에게 얼마나 비참한 결과를 가져오게 되는지를 사람들은 모르고 있다는 것입니다.

사후세계의 둘째상태에서 죽은 사람의 영의사람은 영의사람 자신의 마음 자체로 생각을 하게 됩니다. 이것은 그 영의사람이 세상에서부터 갖고 있었던 애정 자체, 사랑 자체로 생각을 한다는 것입니다. 사후세계의 둘째상태에서는, 몸이 없는 영의사람의 실체를 감출 수 없기에 말을 할 때, 자신의 속마음이 적나라하게(숨김없이) 드러날까 봐 몹시 두려움을 갖게 되는 것입니다. 죽은 사람의 영의사람 내면상태가 열리면, 그가 세상에서 살았을 때, 어떤 사람이었는지 명백하게 드러날 뿐만 아니라, 사후세계의 둘째상태에서는, 사람이 본래 가졌던 성질대로 행동하기 때문입니다. 모든 영의사람들은 세상에서 자신이 갖고 있었던 성질과 성격대로 행동을 하게 됩니다. 하지만 세상에서 내적으로 선했던 사람들은 사후세계에 와서도 이치에 맞게 그리고 더 지혜롭게 행동을 하게 됩니다. 그들은 육신과 지상의 물질로부터 자유로워졌기 때문에, 세상에 있을 때보다 훨씬 더 지혜롭게 행동을 하게 되는 것입니다. 반대로 세상에서 악했던 사람들은 자신들의 악한 성질대로, 성격 그대로 행동하기 때문에, 더욱 어리석고, 마치 미친 사람처럼 과격한 행동을 하게 되는 것입니다.

사후세계에서는 아무런 구속(자유를 제한하거나 속박함)이 없기 때문에, 악했던 영의사람들은 세상에서 보다도 훨씬 더 비정상적으로 행동을 하게 되는 것입니다. 그가 세상에서 겉으로 보기에 정신이 온전했던 것은, 자신의 외면을 이용해 자신의 유익과 목적을 위하여, 합리적인(이치에 합당한) 사람으로 가장했기 때문입니다. 성경은 이러한 사람들을 가리켜 "회칠한 무덤 같으니 겉으로는 아름답게 보이나, 그 안에는 죽은 사람의 뼈와 모든 더러운 것이 가득하다고" 말해주고 있습니다. 사람이 세상에서 선한 삶을 살았고, 양심적으로 살았으며, 신적진리를 사랑하고, 그 진리를 삶에 적용한 사람은 어두운데서 빛으로 들어 온 것 같이 됩니다. 그러나 세상에서 악한 욕망(지나치게 탐하는 욕심)으로 살았던 사람들은 사후세계에서 바른 판단력을 잃어버리고, 거침없이 교활하고, 더 악독해진 모습을 보이게 되는 것입니다. 그러하기에 사후세계의 둘째상태에서는, 누구든 세상에서 자신이 어떤 사람이었는지가 명백하게 다른 사람들이 볼 수 있게 까발려 지는 것입니다. 사도 바울은 이에 대해 "지으신 것이 하나도 그 앞에 나타나지 않음이 없고, 우리의 결산을 받으실 이의 눈앞에 만물이 벌거벗은 것 같이 드러나게" 된다고 알려주고 있습니다.

사후세계의 둘째상태에서는, 세상에서 은밀히 말하고, 행한 악한 짓들이 숨김없이 모두 다 밖으로 낱낱이 드러나게 됩니다. 세상에서 감춰진 악한 짓들이 드러나고, 숨겨온 거짓과 사기 짓들이 그리고 그릇된 사상까지 숨김없이 밝혀지는 것입니다. 성경은 이에 대해 "감추인 것이 드러나지 않은 것이 없고, 숨긴 것이 알려지지 않을 것이 없나니, 이러므로 너희가 어두운 데서 말한 모든 것이 광명한 데서 들리고, 너희가 골방에서 귀에 대고 말한 것이 집 위에서 전파된다고" 알려주고 있습니다. 사후세계에서 악한 영의사람들의 미친 짓은 그 쓰임새의 한계에서 벗어나지 못하도록 주님에 의해 제지되어집니다. 선한 영의사람들은 악한 영의사람들을 통하여 악의 실체를 정확하게 보게 되고, 사람이 세상에서 사는 동안 주님께 인도받지 못한 인간의 최후 결과를 보게 되는 것입니다. 사후세계의 둘째상태에서 악한 영의사람들은 자기와 같은 악한 영의사람들을 선한 영의사람들에게서 분리시키는 역할을 하게 됩니다. 또한 악한 영의사람들은 외면을 거짓으로 꾸몄던 선과 진리들을 서로에게서 떼어내는 역할을 하게 됩니다. 이것은 바르거나 선하지 못하고, 거짓으로 꾸민 모든 거짓된 진리와 선들이 모든 악한 영의사람들에게서 모두다 밝혀져 숨김없이 떨어져 나가게 되는 것입니다.

사후세계에서 정말 중요한 것은, 그 누구든 아무도 자신이 악과 악의 영역 안에 있기 전에는 지옥으로 가지 않는다는 것입니다. 그래서 사람은 악의 영역 안에서 살고 행하는 사람이 아니라, 진리의 선 안에서 살며 행하는 빛의 사람이 되어야 합니다. 사후세계의 둘째 상태에서는, 그 누구도 세상에서처럼 두 생각이나, 두 마음을 품을 수가 없습니다. 사후세계에서 악한 영의사람들은 악으로 말미암아 그릇된 생각을 하고, 그릇된 생각으로 인하여 어리석은 말을 하게 됩니다. 사람의 마음이 사람 자체이고, 사람의 생각은 마음을 담고 있지 않으면, 그 사람 자체가 아니기 때문입니다. 사람의 마음이 사람의 실제적인 성질 즉 사람의 성격이기 때문입니다. 사람의 성질(사람이 가지고 있는 마음의 본바탕)은 세상에 사는 동안 삶을 통해 형성되고, 죽은 후에는 삶을 통해 형성된 성질이 그대로 남게 되는 것입니다. 그래서 세상에서 이미 형성되어 굳어진 사람의 성질은 사후세계에 왔다고 해서 바뀔 수도, 고쳐질 수도 없는 것입니다. 그러하기에 사람은 세상에서 사는 동안 진리의 말씀으로 반드시 거듭나야 하고, 그릇된 마음과 생각이 선하고 바르게 바뀌어져야 하는 것입니다. 에스겔 선지자는 이에 대해 "너희는 모든 죄악을 버리고 마음과 영을 새롭게 할지어다. 너희가 어찌하여 죽고자 하느냐" 고 알려주고 있습니다.

　오직 사람이 변화할 수 있는 기회는, 이 세상에서 주님의 말씀으로 사람자신의 삶에 의해서만 가능합니다. 그래서 사람은 이 세상에서 진리와 함께 하는 삶이 되어야 하고, 주님의 인도를 받는 삶이 자신에게 가장 중요하다는 사실을 무엇보다도 먼저 알아야 하는 것입니다. 사람이 세상에서 사는 동안 주님의 말씀으로 변화되지 않으면, 사람은 죽어서도 변화 없이 자신의 본래대로 다시 되돌아가기 때문입니다. 악했던 사람은 악으로 되돌아가고, 선했던 사람은 선으로 되돌아가는 것입니다. 사람이 죽은 이후에도 사후세계에서 여전히 세상에서 살 때처럼, 자기 됨됨이와 성질이 똑같기 때문입니다. 모든 사람은 자신이 가지고 있었던 실제의 성질(사람이 지닌 마음의 본 바탕)대로 생각하고, 성격(개인이 가지고 있는 본성)대로 행동하기 때문입니다. 그러나 선한 영의 사람들은 비록 세상에서 악을 행했을지라도 처벌을 받지는 않습니다. 사후세계에서는 선한 영의사람들의 악이 재발하지 않기 때문입니다. 선한 영의사람들의 악은, 다른 종류, 다른 성격의 악으로 간주되기 때문입니다. 선한 영의사람들의 악은, 진리를 거스르는 악이 아니라. 내면과는 상관없이 외적인 차원에서 즐거움으로 인해 잘 모르고, 이끌려간 악이기 때문입니다. 그래서 사람은 진리의 선에 대한 애정을 갖고, 주님과 결합된 삶을 살아야 하는 것입니다.

사후세계의 둘째상태에서는, 악한 영의사람들을 선한 영의사람들로부터 분리시키는 과정이 진행됩니다. 사후세계의 분리 과정에서 각자는 자신의 참 모습을 드러내게 되며, 자신의 실체가 명백하게 까발려지기 때문에, 자기가 가야할 공동체 쪽으로 스스로 알아서 방향을 향하게 되는 것입니다. 악한 영의사람들은 스스로 지옥의 공동체로 자신을 던지게 되는 것입니다. 사후세계에서 자신의 감추어진 모든 악한 짓들이 낱낱이 까발려지기 때문에, 더 이상 견뎌내지 못하고, 스스로를 자신에게 맞는 지옥에 던지는 것입니다. 또한 악한 영의사람들에게는 지옥의 길이 보이고, 선한 영의사람들에게는 천국의 길이 보이기 때문입니다.

우리가 분명히 알아야 할 것은, 주님께서 사후세계의 장소에 도착한 악한 영의사람들을 지옥으로 보내는 것이 아니 다는 것입니다. 주님은 죽어서 사후세계로 오는 모든 영의 사람들이 모두 다 천국으로 가기를 바라지만, 악한 영의사람들 스스로가 자신들의 악함이 까발려지기 때문에, 자발적으로 알아서 지옥으로 가는 것입니다. 죽어서 사후세계로 온 모든 영의사람들은, 모두가 자신의 됨됨이에 의해 자신 스스로 천국이나, 지옥으로 가는 길이 열리고, 보이게 되는 것입니다. 천국과 지옥에는 수많은 공동체가 있어서, 각자 영의사람들의 내면에 맞는 공동체로 가게 되는 것입니다. 이러한 이유로 사람은 죽어서 사후세계에 도착하기 전에, 이 세상에서 자신의 마음속에 천국을 소유하고 살아야 하는 것입니다. 누가는 이에 대해 "하나님의 나라는 너희 안에 있다"고 알려주고 있기 때문입니다. 사람은 그 누구든 자신이 생각하고, 마음이 원하는 대로 살아갑니다. 하지만 사람이 죽어서는 더 이상 기회가 없고, 천국과 지옥으로 나누이는 분리만 있기 때문에, 세상에서 사는 삶이 천국으로 이어지는 삶을 살아야 하는 것입니다.

*** 사후세계의 셋째상태 ***

사후세계의 셋째상태는 천계교육의 단계라고 말합니다. 이 셋째상태는 천국에 들어갈 영의사람들만을 위한 상태입니다. 지옥에 갈 영의사람들은 이 셋째단계가 주어지지 않기 때문입니다. 이 셋째 단계는 천계에서의 가르침을 통해서 천국에 합당하게 준비되는 상태라고 말할 수 있습니다. 영적인 선과 진리는 세상에서 나오는 것이 아니고, 주님으로부터 오는 것입니다. 이것은 주님의 말씀과 교회의 가르침에서 배울 수 있습니다. 그러나 사람 마음의 내면이 진리의 말씀에 열려 있지 않으면, 어떤 가르침을 통해서도 영적 선과 진리는 사람의 마음속에 심어지지 않습니다. 사람이 주님을 인정하고, 진리를 정직하게 행할 때, 그 마음에 천국이 형성되는 것입니다. 사람에게 영적인 생각이 전혀 없다면, 영적인 것을 따를 수 없기 때문입니다. 사람은 알지 못하는 것을 생각할 수 없고, 생각하지 못하는 것을 스스로 실행할 수 없기 때문입니다. 그래서 사람이 지나치게 육신과 세상에 집착하고, 관능적(감각과 쾌락)인 사람이 되어서는 안 되는 것입니다.

여기에서 우리는 한 가지 반드시 집고 가야 할 것이 있습니다. 그것은 주님의 죄 사함과 구원으로 주님께서는 이미 십자가에서 우리의 모든 죄를 사하시고, 우리의 구원을 이루셨기에, 우리의 행위가 아닌, 믿음에 의해 주님의 은혜로 천국에 갈 수 있다는 주장과 견해입니다. 이 같은 주장과 견해는 세상에서 사람이 어떠한 삶을 살던지 결국은 아무공로 없이 믿기만 하면, 주님의 은혜로 구원 받을 수 있다고 주장하는 이신득의의 믿음입니다. 이 같은 주장과 믿음이 얼마나 위험하고 잘못되었는지를 반드시 알아야 합니다. 그 누구든 진리를 바르게 이해하지 못하면, 온전한 구원의 길로 갈 수가 없기 때문입니다. 주님께서는 친히 니고데모에게 "거듭난 자만이 하나님의 나라를 볼 수 있고, 하나님의 나라에 들어갈 수 있다고" 단호하게 말씀해주셨기 때문입니다. 사람이 만든 교리나 주님의 말씀에서 벗어난 가르침으로는 결단코 천국으로 갈 수가 없다는 사실을 명심해야 합니다. 진리의 말씀으로 거듭난 사람만이 하나님을 볼 수 있고, 하나님 나라에 들어갈 수 있다고, 주님께서 진실로 진실로를 두 번씩이나 강조하며 친히 말씀해주셨기 때문입니다.

따라서 이미 교회에서 진리의 가르침을 잘 받았고, 주님의 말씀에 의해 천국에 합당하게 준비되어 있는 영의사람들은, 다른 길을 통해 곧장 천국으로 인도 되어 집니다. 반면 어떤 영의사람들은 세상에서 가졌던 명예와 재물에 대한 생각과 애정의 불결한 요소들이 제거 되고, 정화된 후에야 천국으로 가게 됩니다. 세상에서 진리를 따라 선한 삶을 살았지만, 그릇된 생각을 갖고 살았던 영의사람들은, 깨끗이 버려야하는 커다란 고통을 사후세계의 셋째상태에서 겪게 되는 것입니다. 사후세계에 죽어서 온 영의사람들이 세상에서 믿음과 진리의 삶을 살았을지라도, 내면에 남아 있는 세상 적이고, 육신적인 그릇된 요소들이 완전히 제거가 되어야, 비로소 천국으로 가는 길이 열리게 되는 것입니다. 이 과정은 선한 영의사람들의 내면상태에 따라 교육기간이 짧게 걸리기도 하고, 오래 걸리기도 합니다. 이처럼 사후세계의 셋째 상태에서 선한 영의사람들에 대한 교육이 끝나는 순서대로, 자기가 가야 할 천국 공동체에 자기의 내면(영의사람의 마음)이 연결되어 지는 것입니다. 그래서 천국은 수많은 공동체로 이루어져 있다는 사실을 알 수가 있습니다. 왜냐하면 우리가 살고 있는 이 세상이 수많은 나라, 수많은 민족, 수많은 공동체로 이루어져 있기 때문입니다. 하지만 천계의 천국이 세상과 다른 것은 같은 민족으로 구성된 같은 민족성의 공통체가 아니라, 내면이 서로 일치해야 하는 영의사람의 내면적인 공동체라는 것입니다. 이것은 서로의 마음이 맞지 아니하면, 가족이나 부부라 할지라도 함께 있을 수가 없게 되는 것입니다.

　사후세계의 교육이 지상의 교육과 다른 점은, 세상에서처럼 교육받은 지식이 기억으로 들어가지 않고, 삶 속으로 들어가 영의사람들의 실질적인 삶이 된다는 점입니다. 영의사람들의 기억력은 실제의 삶 속에 있기 때문입니다. 주님께서는 모든 선한 영의사람들에게 자신의 재능에 알맞은 쓰임새에 대한 사랑을 공급해 주십니다. 천계에서는 주님의 나라 곧 천국이 자기 조국이 되는 것입니다. 천계에서 주님께서 공급하는 기쁨과 즐거움은 너무 커서 선한 영의사람들의 마음 내면에서부터 외면까지 스며들어 영의사람 전체를 충만하게 감동시킵니다. 천계에서 선한 영의사람은 자기의 쓰임새 자체가 되는 것입니다. 선한 영의사람은 자신에게 알맞은 천국의 공동체에 들어가 쓰임새 안에 있게 되며, 비로소 자기의 삶을 누리게 되는 것입니다. 따라서 외적 진리인 아는 지식으로는 아무도 천국에 들어가지 못하는 것입니다. 진리가 삶 자체이고, 교회의 가르침과 믿음을 통해 사람마음에 심어진 진리가 삶이 되어야 천국에 들어가는 것입니다.

사후세계의 셋째상태에서 선한 영의사람이 교육을 마치고, 준비가 완료되면, 눈부신 흰색의 옷으로 갈아입게 됩니다. 각 선한 영의사람은 주님의 인도를 받아 자기 자신의 마음에 맞는 공동체로 안내 되어 집니다. 사후세계에서 선한 영의사람들을 천국의 각 공동체로 인도하는 길은 오직 주님만이 아시기 때문입니다. 사후세계의 셋째상태에서 선한 영의사람들이 각각의 공동체에 도착하면, 영의사람들의 내면(영의사람의 마음)이 열리게 됩니다. 천계의 천국에 먼저 온 공동체의 영의사람들은 자신들의 내면과 일치하면, 새로 온 선한 영의사람들을 기쁨으로 환영합니다. 그러나 세상에서 부부라도 서로의 내면이 맞지 않으면, 천계에서는 같은 공동체에 함께 있을 수가 없게 되는 것입니다. 이것은 가족도 마찬가지여서 서로 내면이 맞지 않으면, 같은 공동체

에 함께 거주할 수 없게 되는 것입니다. 천국은 외면의 세계가
아니라, 내면의 영적인 세계이기 때문입니다.

　그 누구도 주님의 구속의 은혜와 자비만으로는 천국에 가지
못합니다. 천국은 순전한 주님의 은총으로 들어가는 곳이라고,
잘못 생각하는 사람들이 있습니다. 그러나 그것은 인간의 실체
를 전혀 모르고, 하는 말과 생각인 것입니다. 사람이 어떠한가는
그의 삶이 어떠한가에 의해 결정되고, 그의 삶은 그의 애정에 의
해 결정되는 것입니다. 신적 진리를 말씀하시는 것은, 사람이 구
원 받기 위해서 어떻게 살아야 하는지를 가르쳐주는 것입니다.
천계의 천국은 인간의 마음에서 악과 거짓을 제거하기 전에는
절대로 심어지지 않습니다. 이러한 이유에서 주님의 인도하심은
사람의 유아기부터 이 세상 삶을 마칠 때가지 그리고 영원까지
계속되는 것입니다. 그래서 사람은 그 누구든 주님 안에 있어야
하고, 진리를 따라 살아야 한다고 성경에서 누누이 말씀해주고
있는 것입니다.
　신적진리는 질서의 법칙이기도 합니다. 주님께서 사람을 인
도하시는 방법도 이 질서의 법칙에 따르는 것입니다. 주님께서
는 질서에 어긋나는 것은, 그 어떤 것도 하지 않으십니다. 왜냐
하면 주님 자신이 질서이기 때문입니다. 천국을 자기 마음에 받
아들인 사람이 천국에 들어가는 것이지, 방법을 무시하고 절차

도 없이, 무조건적인 은혜로 천국에 가는 것이 아닙니다. 주님께서도 하나님의 나라는 사람의 마음속에 있어야 한다고 친히 가르쳐주셨습니다. 사람이 진리의 가르침과 선을 무시하고, 오직 믿기만 하면, 아무공로 없이 구원받는다는 그런 식의 구원이 절대로 아니 다는 것입니다. 이 세상에서 그 누구든 진리를 따르지 않고, 천국과 반대되는 삶을 산 사람 속에는 천국이 결단코 심어질 수 없습니다. 사람이 죽으면. 사후세계에 간다고 해서, 죽은 사람의 영의사람이 달라지거나, 죽은 사람의 영의사람이 변화될 수 없다는 것을 반드시 알아야 합니다. 사람이 죽은 후에는 사후세계에 가서도 죽은 사람의 영의사람을 악한 삶에서 선한 삶으로, 지옥적인 삶에서 천국적인 삶으로, 바꿀 수 없기 때문입니다. 오직 이 세상에서만 사람 자신의 삶을 진리로 바꿀 수 있는 것입니다. 그래서 사도 요한은 "진리를 따르는 자는 빛으로 오는 자이고, 그가 하는 행위가 하나님 안에서 행한 것임을 나타내는 것이라"고 알려주고 있습니다.

모든 영의사람들은 머리에서 발끝까지 자기의 사랑과 똑같고, 그의 삶과도 똑같은 것입니다. 사후세계에서 영의사람은 그가 이 세상에서 살았던 삶의 모습이고, 세상에서 형성된 인간성의 성질과 성격과 사상이 그대로 남아있기 때문입니다. 뿐만 아니라, 사람이 죽어서 사후세계의 상태에 왔다고 해서, 그 영의사람이 변하는 것은 아무것도 없기 때문입니다. 그러기에 사람이 세상에서 어떠한 마음과 생각으로 어떻게 사느냐 하는 것은 자신을 위해 대단히 중요한 것입니다. 사람이 세상에서 사는 동안, 자신이 살아 온 마음과 애정과 삶에 의해 사후세계에서 천국과 지옥으로 나누어지기 때문입니다. 사람이 세상에서 사는 동안, 자신과 세상을 사랑하고, 육신의 정욕과, 안목의 정욕과, 이생의 자랑을 추구한 삶은 지옥으로 가고, 주님과 이웃을 사랑하고, 진리와 선을 쫓아 산 사람들은 천국으로 가는 것입니다. 따라서 사람이 세상에서 어떤 마음가짐과 어떤 사람으로 사느냐 하는 것이, 죽어서도 자신을 위해 대단히 중요하다는 사실을 알고 살아야 하는 것입니다.

로마에 가면 로마의 법을 따르라는 아주 유명한 격언이 있습니다. 이것은 사람이 이 세상에서도 그 어디를 가든 그곳의 법과 질서를 잘 지키는 사람이 되어야 한다는 것을 가르쳐주고 있습니다. 하물며 천국에 가려면 천국의 질서에 적합한 사람이 되어야 한다는 것은 당연한 진리인 것입니다. 그런데 천국에 적합한 사람이 되기 위해서는 천국에 도착해서 되는 것이 아니라, 이 세상에서부터 준비를 하는 사람만이 천국에 적합한 사람이 될 수 있다는 사실을 반드시 명심해야 합니다. 세상에서 사람자신의 내면과 삶속에 천국을 소유한 사람이 죽음을 통해 영원한 행복을 누릴 수 있는 천국으로 가는 것입니다. 사람의 내면에 천국을 소유한다는 것은 사람의 내면과 외면이 같아야 하고, 진리에 대

한 애정을 갖고, 삶 속에서 진리의 선을 실행하는 삶이 되어야
하는 것입니다. 그 누구든 자신 마음의 내면에 천국을 소유하지
못하고 죽은 후 사후세계에 도착하게 되면, 사후세계에서는 죽
어서 온 영의 사람에게 더 이상 그 어떠한 기회도 주어지지 않기
때문입니다.

최악의 절망에서 최고의 희망으로

제가 D 나라에서 선교사로 있었을 때, 선교비가 삼분의 일로 줄어들어 집세도 내지 못하고, 아이들 학비도 내지 못하는 매우 어려운 상황에 처해있었습니다. 선교지에서 돈 문제를 해결한다는 것은 그 무엇보다도 가장 힘든 일이었습니다. 왜냐하면 선교지에는 가족이나 형제나 친척이나 친구 중, 아무도 없는 곳이 선교지이기 때문입니다. 뿐만 아니라, 선교사의 신분은 한국에 있는 형제들이나 지인들에게 도움을 요청할 수도 없는 그런 직업입니다. 선교사의 일이 세상적인 일이 아니라, 신에 대한 일이다 보니 신을 위해 일을 하면, 당연히 신께서 모든 것을 다 해결해 주어야 한다고 생각하는 것이 일반적인 사람들의 보편적인 생각이기에, 그런 생각을 하는 사람들에게 도움을 요청할 수가 없는 것입니다. 선교사는 선

> 평안을 너희에게 끼치노니, 곧 나의 평안을 너희에게 주노라. 내가 너희에게 주는 것은 세상이 주는 것과 같지 아니하니라. 너희는 마음에 근심하지도 말고, 두려워하지도 말라.
>
> (성경 요 14:27)

교지에서 인간적인 방법보다는 하나님의 방법과 하나님의 은혜로 살아야 하는데, 현실은 생각처럼 그렇게 쉽지가 않다는 것입니다.

선교사가 선교지의 어려운 상황에 직면해서 할 수 있는 방법이란, 금식기도와 철야기도 그리고 수시로 가족과 함께 드리는 예배와 기도 외에 선교지에서 세상 적으로 할 수 있는 방법을 모색하기란 대단히 어려운 일입니다. 다행히 금식기도와 철야기도와 예배를 통해 문제가 해결이 된다면, 더할 나위 없이 기쁘고 감사한 일이겠지만, 선교지에서의 현실은 그렇지가 않다는 것입니다. 최악의 절망적인 상황에서 우리가 할 수 있는 모든 방법을 모두 다 시도해 보았지만, 선교지에서의 현실은 조금도 나아지지 않았습니다. 선교지가 아니더라도 그 어디에서든 누구나 우리와 같은 상황에 직면할 수 있습니다. 그야말로 울어도 안 되고, 아무리 참아도 안 되고, 수 없이 금식기도와 철야기도를 하면서 주님에 대한 긍정적인 생각을 하고, 도저히 감사할 수 없는 상황에서도 감사하며 무척 힘든 하루하루를 버텨나갔습니다. 뿐만 아니라, 하나님의 사랑과 전지전능하신 능력을 시인하며, 우리를 이 환란과 끔찍한 상황에서 벗어나게 해달라고, 절박한 심정으로 수도 없이 기도했으나 현실은 처참(소름끼치도록 절망적인 상황)하고, 참혹(비참하고 끔찍한)스러웠으며, 아무런 응답이나 역사가 나타나지 않았습니다.

하루는 너무나도 절망적인 생각으로 가득 차, 미쳐버릴 것만 같은 최악의 연속적인 상황에서 가족들을 식탁에 모이게 하고, 성경책을 펴서 무작정 창세기 1장 1절부터 읽어가기 시작했습니다. 더 이상 다른 방법이 없었기에 성경이라도 읽어야지 그렇지 않으면, 미쳐버릴 것 같고, 불안으로 가득 찬 마음을 어떻게 할 수가 없어서 가족들과 함께 성경을 펴서 하염없이 무작정 성경을 읽어 가는데, 얼마쯤 지났을까 놀라운 일이 우리의 마음속에서 일어났습니다. 그렇게 금식기도와 철야기도를 하면서 최악의 절망적인 상황 속에서도 불평이나 원망하지 않고, 매일같이 감사하며, 주님의 역사와 도움의 때를 기다리며, 희망의 끈을 놓지 않고, 힘든 하루하루를 고통스럽게 참아나가도 아무런 주님의 역사가 없었습니다. 그런데 성경을 펴서 하염없이 무작정 성경을 읽어가는 도중에 주님의 놀라우신 역사가 우리의 마음속에서 일어난 것입니다.

우리는 아무도 없는 선교지에서 앞이 보이지 않는 불안과 절망에 갇혀, 내일에 대한 소망이 전혀 보이지 않는 최악의 절망적인 상황에 처해있었습니다. 그런데 성경을 펴서 하염없이 읽어가는 도중에, 주님께서 우리의 마음속에 있는 불안과 절망의 모든 요소들을 순식간에 제거하시고, 하늘의 평안으로 우리의 마음속을 채우신 것입니다. 주님의 평안이 우리의 마음을 감싸고 주장하니, 비록 최악의 절망적인 상황에 처해있었음에도 이전에 가졌던 불안이나 절망들이 모두 사라지고, 안심이 되었습니다. 매일 삶에 대한 걱정과 돈에 대한 모든 염려들이 더 이상 우리를 괴롭히지 못하게 된 것입니다. 주님의 평안이 우리의 마음을 통치하니, 그 어떠한 것도 두렵지가 않았고, 내일에 대한 두려움이나 걱정스러운 요소들도 더 이상 문제가 되지 않았습니다. 오히려 주님의 평안이 우리에게 주시는 암시는, 곧 머지않아 주님께서 우리에게 놀라우신 일들을 실행하실 거라는 확신을 갖게 해주었습니다. 여전히 날마다 최악의 상황은 계속되었지만, 이전처럼 선교지에서의 삶이 두렵거나 불안하거나 내일에 대한 온갖 걱정들이 훨씬 가벼워져서 하루하루가 너무 감사하고, 주님의 은혜로 잘 견뎌낼 수가 있었습니다.

그럼에도 그렇게 상당한 기간이 너무나도 힘들게 지난 후, 주님께서는 주님의 방법으로 인도하시고, 역사하셔서 우리에게 선교지에서 새 아파트도 살 수 있게 해주시고, 새 자동차도 살 수 있도록 놀랍게 축복해주셨습니다. 뿐만 아니라, 선교비 문제도 해결해 주시고, 파송교회도 생길 수 있도록 많은 것으로 채워주시고, 보상해주셨습니다. 그야말로 무에서 유를 창조하시는 하나님의 놀라우신 은혜를, 그 때 선교지에서 그것도 최악의 절망적인 상황에서 실제로 경험할 수 있게 된 것입니다. 그 당시 단 한 점의 빛도 찾아볼 수 없는 캄캄한 깊은 굴속에 우리가 버려져 갇혀 있는 듯한 최악의 절망적인 상황 속에서, 주님은 우리를 최고의 희망으로 바꾸어주셨습니다. 주님께서 우리에게 주시는 평안은 세상이 주는 평안과는 다르다고 말씀하셨습니다. "평안을 너희에게 끼치노니 곧 나의 평안을 너희에게 주노라. 내가 너희에게 주는 것은 세상이 주는 것과 같지 아니하니라. 너희는 마음에 근심하지도 말고 두려워하지도 말라." 이 이야기 또한 선교지에서 주님의 기적적인 아름다운 이야기가 되어, 영원히 잊지 못할 주님의 은혜로 생생하게 간직되고 있습니다.

PART 02
예수 그리스도는 누구신가

사탄의 전략

사람은 누구나 사탄이 어떤 존재인지를 알아야 하는 것은, 사탄이라는 정체를 알아야 사탄의 꼬드김에 넘어가지 않고, 사탄의 전략에 걸려들지 않기 위해서입니다. 어느 날 악마가 물건들을 팔기 위해 은밀히 야시장을 열었습니다. 악마가 은밀하게 열어놓은 야시장에서 파는 품목들은 사람들의 마음과 관련된 온갖 종류의 것들을 팔고 있었습니다. 악마가 은밀한 야시장에서 파는 품목들은 정욕, 사기, 불평, 절망, 자랑, 성공, 거짓, 탐욕, 등과 같은 것들에 가격표를 붙여놓았습니다. 그런데 이 은밀한 야시장에서 가장 비싸게 팔린 물건은 좌절이었습니다. 좌절감은 사람의 목표와 욕구가 성취되지 않았을 때, 그로인해 마지못해 어쩔 수 없이 원하지 않은 일을 해야 할 때, 생기는 인간의 비참한 감정인 것입니다. 사람이 이런 좌절을 느껴야

> 여러분의 원수 마귀가 우는 사자 같이 삼킬 자를 찾아 두루 다닙니다. 믿음을 굳건하게 하여 악마를 대적하십시오. 사탄도 자기를 광명의 천사로 가장하나니, 사탄의 일꾼들도 자기를 의의 일꾼으로 가장하는 것이 또한 대단한 일이 아닙니다.
>
> (성경 벧전 5:8 고후 11:14,15)

하는 근본적인 이유는, 진리의 방패를 버리고, 자신으로 하여금 불신에 대한 사탄의 꼬드김을 허락했기 때문입니다.

악마는 무엇보다도 사람들을 좌절시키기 위해 수단과 방법을 가리지 않습니다. 사람이 악마의 뜻에 따르지 않을 때, 악마는 사람에게 좌절이라는 전략을 사용합니다. 사탄은 사람들로 하여금 하나님을 대적하게 하여 죄를 짓게 하고, 사람들이 선을 행하지 못하도록 인간의 삶에 질병과 재앙과 뜻하지 않은 어려움이 닥치게 합니다. 또한 사탄은 사람들로 하여금 거짓과 사기와 악한 짓을 하도록 인간의 마음을 꼬드기고, 부추깁니다. 왜냐하면 "사탄은 악의 본질이고, 죄와 거짓의 아버지라고" 성경이 말해 주고 있기 때문입니다. 이러한 이유에서 우리는 사탄의 정체를 알아야 사탄의 꼬드김과 속임수에 걸려들지 않고, 어떠한 상황에서도 좌절하지 않게 되는 것입니다.

*** 광명한 천사로 가장한 사탄의 전략 ***

제가 라오스 선교지에 와서 코로나로 활동이 자유롭지 못했을 때, 집에서 지내는 시간이 많아, 하루는 우연히 "신과 나눈 이야기"를 유튜브에서 보게 되어, 궁금한 생각에 관심을 갖고 들어보게 되었습니다. 신이라고 말하는 자가 말하는 내용들을 주의 깊게 시리즈로 계속해서 들어보았습니다. 내용을 들어보니, 인간을 중점으로 인간에 대한 인간을 위한 내용으로 구성이 되어 있다는 것을 알게 되었습니다. 여기에서 중요한 점은 사탄은 태초에도 아담과 하와에게도 그랬고, 주님에게도 그랬으며, 지금도 여전히 동일한 전략으로 사람에게 중점을 두어, 사람을 위하는 것처럼 전략을 사용한다는 점입니다. 하지만 사람을 위하는 것 같지만, 결국은 사람을 파멸로 이끄는 사탄의 전략인 것을 알아야 합니다. 태초에 사탄은 아담과 하와에게 접근하여 선악과의 과일을 먹어도 결코 죽지 않을 뿐만 아니라, 오히려 눈이 밝아져 하나님과 같이 될 수 있다고 꼬드겼습니다. 하나님 같이 될 수 있다는 사탄의 이 꼬드김에 아담과 하와는 걸려들었고, 그로 말미암아 결국 천국과도 같은 에덴동산에서 추방되었으며, 비극적인 삶으로 추락하고 말았습니다.

신과 나눈 이야기에서도 신이라고 하는 자가 말하기를, 사람이 곧 신이라고 말하고 있습니다. 분명한 것은 사람은 거듭날 수는 있어도, 사람이 신이 될 수는 없기에, 사탄의 거짓된 꼬드김에 절대로 현혹되어서는 안 된다는 것입니다. 또한 사람이 원하는 모든 것들을 사람 스스로 창조할 수 있는 능력이 사람 안에 있다고 말하는데, 창조의 역사는 창조주이신 주 여호와 하나님만이 하실 수 있는 하나님께 속한 것임을 알아야 합니다. 모든 생명체는 피조물이고, 창조주는 홀로 여호와 하나님이신 주님

한분이시기 때문입니다. 그래서 성경은 이에 대해 "태초에 하나님이 하늘과 땅을 창조하셨다"고 말씀하신 것입니다. 사도 요한도 이에 대해 "만물이 그로 말미암아 지은 바 되었으니 지은 것이 하나도 그가 없이는 된 것이 없다"고 말해주고 있습니다. 그런데 더 중요한 것은 신이라고 말하는 자는, 자신이 누구인가를 명확하게 밝히지 않고 있다는 것입니다. 자신은 모든 것을 만든 자로서 스스로 있는 자이지만, 자신은 관찰자로서 있는 것이지, 모든 것은 사람 스스로 해야 한다고, 교묘한 표현으로 사람들을 현혹시키고 있다는 것을 알아야 합니다. 그럼에도 사탄의 이러한 표현에 열광하는 사람들도 있으니, 사탄의 전략이 상당히 사람들에게 먹히고 있다는 것을 증명해주고 있습니다.

더욱 충격적인 사실은 신이라고 말하는 자가 성경을 인용하기도 하는데, 내 것이 아닌, 남의 것을 얘기하는 것처럼 말한다는 것입니다. 하지만 태초에 천지를 창조하시고, 모든 생명체와 사람을 창조하신 하나님 외에 다른 신이 있다면, 그것은 두말 할 것도 없이 사탄인 것입니다. 특히 제가 듣던 중 가장 경악(소스라치게 깜짝 놀람)할 대목은, 여호와 하나님이신 주님을 석가모니나 마호메트와 같은 사람으로 취급하여 말하고 있다는 사실에, 사탄의 실체를 바로 파악 할 수가 있었습니다. 왜냐하면 성경은 유다서에서 "우리 구주 홀로 하나이신 하나님께 우리 주 예수그리스도로 말미암아 영광과 위엄과 권력과 권세가 영원 전부터 이제와 영원토록 있을지어다. 아멘"이라고, 주님 홀로 참신이시고 영원 전부터 존재하시는 창조주 하나님이심을 명백하게 알려주고 있기 때문입니다. 뿐만 아니라, 신이라고 말하는 자는, 천계의 천국과 지옥의 존재 자체를 완전히 부정하는 것은 말할 것도 없고, 사람의 악한 것과 선한 것에 대해서조차도 전적으로 부정하고 있습니다. 더 놀라운 사실은, 자신의 실체인 사탄이나 마귀에 대한 존재자체도 없다고 부정하기 때문에, 이것은 완전히 성경에 위배되는 사탄의 고도의 전략임을 누구나 알아야 하는 것입니다. 사도 바울은 이에 대해 "이것은 이상한 일이 아니니 사탄도 자기를 광명의 천사로 가장한다고" 우리에게 사탄의 정체에 대해 명확하게 알려주고 있기 때문입니다.

사도 바울은 이어서 "사탄의 일꾼들도 자기를 의의 일꾼으로 가장하는 것이 대단한 일이 아니니, 그들의 마지막은 그 행위대로 된다고" 사도 바울은 사탄의 정체에 대해 자세하게 알려주고 있습니다. 그래서 사도 요한은 "사랑하는 자들아 영을 다 믿지 말고, 오직 영들이 하나님께 속 하였나 분별하라, 많은 거짓 선지자가 세상에 나왔으며, 지금 벌써 세상에 있다"고 알려주고 있습니다. 신과 나눈 이야기는 사람들을 주님으로부터 멀어지게 하기 위하여 인간을 신으로, 창조자로 새롭게 인식시키려는 사탄의 고도의 속임수요 전략임을 반드시 분별해야 하는 것입니다. 사탄은 인간의 심리(마음의 작용)을 너무나도 잘 알고 있기 때문에, 인간의 심리를 움직일 수 있는 절묘한 묘수(절묘한 수법)를 사용하여, 결국에는 인간을 여호와 하나님이신 주님으로부터 멀어지게 하고, 인간을 파멸로 이끄는 사탄의 그와 같은 전략에 빠져들지 않도록, 모든 사람은 반드시 깨달아야 하는 것입니다. 이 외에도 인간에게 중점을 두어, 끌리는 언어들로 표현하여 사람들로 하여금 빠져들게 하지만, 이해력(이치를 분별하여 해석하는 힘)이 있는 사람이라면, 충분히 사탄의 정체를 파악할 수 있는 것입니다. 오직 명확한 것은, 천지에 신은 오직 한분 우리구주 홀로 하나이신 주님이시기 때문에, 그 외에 신이라고 말하는 자들은, 모두가 광명한 천사로 가장한 사탄의 패거리들인 것입니다.

사탄의 정체를 숨기고, 의의 일꾼으로 가장하는 것은, 사탄에게는 대단한 일이 아니 다고, 사도 바울은 우리에게 가르쳐주고 있기 때문입니다. 이러한 이유에서 우리는 사탄의 정체와 전략을 간파해야(속내를 꿰뚫어 알아차리다) 사탄의 속임수와 꼬드김의 전략에 걸려들지 않게 되는 것입니다. 그럼에도 사람이 최악의 절박한 상황에 깊이 빠져들게 되면, 더 이상 빠져나갈 수 있는 해법이 없기 때문에, 최후의 수단으로 사탄을 찾는 자들이 있다고 합니다. 이처럼 최악의 절박한 상황에 빠져있던 사람들이 자신의 생명을 담보로 사탄과 거래하여, 하루아침에 천하만국의 영광을 누리며 살고 있는 사람들이 현재 세상에 있다는 사실이, 우리에게 엄청난 충격을 주고 있습니다. 이것은 본래 "17세기에

괴테가 쓴 파우스트"에 나오는 이야기로 악마 메피스토펠레스와 파우스트가 세상의 부귀영화를 위해 악마와 영혼을 담보로 거래하여 세상에서 부귀영화를 누리고, 계약기간이 끝나면, 파우스트의 영혼을 악마에게 건네주는 이야기였었습니다. 그런데 이 이야기가 오늘 날 현실에서 어떤 사람들은 자신들이 처해있는 최악의 상황에서 벗어나기 위하여 실제적으로 이와 같은 거래를 사탄과 하고 있다는 것입니다. 이 같은 사실로 보아 사탄의 치밀한 전략이 이렇게까지 인간에게 깊이 파고들었다는 사실을 반드시 알아야 하는 것입니다. 세상의 모든 부귀와 영광이 사탄에게 속해있기 때문입니다. 어느 날 사탄은 몹시 굶주려 있는 주님 앞에 나타나 천하만국의 영광을 주님에게 보여주며 주님까지도 꼬드겼습니다. 사탄은 자신에게 경배하면, 천하만국의 모든 권위와 그 영광을 주님에게 주겠다고 주님을 꼬드겼습니다. 사탄은 천하만국의 모든 권위와 영광이 자신의 것이라고 말합니다. 그러나 주님은 단호하게 사탄의 꼬드김을 물리치고 오직 하나님께 경배하고 다만 하나님을 섬기라 말씀하셨습니다. 또한 사탄에게 반박하여 말하되 주 너의 하나님을 시험하지 말라고 단호하게 말씀하셨습니다. 이처럼 사탄의 전략에서 신과 나눈 이야기의 저자도, 이 중에 한 사람일 수 있고, 또한 사탄의 새로운 전략일 수도 있기 때문에, 세심한 검토 없이 무작정 받아들이는 것은 매우 위험하다는 것을 알아야 합니다. 왜냐하면 저자 "닐 도날드 월쉬도" 자신의 인생 마지막이나 다를 바 없는 최악의 절망적인 상황에서, 직접적으로 사탄과 거래한 것은 아닐지라도, 신이라고 하는 자를 만나 "신과 나눈 이야기를 만들어" 출판했기 때문입니다. 따라서 신과 나눈 이야기는 주님과는 아무런 상관이 없는, 사람들을 꼬드기기 위한 광명의 천사로 가장한 사탄의 고도의 작품인 것을 확실하게 알아야 합니다. 왜냐하면 오직 주님만이 모든 사람에게 진리가 되시고, 길이 되시고, 생명이 되시기 때문입니다. 주님 외에 자신을 신이라고 말하는 자가 있다면, 그것은 사탄이거나 사탄의 패거리들 중의 하나에 지나지 않는 다는 것을 명심해야 합니다.

*** 사탄의 꼬드김 ***

사탄은 절망과 좌절과 불평과 불신 등을 이용하여, 사람들의 마음과 삶을 괴롭히고, 고통스럽게 만듭니다. 사탄은 사람들로 하나님의 사랑과 하나님의 말씀을 의심하게 하여, 하나님을 향하여 아주 자연스럽게 불만과 불신을 갖게 합니다. 사탄은 사람들에게 하나님에 대한 불만과 불신을 갖도록 부추겨서 사람들로 하여금 부정적인 생각을 하게 합니다. 그리고 사람들의 마음속에서 감사와 기쁨이 사라지게 나쁜 문제들을 일으킵니다. 사람이 하나님을 의심하게 되면, 작은 문제에도 불만과 불신을 갖게 됩니다. 하지만 우리가 범사에 하나님께 감사하면, 지극히 작은 것에서부터 큰 것에 이르기까지, 하나님께 모든 것을 감사할 수가 있습니다. 그래서 성경은 "우리가 어떠한 때를 만나든지 항상 기뻐하고, 범사에 감사하라고" 가르쳐주고 있습니다.

사탄은 그의 꼬드김으로 사람들의 마음속에 불만과 부정적인 생각을 갖도록 유도합니다. 왜 하나님은 세상에 전쟁이 끊이지 않고 계속되게 내버려 두시는 거야, 왜 비극적인 일들과 살생이 끊이지 않고, 수많은 사람들이 먹을 것이 없어서 굶주리고, 자연 재해와 온갖 바이러스와 질병으로 수많은 사람들이 죽기도 하고 고통을 당하도록 내버려두시고, 평화 보다는 서로에 대한 분쟁과 다툼이 만연하도록 내버려두시는가. 이처럼 사탄은 하나님에 대한 불만과 부정적인 생각을 사람들이 갖도록 계속적으로 꼬드기는 전략을 사용한다는 것입니다. 사탄은 크리스천에 대해서도, 너는 하나님을 진실하게 믿고 있니. 너는 하나님을 전능하신 하나님으로, 좋으신 하나님으로, 사랑의 하나님으로, 축복의 하나님으로, 자비의 하나님으로 믿고 있니. 그런데 지금 너의 모습과 상태는 너무 안 좋아 보여. 왜 너에게는 기쁨이 없고, 행복이 없으며, 평안도 없어 보이니. 지금 너의 하나님은 어디 계시니. 네가 믿는 하나님은 너의 문제와 절박한 사정에 관심이나 갖고 있니. 그리고 네가 기도하는 것을 내가 보았는데, 왜 하나님은 너의 기도에 응답이 없는 거니. 지금 너는 소중한 시간만 낭비하고 있는 거야. 이처럼 사탄은 그 누구든 인간적인 비참한 생각을 하도록 꼬드기는 전략을 사용한다는 것입니다.

사탄은 사람들로 하여금 하나님을 붙들기보다는 인간적인 방법이 더 나은 방법이라고 사람들을 꼬드깁니다. 사탄은 사람들로 하여금 하나님을 의지하기보다는 세상적인 좋은 방법을 생각하고, 찾아보라고 사람의 마음을 부추깁니다. 그래서 사람들이 사탄의 이러한 꼬드김에 넘어가 하나님을 의심하게 되면, 자동적으로 하나님에 대한 불만과 불신에 사로잡히게 되는 것입니다. 그리고 사람 마음의 불만과 불신은 하나님에 대해 전적으로 부정적인 생각을 갖게 합니다. 이처럼 사탄은 사람들로 하여금 하나님에 대하여 너무나도 비참한 생각을 하도록 계속해서 사람들의 마음과 생각을 밀어붙여 꼬드기는 것입니다. 사탄은 사람의 약점을 너무나도 잘 알고 있기 때문에 한번 포착한 기회를 사람이 넘어지고 쓰러질 때까지 계속해서 몰아가는 것입니다.

왜 하나님은 네가 고난당하는 것을 도와주지 않니. 왜 하나님은 너에게 좋은 길을 열어주시지 않니, 왜 하나님은 너의 절박한 기도에 응답해주시지 않고, 왜 너의 비참한 상황을 좋은 상황으로 바꾸어주시지 않니. 이러한 사탄의 꼬드김으로 하나님을 의심하게 되면 사람의 마음이 깊은 상처를 받게 되는 것입니다. 이것이 사탄의 강력한 꼬드김의 전략인 것입니다. 사탄은 자기의 의도(뭔가를 하려는 생각)를 심도(깊은 곳에 닿게) 있게 말하기 때문에, 사탄의 이러한 꼬드김에 즉시 반박해야 합니다. 그 누구든 주님은 나에게 그렇게 말씀하지 않으셨다. 주님은 내 인생을 통해 놀랍게 역사하실 것이며, 나는 어떠한 상황에서도 주님과 함께 할 것이라고 단호하게 사탄의 꼬드김에 반박해야 하는 것입니다. 성경은 "믿음을 굳건하게 하여 마귀를 대적하라고" 알려주고 있습니다. 사람은 인간적인 방법과 육신적인 힘으로는 마귀를 대적하여 이길 수가 없습니다. 마귀가 사람에게 주는 부정적인 생각과 불신의 마음에 사로잡히기 전에, 단호하게 주 예수그리스도의 이름으로 명령하여, 사탄의 꼬드김과 악한 전략을 물리쳐야 하는 것입니다. 사람의 절벽한 상황에 대해 사탄의 그 어떠한 기회도 제공해서는 안 되며, 지체 없이 주 예수그리스도의 이름으로 나의 마음과 생각에서 떠나가라고 명령해야 합니다. 속임과 거짓 뭉치인 사탄을 사람이 물리칠 수 있는 방법은 하나님에 대한 굳건한 믿음과 신뢰인 것입니다. 주님은 주님께 대한 사람의 믿음을 결코 실망시키지 않으시는 은혜의 주님이십니다.

그 누구든 각자의 문제와 고난과 절박한 상황에 대해, 그 무엇이든 주 예수그리스도의 이름으로 명령할 때, 그리스도의 평강이 그 사람의 생각과 마음을 지키시고, 통치하게 되는 것입니다. 주님의 통치가 곧 사탄의 모든 억압과 시험과 꼬드김에서 그 사람을 자유롭게 하고, 그 사람의 생각과 마음을 보호하게 되는 것입니다. 아담과 하와도 사탄의 꼬드김의 질문에 넘어가 인생이 비참하게 추락하고, 결국에는 천국과도 같은 에덴동산에서 비극적인 삶으로 쫓겨나고 말았습니다. 지금도 사탄은 여전히 이 꼬드김의 수단을 이용하여 사람들을 실족시키고, 좌절하게 만드는 것입니다. 그러므로 사람이 사탄의 꼬드김의 수단에 실족하지 않기 위해서는, 그 어떠한 상황에서도 하나님에 대한 의심을 해서는 절대로 안 되는 것입니다. 성경은 마귀의 온갖 시험에 대해 "하나님께 대한 굳건한 믿음으로 마귀를 대적하라고" 알려주고 있습니다. 사람은 누구든 사탄이 사람을 꼬드기고, 유혹할 수 있는 기회를 제공해서는 안 되는 것입니다. 사탄이 사람에게서 꼬드김의 기회를 포착하면, 사탄은 그 기회를 결코 놓치지 않을 것이기 때문입니다. 그래서 야고보는 이에 대해 "너희는 하나님께 복종하라, 마귀를 대적하라, 그리하면 너희를 피한다고" 사탄을 거칠게 다루어야 한다는 것을 가르쳐주고 있습니다. 사탄의 목적은 사람들로 하여금 하나님을 믿고 따르지 못하도록, 하나님에 대해 불평하고 부정적인 생각을 갖도록 꼬드기고 유도하는 것입니다. 그래서 결국은 사람들을 악과 거짓으로 이끌어 지옥으로 가게 하는데 사탄의 목적이 있는 것입니다.

우리는 어떠한 상황에서도 사탄이 꼬드길 수 있는 기회를 제공해서는 안 되며, 즉시 주 예수그리스도의 이름으로 사탄과 사탄의 모든 꼬드김에 명령하여 물리쳐야 하는 것입니다. 주 예수의 이름으로 수시로 사탄의 접근을 차단하고 사탄을 거칠게 다루어야, 사탄도 가까이 못하게 되는 것입니다. 그러기 위해서는 주님께서 나의 왕이심을 선포하고, 나의 마음과 생각을 주님의 평강이 통치하도록 해야, 사탄이 더 이상 나를 괴롭히지 못하게 되는 것입니다. 그래서 우리는 날마다 주님의 평강이 우리의 마음과 생각을 다스리고 인도하도록, 주님의 인도하심을 구하는 기도하는 삶이 되어야 합니다.

모든 사람은 주님의 말씀에 대한 확고한 믿음을 갖고 살아야 합니다. 누가는 "내가 너희에게 뱀과 전갈을 밟으며, 원수의 모든 능력을 제어할 수 있는 권능을 주었으니, 너희를 해칠 자가 결코 없다고" 말해주고 있습니다. 사람은 진리의 말씀으로 사탄을 분별하고, 대적하고, 싸워 이겨야 하는 것입니다. 그래서 사람은 진리와 항상 함께하는 사람이 되어야, 사탄의 각종 꼬드김과 전략에 걸려들지 않게 되는 것입니다. 사람이 진리 안에 있으면, 사탄이 그를 시험할지라도 진리 안에 있는 자는 능히 감당할 수 있기 때문입니다. 왜냐하면 사도 바울은 "사람이 감당할 시험만 허락하시고, 감당치 못할 시험은 허락지 아니하시며, 시험당할 때에는 피할 길을 주셔서 능히 감당하게 하신다고" 알려주고 있기 때문입니다. 그러므로 사람은 누구든 사탄의 모든 꼬드김과 모든 전략들을 담대하게 주 예수그리스도의 이름으로 대적하고 물리쳐야 하는 것입니다. 사람에게 참된 진리가 없으면, 사탄은 자신의 거짓된 진리로 사람들을 미혹하여 자신의 거짓된 진리로 사람들을 옭아매기 때문입니다.

사람이 하나님을 의지하면, 사탄은 결코 하나님을 의지하는 자를 이길 수가 없는 것입니다. 하나님은 "하나님을 의지 하는 자의 힘과 피난처가 되신다고" 말해주고 있기 때문입니다. 현재 사람 자신의 고난과 절박한 상황이 문제가 아니라, 그것이 무엇이든 즉시 주 예수그리스도의 이름으로 명령하여 단호하게 물리쳐야 합니다. 사탄에게 그 어떠한 기회도 제공해서는 안 되는 것입니다. 우리 삶의 문제들이나, 사탄의 꼬드김이나, 그것이 무엇이든지, 우리의 생각과 마음을 지배하지 못하도록 즉시 물리쳐야 하고, 사탄을 거칠게 다루어야 하는 것입니다. 오직 그리스도의 평강이 우리의 생각과 마음을 온전히 통치하게 해야 합니다. 우리가 하나님의 말씀과 하나님의 통치와 하나님의 도우심에 대하여, 그 어떠한 상황에서도 우리의 믿음이 확고하다면, 사탄은 더 이상 우리를 괴롭힐 수 없고, 사탄의 모든 방법과 전략은 우리에게 무용지물이 되기 때문입니다. 사탄은 계속해서 광명의 천사로 의의 일꾼들로 가장하는 것이 대단한 일이 아니기 때문에, 신과 나눈 이야기보다도 더한 묘수(절묘한 수법)로 사람들을 꼬드길 수가 있다는 것을 누구나 알아야만 합니다. 분명한 것은 신은 오직 한 분 여호와 하나님이신 주님 뿐이십니다. 그 외에 신이라고 말하는 자들은 모두가 광명한 천사로 가장한 사탄의 패거리들인 것을 명백하게 알아야합니다.

하늘에서 온 전화

D 나라 선교지의 두 번째 도시 외곽에 현지교회를 건축하고 있었을 때, 2년이 지나도록 교회 건축을 완공하지 못하고 있는 상태였습니다. 오는 선교 비에서 일부를 나누어 교회를 건축하다 보니, 적은 건축비용으로 인해 기간이 많이 걸리고 있었습니다. 교회나 누군가가 관심을 갖고 도움을 준다면, 좀 더 빨리 교회를 완공할 수 있었을 텐데, 매월 선교편지를 보내도 도와주겠다는 교회나 관심을 갖는 사람이 아무도 없었습니다. 사람은 자기가 좋아하거나 자기에게 어떤 이득이 있는 것에만 관심을 갖기 때문에, 부담스러운 선교지 교회 건축에는 별로 관심이 없었습니다. 한 달에 한번 저에게 오는 선교비 중에서 일부를 건축헌금으로 드려, 그 돈으로 건축을 하다 보니, 일주일 정도 일을 하면, 돈이 바닥이 나서 더 이상 교회건축 일을 할 수가 없었습니다.

> 너는 기도할 때에 네 골방에 들어가 문을 닫고, 은밀한 중에 계신 네 아버지께 기도하라. 은밀한 중에 보시는 네 아버지께서 갚아주시리라.
> (성경 마 6:6)

그럼에도 세월이 지나다 보니, 교회 기둥과 벽들, 바닥 그리고 창문들까지 모두 갖추어졌는데, 지붕만을 남겨두고, 교회 건축일이 멈추게 되었습니다. 교회 지붕은 콘크리트 슬래브로 해야 하기 때문에, 이 일은 단번에 해야 하는 일이라 목돈이 필요하게 되었습니다. 교회 지붕 공사를 하기 위해서는 목돈이 필요했지만, 선교지에서 목돈을 마련하기란 참으로 어려운 일이었습니다. 교회에 갈 때 마다, 뼈대만 세워진 교회 모습을 보면서, 기약 없이 기다려야 하는 날들이 몹시도 마음을 불편하게 했습니다. 예배는 임시 예배처소인 현지성도 집 차고에서 플라스틱 의자들을 각자 집에서 가져와, 자기가 가져온 의자에 앉아서 예배를 드렸습니다. 장소와 상관없이 현지 성도들의 예배는 무척이나 뜨겁고, 은혜로운 예배였습니다.

선교지에서는 온 가족이 아침저녁으로 말씀을 보고, 기도를 하는 생활을 매일 규칙적으로 실행을 했습니다. 그러다 보니 성경도 창세기에서 요한계시록까지 여러 번을 반복해서 읽게 되었습니다. 자녀들에게도 매일 아침저녁으로 성경을 읽히고, 기도하게 하여 말씀과 기도가 생활이 되게 했습니다. 이렇게 시일이 지나가던 어느 날, 한밤중에 전화벨 소리가 요란하게 울리는데, 저는 깊이 잠이 들었기에, 꿈속에서 전화벨이 울리는 줄 알았습니다. 하지만 깊은 밤에 울리는 전화벨 소리는 낮에 울리는 소리보다 훨씬 소리가 크게 들려, 계속해서 울리는 전화벨 소리에 저는 잠에서 깨어나 전화기가 있는 거실로 잠결에 달려갔습니다.

잠결(어렴풋이 잠이 깬 상태)에 전화기가 있는 곳으로 달려가면서, 이 한밤중에 어디서 누가 전화를 걸었을까 하는 궁금한 생각이 들었습니다. 그런데 놀랍게도 깊은 한밤중에 걸려온 전화는 하늘에서 온 전화였습니다. 당시 우리가 사용하는 가정집 유선 전화기는 가까운 곳에서 전화가 오면, 아무 소리가 나지 않았지만, 아주 먼 곳에서 전화가 오면, 수화기를 들었을 때, 수화기에서 띡~하는 소리가 나기 때문에, 가까운 곳에서 온 전화인지, 먼 곳에서 온 전화인지를 구분할 수가 있었습니다. 수화기를 들어 귀에 대자 띡~하는 소리가 나서, 직감적으로 아주 먼 곳에서 전화가 왔다는 것을 알게 되었습니다. 그런데 놀랍게도 한밤중에 하늘로부터 저에게 걸려온 기적적인 전화였습니다.

전혀 기대하지 않았던 목사님이 한국에서 선교지의 시간을 모르고 전화를 하다 보니, 우리가 잠들어 있는 깊은 한밤중에 전화를 하게 된 것입니다. 전화의 내용은 그 동안 목사님이 목회하는 교회에서 우리 선교지에 건축하고 있는 교회를 위해 계속해서 건축헌금을 모았는데, 400만원이 모아져 보내려고 하니, 은행구좌번호를 알려달라는 잠결에 정신이 번쩍 드는 기쁜 소식의 전화였습니다. 주님의 은혜가 아니고서는 선교지에서 이런 놀라운 경험을 한다는 것은 결코 쉬운 일이 아닙니다. 저는 너무나 기뻐서 잠을 제대로 잘 수가 없었습니다. 저는 한밤중에 걸려온

이 전화를 하늘에서 온 전화라고 이름을 붙였습니다. 주님의 역사는 우리의 생각이 미치지 못하고, 우리의 손길이 닿지 않는, 먼 곳에서도 실행되어지는 은혜의 역사입니다. 이 주님의 은혜로운 역사로 선교지 교회건축이 3년 만에 아름답게 마무리 되어 헌당예배를 드릴 때, 예배에 참석한 많은 사람들이 주님의 아름다운 이야기에 큰 감동을 받았습니다. 우리의 삶속에는 그 무엇보다도 주님의 아름다운 이야기가 많이 있어야 합니다. 지금 생각해도 가슴이 뛰는 주님의 이 은혜롭고 감동적인 아름다운 이야기를 많은 사람들과 나누게 되어 주님께 감사와 영광을 돌립니다.

바른 신앙생활

저는 오랜 세월 목회자의 길을 가고 있지만, 목회 초년기를 지나 한참 세월이 흐른 후에도 솔직한 심정으로 믿음에 대해 정확하게 아는바가 없었습니다. 제가 알고 있었던 믿음이란, 예수 그리스도를 나의 구세주로 믿는 믿음이었습니다. 그것은 주님께서 나의 죄를 용서하시기 위해 나의 죄를 대속하여 십자가에서 죽으시고, 삼일 만에 부활하신 주님을 믿는 믿음이었습니다. 그리고 내가 주님을 믿을 때. 믿음으로 의롭게 되고, 결국 믿음에 의해 구원을 받게 된다는 믿음으로 알고 있었습니다. 이러한 믿음이다 보니 바른 신앙생활에 대해서도 어떤 틀에 박힌 신앙생활을 하지 않았었나 하는 생각을 하게 됩니다. 하지만 믿음에는 더 깊은 뜻이 있다는 것을 목회자로서 정말 몰랐었습니다.

> 그리스도 예수 안에서 가장 중요한 것은 믿음이 사랑을 통하여 일하는 것입니다. 그런데 누가 여러분을 가로막아서 진리를 따르지 못하게 하였습니까. 여러분을 교란시키는 사람은 누구든지 심판을 받을 것입니다. (성경 갈 5:6~10)

나의 믿음이란 교회와 신학교에서 가르치는 대로 받아들인 답습적인(전해온 방식) 믿음이었습니다. 믿음이 참으로 무엇인지에 대해 내 스스로 깊이 이해하고, 마음 적으로 확실하게 알고, 인식된 믿음이 아니라, 가르침과 답습적인 방식을 통해 내 안에 자리 잡은 믿음이었습니다. 이렇게 답습적인 믿음은, 믿음이 정확하게 무엇인지도 모르면서 그저 믿어야 하는 믿음으로 내 안에 굳어진 믿음이 되고 말았습니다. 이처럼 믿음에 대한 이해성과 인식(분별하고 판단하여 앎)이 확실하지 않은 믿음이다 보니, 크리스천들이 이 "세상에서 빛과 소금이 되지 못하고" 있다는 것을 비로소 깨닫게 되었습니다. 크리스천으로서 믿는다고 말은 하지만, 상황에 따라서 속으로는 의심스러울 때도 있고, 또한 믿음대로 살지 못할 때가 많다는 것을 스스로도 잘 알고 있을 것입니다. 이것은 크리스천들이 믿음의 본질이 무엇인지를 정확하게 모르고, 믿기 때문에 그럴 수밖에 없다는 것입니다. 그래서 우리는 믿음의 본질(실체)이 무엇인지를 정확하게 알아야 비로소 바른 신앙의 삶을 살아갈 수가 있는 것입니다.

참된 믿음은 답습적인 방식이나, 가르침에 의해 맹목적으로 생기는 그런 믿음이 아닌 것입니다. 이러한 믿음은 오히려 기억 적인 믿음, 또는 지식적으로 아는 믿음이라고 해야 맞는 말일 것입니다. 믿음이란 어떤 것이 사실이고, 진리라는 것을 나의 이해 성으로 확실하게 인식을 해야 만이 참된 나의 믿음이 내 안에 안착하게(흔들림 없이 자리 잡음) 되는 것입니다. 왜냐하면 사람은 자신이 이해할 수 없는 것을 믿거나, 진리로 받아들일 수 없기 때문입니다. 만일 사람이 이해할 수 없는 것을 믿는 다는 것은 자신을 속이는 것이고, 진정한 믿음이 아닌 것입니다. 사람에게는 이해성이 있어서 어떤 것에 대해서 들었을 때, 그것이 진리인지 또는 진리가 아닌지를 이해할 수 있는 판단력이 있기 때문입니다. 특히 진리에 대한 애정을 갖고 있는 사람이라면, 진리에 대한 이해성도 가지고 있기 때문입니다.

하나님께서는 사람을 창조하실 때, 사람에게 두 가지 지적인 이해력을 주셨습니다. 하나는 자연적인 것들을 이해할 수 있는 자연적인 이해성이고, 다른 하나는 영적인 것들을 이해할 수 있는 영적인 이해성이 사람 누구에게나 있다는 것입니다. 그래서 진리에 대한 영적인 애정을 갖고 있는 사람들에게는, 진리를 내적(마음의 작용)으로 인식할 수 있는 이해성이 있는 것입니다. 참된 믿음은 사람을 가르치고, 납득시키고, 강요한다고 생기는 믿음이 아닌 것입니다. 진리에 대한 나의 이해성과 나의 내적인 인식이 확고해졌을 때, 비로소 진리에 대한 온전한 믿음이 내 속사람 안에 안착되기 때문입니다.

*** 믿음은 진리를 나타내는 형체 ***

고대에 살았던 믿음의 사람들은 믿음이라는 언어 대신에 진리라는 말을 일상생활에서 더 많이 사용했다고 합니다. 히브리어에서도 믿음과 진리를 똑같은 언어로 표현하고 있는데, 그 언어가 아멘이라는 동일한 단어로 사용되었습니다. 아멘이라는 뜻이 곧 진리이고, 사실이라는 것을 의미하고 있기 때문입니다. 주님께서 믿음이라는 말을 자주 사용하신 이유는, 구약의 선지자들이 예언한 메시아가 바로 주님이심을 당시 유대인들이 믿지 않았기 때문입니다. 주님 당시에 "태초부터 하나님과 함께 있었던 말씀이 육신이 되어, 이 세상에 진리의 빛으로 오신 주님을" 사람들이 믿지 않았기 때문에, 믿음이라는 용어가 사람들에게 필요하게 된 것입니다. 주님께서 말씀하신 믿음은 가상적(실재가 아님)이고. 추상적(사실이나 현실에서 먼)인 믿음이 아니라, 태초부터 있었던 말씀이 실체가 되어, 이 세상에 오신 말씀의 본질(주님)을 믿으라는 것입니다. 주님께서는 "그 말씀의 본질을 믿을 수 없거든, 그 말씀의 본질(주님)이 하는 것을 보고서라도 믿으라고" 말씀하신 것입니다. 태초부터 하나님과 함께 있었던 말씀이 우주만물에 존재하는 모든 것들을 말씀으로 창조하셨기 때문입니다. 그래서 믿음의 용어는 주님을 믿지 않는 사람들을 위한 용어이고, 주님을 믿는 사람들을 위한 것은, 주님의 말씀을 지키고, 주님의 말씀을 따라서 살아야 한다는 것입니다.

사람은 누구든지 진리에 대한 정확한 이해와 자신의 마음에 확신이 없이, 단순히 듣고, 아는 것을 믿음이라고 말할 수는 없는 것입니다. 왜냐하면 주님에 대한 모든 것들이 진리의 말씀 속에 담겨져 있기 때문입니다. 그래서 사람은 진리에 대한 확실한 내적인 인식(분별하고 판단하여 앎)이 있어야, 참된 믿음이 그 사람 안에 안착이 되는 것입니다. 사람의 속사람 안에 믿음이 안착되어야 참된 믿음이 되는 것입니다. 사람의 기억 속에 저장되어 있는 아는 지식으로는 참된 믿음이 될 수가 없기 때문입니다. 한 걸음 더 나아가 참된 믿음이란, 자신이 믿는 진리를 보여주고, 자신의 믿음을 나타내는 형체가 있어야 하는 것입니다. 믿음은 진리를 떠나서는 믿음 스스로 존재 할 수가 없기 때문입니다. 사도 바울은 진리를 떠난 자들에 대해 "어떤 사람들이 믿음에서 떠나 미혹하는 영과 귀신의 가르침을 따르리라 하였으니, 자기 양심이 화인을 맞아서 외식함으로 거짓말 하는 자들이라고" 가르쳐주고 있습니다. 미혹의 영과 귀신의 가르침을 따른다는 것은 진리에서 떠난 자들이나 그렇게 할 수 있기 때문입니다. 그래서 사람이 믿음에서 떠난다는 것은 진리에서 떠나는 것을 말하는 것입니다. 진리가 없이는 믿음 스스로는 그 어디에서도 존재할 수 없기 때문입니다.

따라서 사람이 진리가 무엇인지에 대해 모르면서 그저 믿는

다는 것은, 가르침에 의해 기억에 담아 둔 아는 지식에 불과한 것입니다. 또한 고정관념(어떤 것에 대해 굳은 생각)적인 믿음이 있는데, 누군가가 어떤 것이 진리라고 말하면, 그것에 대한 이해성이나, 검토가 없이 그대로 받아들이는 맹목적(주관이나 원칙이 없이 행동하는 짓)인 믿음인 것입니다. 그래서 사람에 따라 서로 다른 믿음을 가지고 있는데, 하나는 진리가 무엇인지를 실질적으로 보여주는 믿음이고, 다른 하나는 고정관념(어떤 것에 대해 굳은 생각) 속에 만들어 놓은 허상(실제와 다른 모습)의 믿음인 것입니다. 진리가 무엇인지는 내가 믿는 진리가 나의 삶 속에서 선의 형체로 나타나야 하는 것입니다. 우리가 무엇을 믿고 있느냐가 중요한 것이 아니라, 우리의 믿음이 우리의 일상생활 속에서 선의 형체로 나타나야 참된 믿음이 되는 것입니다. 우리의 믿음이 우리의 삶 속에서 선의 형체로 나타나지 않는다면, 우리의 믿음은 생명이 없는 죽은 믿음이기 때문입니다. 진리의 본질이 선이기 때문에, 믿음이 있는 사람은 그의 삶 속에서 또한 사람과의 관계에서 반드시 선의 형체로 나타나야 믿음의 사람이라 말할 수 있는 것입니다. 믿음의 사람이 사람과의 관계에서 다른 사람을 속이거나, 거짓말을 하거나, 악한 짓을 해서는 절대로 안 되는 이유가 믿음은 진리의 선을 나타내는 선의 형체가 곧 참된 믿음이기 때문입니다.

*** 믿음은 선을 나타내는 사랑 ***

믿음은 진리를 보여주는 선의 형체가 될 뿐만 아니라, 진리의 선에 대한 애정을 갖게 됩니다. 진리의 선에 대한 애정이란, 진리의 말씀이 뜻하는 바를 사랑하기 때문에, 진리를 따라 살고자 하는 마음인 것입니다. 주님은 이에 대해 "나의 계명을 지키는 자라야 나를 사랑하는 자"라고 보다 더 직설적으로 알려주시고 있습니다. 그래서 참된 믿음에는 진리를 사랑하는 애정이 있어야하고, 그 진리에 대한 애정이 일상생활에서 곧 선행적인 형체로 나타나야 하는 것입니다. 그런데 크리스천으로서 다른 사람들에게 거짓을 행하고, 사기치고, 나쁜 짓을 한다는 것은 믿음이 무엇인지도 모를 뿐만 아니라, 아직 참된 믿음이 없기 때문입니다. 그래서 참된 믿음이란 진리에 대한 내적인 인식을 거쳐, 진리의 목적인 사랑에 도달하여, 그 최종단계는 우리의 삶 속에서 선을 행하는 것이 참된 믿음인 것입니다. 이러한 사실을 모르면서 교회에 다니고, 신앙생활을 한다는 것이 자신에게 어떤 의미가 있는지를 묻고, 생각하여 바른 신앙생활로 바뀌어야 합니다.

그렇다면 우리는 여기서 진리의 말씀이 뜻하는 진리에 속한 사랑이 무엇인지를 먼저 알아야 합니다. 우리가 진리에 속한 사랑에 대해서도 사랑이 무엇인지 막연하게 알고 있었지 않았나 하는 생각을 하게 됩니다. 사랑에 대한 보편적인 의미를 살펴보면 좋아하는 것, 희생하는 것, 자선을 베푸는 것, 용서하는 것, 관심을 갖는 것, 상처를 주지 않는 것, 이기적이지 않는 것, 그리고 남을 배려하는 마음 등으로 사랑에 대한 보편적인 의미를 살펴볼 수 있습니다. 하지만 진리에 대한 사랑이란, 한 마디로 선에 대한 애정을 갖는 것입니다. 사람의 마음이 진리에 대해 열리고, 진리가 사람 마음속으로 들어오게 되면, 진리에 대한 애정이 생기는데, 그 애정을 통해서 진리를 알게 되고, 진리가 무엇인지를 알아야 참된 믿음이 안착되는 것입니다. 따라서 진정한 사랑이란 보편적이거나, 무조건적인 사랑이 아니라, 진리의 선에 대한 애정이 진정한 사랑인 것입니다. 사람에게는 각자의 선이 있는데, 그것은 각자가 사랑하고, 소중하게 여기는 그것이 그 사람에게 선이 되기 때문입니다.

진리를 사랑하는 자는 진리가 그 사람의 선이고, 반면에 악과 거짓을 사랑하는 자는 악과 거짓이 그 사람의 선이 되는 것입니다. 왜냐하면 악한 짓을 악한 것으로 여기는 자는 결단코 악한 짓을 하지 않기 때문입니다. 그렇지 않고서야 사람이 굳이 악과 거짓을 행할 이유가 없기 때문입니다. 재물과 돈과 명예를 사랑하는 사람은 재물과 돈과 명예가 그 사람의 선이 되는 것입니다. 사람의 성향(성질에 따라 어떤 방향으로 기울어짐)에 따라 각자가 좋아하는 그것이 곧 그 사람에게는 그게 무엇이든 선이 되기 때문입니다. 그래서 주님께 속한 사랑과 선이 있고, 악과 거짓에 속한 사랑과 선도 있는 것입니다. 그래서 사도베드로는 이에 대해 "악에서 떠나 선을 행하고, 선을 따르라고" 알려주신 것입니다. 진리의 본질과 선의 근원이 곧 주님이시기 때문입니다. 다윗 왕은 이에 대해 "주는 선 하사 선을 행하시오니 주의 율례로 나를 가르치소서라고" 간청했습니다. 주님께서는 진리의 선 안에 계시기에, 우리가 선을 사랑하는 것이 곧 주님을 사랑하는 것이고, 선을 실행하는 믿음으로 사는 삶이 곧 크리스천의 바른 신앙생활이 되는 것입니다. 진리에 대한 애정이 선을 실행하도록 이끄는 믿음의 행위이기 때문입니다. 그러기에 크리스천의 믿음이 진리의 선을 행하는 믿음으로 나타나지 않으면, 실제로는 생명이 없는 죽은 믿음인 것입니다.

이에 대해 주님께서 좋은 비유의 말씀을 해주셨습니다. "좋은 땅에 씨를 뿌렸다는 것은 말씀을 듣고, 깨닫는 자니 결실하여 백배, 육십 배, 삼십 배가 되느니라. 그러므로 누구든지 나의 이 말을 듣고 행하는 자는 그 집을 반석 위에 지은 지혜로운 사람 같고, 나의 이 말을 듣고 행치 않는 자는 그 집을 모래 위에 지은 어리석은 자와 같다고" 알려주시고 있습니다. 좋은 땅과 씨는 도구적 방편으로 믿음과 하나 된 진리이고, 결실을 맺게 하는 것은, 진리를 따라 선을 행할 때, 결실을 맺게 되는 것입니다. 이 진리에 대한 애정이, 바로 사람의 마음으로 하여금 진리의 선을 실행하도록 움직이는 믿음인 것입니다. 주님은 진리의 본질이시고, 진리의 선 안에 계시기 때문입니다.

그래서 참된 믿음은 어떤 대상에 대해서 믿음을 갖는다기보다는, 진리를 사랑하는 애정에서 선이 실행되는 행위라고 보아야 하는 것입니다. 왜냐하면 실행이 멈추게 되면, 성장이 멈추고, 성장이 멈추면, 결실이 소멸되고, 결실이 소멸된다는 것은, 곧 없어진다는 것을 뜻하기 때문입니다. 따라서 실행이 없이 어떤 대상에만 집착되어 있거나, 어느 한 곳에 정착되어 있는 믿음은 아무것도 아니며, 유용성이 전혀 없는 죽은 믿음인 것입니다. 믿음의 대상은 진리이지, 사람이나 사물은 믿음의 대상이 될 수가 없기 때문입니다. 만일 사람이나 사물이 믿음의 대상이 될 때에는, 그것은 믿음이 아니라, 우상숭배가 되는 것입니다.

참된 믿음에는 믿음 속에 진리를 품고 있으며, 그 진리는 믿음으로 보여줄 수 있는 선의 형체로 나타나야 하는 것입니다. 믿음 속에 있는 진리들이 볼 수 있는 선의 다양한 형체로 나타나는 만큼, 그 믿음은 생명이 있는 영적인 것이 되는 것입니다. 이것을 소출에 비유한다면 믿음에 속한 진리들이 볼 수 있는 선의 형체를 이룰 때, 그것은 풍성한 수확과 결실을 맺는 것과 같은 것입니다. 한 걸음 더 나아가, 이 같은 믿음이 사람을 구원과 생명으로 인도하는 참된 믿음인 것입니다. 그래서 진리에 대한 애정이 없는 믿음은, 본질이 없는 껍데기와 같아서 겉으로나, 실질적으로나 아무것도 아닌 것입니다. 진리는 믿음에 의하여 보이는 선의 형체로 나타나야 하기 때문에, 믿음에는 진리의 실행이 따라야 생명이 있는 믿음이 되는 것입니다. 이것이 곧 바른 신앙생활인 것입니다. 야고보는 이에 대해 "행함이 없는 믿음은 그 자체가 죽은 것이라고" 말해주고 있기 때문입니다.

믿음은 진리를 떠나서 믿음 스스로는 존재할 수가 없습니다. 믿음은 진리로부터 존재하게 되고, 그 진리의 본질을 보여주는 선의 형체가 되어야 하기 때문입니다. 그래서 사도바울은 "믿음은 말씀을 들음에서 난다고" 가르쳐주신 것입니다. 사람이 진리의 말씀을 읽거나, 들을 때에 진리의 말씀에 대한 애정과 영적인 이해성이 열리게 되는 것입니다. 사람의 마음이 진리를 내적으로 인식하여 진리에 대한 확신을 갖게 되면, 진리에 대한 애정이 생기는 것입니다. 뿐만 아니라, 사람의 의지(뭔가를 이루고자 하는 마음)는 진리를 따라 살고자 하는 마음이 생기는데, 사람은 자신이 사랑하는 것은, 기쁜 마음으로 실행하기 때문에, 여기서 바로 생명을 가진 믿음이 사람의 내면(속사람의 마음)에 안착이 되는 것입니다. 이러한 믿음과 마음이 사람의 내면에 있어야 사람으로 하여금 바른 신앙생활을 하도록 이끄는 것입니다.

믿음이란 어떤 대상에 대해서 고정관념(어떤 것에 대한 굳은 생각)적으로 정착되어 있는 것이 아닙니다. 또한 믿음은 진리가 없이는 그 자체로부터 선이나 유용성을 창출해 낼 수가 없는 것입니다. 왜냐하면 믿음은 진리를 수행해야(따라서 실행하다)하는 사명이 있기에 진리를 실행할 때, 그 믿음이 생명이 되기 때문입니다. 그래서 믿음은 이 세상에서 진리를 수행하여 "세상의 빛과 소금이" 되어야 하는 것입니다. 오직 믿음만으로 세상의 빛이 되고, 소금이 되는 것은 절대로 아니기 때문입니다. 오직 믿음만으로 구원에 이를 수 있다고 말하는 사람들은 악과 거짓에 속한 자신들의 삶을 변명하는 사람들입니다. 이들에겐 진리의 선에 대한 애정이 없고, 진리의 선에 속한 삶을 살지 않기 때문입니다. 야고보는 이에 대해 "너희는 말씀을 행하는 자가 되고, 듣기만 하여 자신을 속이는 자가 되지 말라고" 경고하고 있습니다.

사람이 구원을 받기 위해서는 반드시 주 예수그리스도를 믿어야 한다고 말합니다. 주님을 믿는 것이 곧 구원을 받을 수 있는 유일한 길이라고 쇠뇌 되어 있기 때문입니다. 하지만 이것은 주님을 믿음의 대상으로 여기는 대상적인 믿음이지, 사람을 구원에 이르게 하는 진정한 구원의 믿음은 아닌 것입니다. 대상적인 믿음이란, 절대적이라고 여기는 한 대상에만 믿음을 정해놓고, 믿는 정착된 믿음입니다. 분명한 것은 이러한 믿음으로는 결단코 구원에 이를 수가 없다는 것입니다. 주님을 믿는다는 것은, 주님을 사랑해야 하고, 주님의 말씀을 따라 실행하는 믿음이어야 온전한 구원에 이르는 믿음인 것입니다. 주님께서도 주님을 사랑하는 자는 주님의 말씀을 지키고 따르는 자라고 말씀하셨기 때문입니다. 주님은 이에 대해 "나의 계명을 지키는 자라야 나를 사랑하는 자니, 나를 사랑하는 자는 내 아버지께 사랑을 받을 것이요, 나도 그를 사랑하여 그에게 나를 나타내리라"고 말해주고 있습니다. 그러므로 믿음은 진리를 실행하는 행위가 되어야하며, 둘은 언제 어디서나 하나의 형체를 갖추고 있어야 하는 것입니다. 이 둘은 어떠한 경우에도 나누어 질 수 없고, 사후세계까지 함께 가야 영원한 천국에 안착하게 되는 것입니다.

바른 신앙생활이란, 사람의 일상생활 속에서 이처럼 진리와 믿음이 하나 되어 있는 삶인 것입니다. 그러므로 생명이 있는 믿음은 진리를 사랑하고, 그 진리의 선을 실행하는 행위인 것입니다. 주님은 진리의 선 안에 계시고, 주님은 그 선의 본질이 되시기 때문입니다. 그러므로 믿음은 진리의 선을 위한 형체이고, 진리가 바라는 선들을 이루는 다양한 형체의 선으로 나타나야 하는 것입니다. 믿음은 진리의 본질이 되시는 주님을 사람들이 알고, 느낄 수 있도록 증거 해야 하고, 사람들에게 보이는 선의형체로 나타나야, 생명이 있는 참된 믿음이며, 이 같은 믿음이 사람을 바른 신앙생활로 이끄는 것입니다. 뿐만 아니라, 이 같은 믿음 생활을 해야 사람이 죽은 이후, 사후세계에 가서도, 천국의 문으로 입성할 수 있는 참된 믿음의 사람으로 인정받게 되는 것입니다.

사람의 생각 하나님의 생각

제가 I 나라에 선교사로 갔었을 때, 선교비 후원을 약속한 교회들에서 단 한교회도 선교비를 보내오지 않아 처음 간 낯선 선교지에서 무척이나 힘들고, 괴로운 날들을 살아가고 있었습니다. 동료선교사들 중에는 저희가 6개월을 견디지 못하고, 선교지를 떠날 것이라고 말하는 동료 선교사들도 있었습니다. 선교비 없이 가져간 돈으로만 선교지 생활을 하다 보니, 매월 집세와 자녀들 교육비와 가족 비자비용과 생활비용으로 많은 돈이 지출이 되었습니다. 선교지에서 심적인 부담감과 생활의 염려와 스트레스로 날마다 마음이 평안치가 않았습니다. 급기야는 온 가족이 장티푸스에 걸려 병원에 입원해야 한다고 의사는 말했지만, 가족의 입원비용을 생각하니 너무 부담스러워 입원을 하지 못하고, 약으로만 견뎌내야 했던 참으로 비참했던 시기가 첫선교지에서 있었습니다.

약으로만 장티푸스를 견뎌내는 과정이 우리에게는 너무도 힘든 과정이고, 고통스러웠지만, 기도와 주님의

> 이는 하늘이 땅보다 높음같이, 내 길은 너희의 길보다 높으며, 내 생각은 너희의 생각보다 높으니라.
>
> (성경 사 55:9)

은혜로 다행히 완쾌는 되었으나, 회복하는데 상당한 시일이 걸렸습니다. 우리는 다시 일상으로 돌아오긴 했지만, 선교지에서 여전히 생활과 돈에 대한 걱정이 수시로 우리의 마음을 불안하고 불편하게 했습니다. 게다가 어린 두 딸들은 말도 통하지 않고 친구들도 없는 선교지가 너무도 싫다고 한국으로 다시 가자고 저와 아내에게 저녁마다 눈물로 호소했습니다. 그러던 어느 주일 날 동료선교사들과 같이 현지 침례교회에 예배를 드리러 갔는데, 학교를 빌려서 예배를 드리고 있었습니다. 예배를 마치고 나오는데, 교회 소식을 알리는 전단지를 나누어주어서 전단지를 받아 와 내용을 살펴보니, 더 이상 학교에서 예배를 드릴 수가 없게 되어, 예배처소를 마련하기 위해 특별헌금을 모금한다는 내용이었습니다.

주님께서는 저의 마음에 예배처소를 위한 특별헌금을 하면 좋겠다는 마음을 주셔서 바로 아내에게 저의 마음을 전달하자 아내도 좋게 받아들였습니다. 우리가족이 장티푸스로 병원에 입원하게 되면, 상당한 입원비용과 치료비용이 지출이 되었을 텐데, 병원에 입원하지 않고, 약으로만 견뎌내고 회복했기 때문에, 병원입원비에 해당하는 비용을 예배처소를 위한 특별헌금으로 드리기로 작정을 하였습니다. 날을 정하여 현지 목사님을 저희 집으로 오게 해서 같이 식사를 하면서 저희의 당시 상황과 형편을 자세히 말씀드리고, 예배처소 마련을 위한 특별헌금을 목사님께 드리자 목사님께서 감동이 되셨는지 눈물로 우리를 위해 뜨겁게 기도해

주셨습니다. 우리의 이야기는 현지교회의 온 성도들까지 알게 되어 잔잔한 감동으로 이어지는 은혜로운 역사가 되었습니다.

우리가 6개월을 선교지에서 견디지 못하고 떠날 것이라고, 동료선교사들이 걱정스러운 마음으로 수시로 말했지만, 우리는 강제로 추방을 당하기까지 4년을 더 선교지에서 지냈습니다. 일 년이 지난 후부터는 물질에 전혀 어려움이 없도록 주님께서 풍성하게 채워주셨습니다. 일 년 동안 힘들고 어려웠던 시기를 말끔히 잊히게 하시고, 지나간 하나의 추억처럼 느껴질 정도로 주님께서는 우리의 상황을 완전히 바꾸어 주셨습니다. 말이 그렇지 당시 일 년은 선교지에서 하루하루가 너무나도 걱정스럽고 불안하기 그지없는 끔찍한 고난의 날들이었습니다. 하지만 그때, 제가 깨달은 것은, 사람은 누구에게나 어떤 곳에서든지 힘들고, 어려운 상황을 만날 수 있지만, 주님 안에서 참고, 기도하며, 두드리고, 기다리면 주님께서 도움이 되는 사람들을 붙여주시고, 좋은 길을 열어주신다는 것을 알게 된 것입니다. 자신이 가진 좋은 달란트를 활용할 수 있는 기회가 반드시 찾아오며, 전도서의 말씀처럼 안 좋은 때가 있으면, 반드시 좋은 때가 오기 때문입니다. 처음 선교지에서 가족 모두가 함께 겪어야 했던 정말힘들고 비참했던 일 년의 세월이었지만, 후에는 엄청난 보상으로 채워주시고, 풍성하게 축복해주신 놀라운 주님의 은혜로운 이야기로 아름답게 간직되고 있습니다.

어떤 예배 자에 대한 주님의 가르침

어떤 사람이 예배를 드리러 가기 위해 헌금을 정성껏 준비를 했습니다. 그는 예배에 드릴 헌금을 준비하기 위해 한 주간 동안 열심히 일을 했다는 사실을 알 수가 있습니다. 그는 예배에서 드릴 헌금을 따로 준비할 정도로 신앙심이 깊은 사람이었습니다. 뿐만 아니라, 예배에도 소홀함이 없을 정도로 예배시간을 잘 지키는 신앙인 이었습니다. 겉으로 보기에도 예배자로서 흠잡을 데가 없는 예배에 아주 충실한 사람이었습니다.

하지만 예배에 충실하고, 헌금을 잘 드린다고 해서 그 예배자의 삶에 문제가 없는 것은 아닙니다. 겉으로 보기에는 예배심이 좋아보여도, 의외로 삶의 현실에는 많은 문제가 있는 예배 자들이 많이 있기 때문입니다. 예배자로서 예배에 충

> 네가 제단에 제물을 드리려고 하다가, 네 형제나 자매가 네게 어떤 원한을 품고 있다는 생각이 나거든, 너는 그 제물을 제단 앞에 놓아두고, 먼저 가서 네 형제나 자매와 화해하여라. 그런 다음에 돌아와서 제물을 드려라.
>
> (성경 마 5:23~24)

실하다면, 세상의 삶에서도 똑같은 모습으로 충실해야 합니다. 예배자로서 예배에 충실한 것처럼, 세상의 삶에서도 충실하다면, 예배자로서 참 모습을 그대로 보여주는 것입니다. 예배자로서 예배에는 충실한데, 세상의 삶에서는 여러 가지 문제들로 꼬여 있다면, 예배자의 참 모습이 아닌 것입니다. 예배 자는 하나님과 예배에 나아가는 마음가짐으로 세상에도 나아가야 하는데, 예배에 가는 마음과 세상으로 가는 마음이 각각 다르기 때문에 문제가 되는 것입니다. 그래서 성경은 이에 대해 "너희는 세상의 소금이고, 세상의 빛이라고" 말해주신 것입니다. 이것은 세상에서 예배자의 본분과 역할에 대해 정확하게 알려주고 있는 것입니다.

예배자라 할지라도 인생을 살아가면서 문제가 없을 수는 없지만, 문제를 대하는 예배자의 마음과 행동이 세상사람 들과는 달라야 한다는 것입니다. 주님은 예배자의 마음과 삶에 대해 우리에게 알려주고 싶은 메시지가 있어서, 어떤 예배자의 헌금에 대한 것을 이야기의 주제로 삼아, 바른 예배자의 삶에 대해 가르쳐주고 있습니다. 그런데 이 예배 자에게 무슨 일이 있었기에, 주님께서는 이 예배 자에 대해 어떤 이야기를 하고 싶은지, 모든 예배 자들은 온 마음을 집중하여 이 예배 자에 대한 주님의 가르침을 잘 들어야 합니다. 이 예배자의 이야기가 곧 모든 예배 자들에 대한 주님의 말씀이고, 가르침이 되기 때문입니다.

*** 예배 자는 먼저 자신을 돌아보라 ***

사람의 삶의 변화는 자신을 돌아보고, 자신의 잘못들을 생각하는데서 부터 시작이 됩니다. 사람이 자신에 대해 돌아보는 생각이 없이는, 자신의 삶에 아무런 변화가 생기지 않습니다. 예배자라고 다르지 않는 것은, 예배만으로 사람이 변화되지 않기에, 주님의 말씀으로 자신을 돌아보는 관찰이 있어야, 비로소 자신과 자신의 삶의 문제를 파악하여 변화를 시도할 수 있게 되는 것입니다. 주님은 성전에 예배를 드리러 온 예배 자에게 예배를 드리기 전에, 그리고 헌금을 드리기 전에, 먼저 자신과 자신의 삶을 돌이켜 생각해 보라고 가르쳐주시고 있습니다. 성전에 예배를 드리러 가는 모든 예배 자에게 들려주시는 이 주님의 소중한 메시지에 온 마음으로 주목해야 합니다.

대부분의 예배 자들이 오늘은 주일이기 때문에, 예배를 드려야 한다는 생각에 쫓겨서, 아무런 생각 없이 예배에 참석하는 경우가 주일마다 반복되고 있지는 않은지요. 주님께서는 이런 예배자의 예배를 원치 않으시기에, 이런 예배자의 예배는 하나님을 기쁘시게 하지 못하는 형식적인 예배에 지나지 않는다는 것입니다. 그럼에도 오늘 날, 많은 예배 자들이 이 같은 사실을 전혀 모르면서, 예배를 드리고 있다는 사실을 주님의 말씀으로 깨달아 아는 것은, 모든 예배 자에게 대단히 중요한 메시지입니다. 그러므로 하나님께 예배를 드리는 예배 자들은, 주님의 가르침을 통하여 참 예배자로 바뀌어야 합니다. 교회가 얼마나 크고, 얼마나 많은 사람들이 모이느냐는 하나님과 아무런 관계가 없습니다. 교회예배에서 가장 중요한 것은, 주님이 원하시는 진정한 예배자가 예배를 드리는 성전 안에 있느냐 하는 것입니다. 소돔과 고모라 성은 하나님이 찾으시는 의인의 수가 모자라 멸망하고 말았습니다. 교회예배에서 하나님께서 찾으시는 것은, 화려한 성가대의 모습도 아니고, 파이프오르간으로 아름답게 장식한 웅장한 성전 실내의 모습이 아니라, 하나님께 대한 진정한 예배 자를 찾으시는 것입니다. 성경은 이에 대해 "하나님은 영이시니 예배하는 자가 영과 진리로 예배하라고" 알려주고 있기 때문입니다. 영과 진리로 예배한다는 것은, 진리의 말씀이 예배자의 마음과 삶속에 스며들어 하나로 일치된 삶과 예배를 뜻하는 것입니다.

이러한 이유에서 진정한 예배 자는 예배 전에, 헌금을 드리기 전에, 먼저 자신과 자신의 삶을 돌이켜 생각하여, 자신의 잘못과 악하고 거짓된 것이 무엇인지를 아는 자입니다. 참된 회개자의 마음과 행동이 어떤 것인가를 바르게 알게 해주는 메시지입니다. 주님은 진정한 예배 자에 대해 이렇게 말씀하고 있습니다. "헌금을 제단에 드리려다가 거기서 너의 형제에게나 자매에게 원망들을 만한 일이 생각나거든" 예배를 드리지 말고, 멈추라고 말씀하고 있습니다. 주님께서 말씀하시는 진정한 예배 자는 예배 전에, 예물을 제단에 드리기 전에, 먼저 사람과의 관계에서 자신의 잘못한 것들을 생각해내야 한다는 것입니다. 우리는 주님의 말씀에서 많은 예배 자들이 예배에 얼마나 소홀히 하고, 생각 없이 예배를 드리고 있는지를 바로 알 수가 있을 것입니다. 너무나 많은 예배 자들이 잘못된 종교심으로 주일 마다 잘못된 예배를 드리고 있지만, 이 같은 사실을 아는 예배 자들이 그리 많지 않다는 현실이, 기독교의 심각성을 잘 보여주고 있습니다.

예배 자가 사람과의 관계에서 발생시킨 악한 것들과 거짓들을 해결하지 않고, 그 모습 그대로 예배의 자리에 나와 예배를 드리는 것은, 자신과 하나님을 속이는 거짓된 예배인 것입니다. 성경은 이에 대해 "각각 자기의 일을 살피고, 스스로 속이지 말라고" 말해주고 있기 때문입니다. 예배 자가 사람과의 관계에서 발생시킨 나쁜 문제들을 해결하지 않고, 예배자리에 나와 회개하고, 헌금을 드리고, 예배를 드린다고 용서가 되지 않으며, 예배 또한 아무런 의미가 없는, 단지 종교적인 의식에 참석하고, 떠나는 것에 지나지 않는다는 것입니다. 사람의 잘못된 가르침이 헛되이 주님을 경배하는 예배가 되게 해서는 결코 아니 되는 것입니다. 주님께서도 "바리새인들에게 너희의 잘못된 가르침이 헛되이 주님을 경배하게 하신다고" 꾸짖으셨습니다.

그래서 주님은 예배자의 마음가짐과 주님이 원하시는 예배가 어떠한 예배인지를 바르게 가르쳐주시고 있는 것입니다. 주님이 원하시는 참된 예배는, 예배 전에, 헌금을 드리기 전에, 먼저 사람과의 관계에서 잘못한 것들과 문제들을 돌이켜 생각하여 지체하지 말고, 먼저 가서 화목한 후에 예배도 드리고, 헌금도 드려야 참된 예배이고, 참된 헌금이 된다고 알려주신 것입니다. 이것은 예배를 드린 후에 해서도 안 되고, 시간을 두고 나중에 해도 된다는 생각을 버리고, 예배 전에 먼저 실행하라고, 주님은 참된 예배 자에 대해 자세히 가르쳐주시고 있는 것입니다. 예배 자가 사람과의 관계에서 어떤 좋지 못한 문제가 있다면, 예배를 드리러 가기 전에 그 문제를 해결하고, 먼저 화해하는 것이 주님이 원하시는 예배자의 삶인 것입니다. 예배와 회개기도와 예물드림보다 피해를 주고, 잘못한 사람에게 먼저 가서 화해하라는 주님의 말씀대로 행하는 것이 예배자의 참된 회개이기 때문입니다. 이런 참된 회개가 실질적으로 예배자의 삶속에서 실행되어지고, 드리는 예배가 주님께서 기뻐하시는 참된 예배이고, 참된 헌금인 것입니다. 교회에 와서 입으로만 자신의 잘못을 고백하는 회개기도는 참된 회개가 아니 다는 것을 분명하게 알아야 합니다.

*** 먼저 사람과의 관계를 회복하라 ***

바리새인들은 사람과의 화해가 중요한 것이 아니라, 안식일에는 먼저 하나님께 예배를 드리는 것이 그 무엇보다도 더 중요하다고 말하는 지나치게 종교적인 사람들입니다. 바리새인들은 오늘은 안식일로서 하나님께 예배를 드리는 거룩한 날로 지켜져야 하기 때문에, 다른 그 어떠한 것보다도 예배가 우선이라고 말하는 사람들입니다. 바리새인들은 사람과의 화해나 그 외의 문제들은 안식일 보다 작은 것들로 여겨, 예배에 빠지거나, 예배를 소홀히 한다는 것은 엄청난 죄인으로 여기는 율법적인 사람들입니다. 하지만 주님은 예배보다도, 주일보다도, 헌금보다도 먼저 사람과의 관계에서 잘못을 해결하는 것이 우선이라고 가르쳐주고 있습니다. 예배 자는 그 누구의 말보다도 주님의 말씀을 따르는 주님의 사람이 되어야 하는 것입니다. 이것은 주님이 원하시고, 주님이 기뻐 받으시는 예배 자와 예배가 되어야 한다는 것입니다. 사도바울은 이에 대해 "이제 내가 사람들에게 좋게 하랴 하나님께 좋게 하랴, 사람들에게 기쁨을 구하랴, 내가 지금까지 사람들의 기쁨을 구하였다면, 그리스도의 종이 아니라고" 자신에 대해 분명하게 말해주고 있습니다.

사람과의 잘못이 해결 되지 않은 상황에서 드리는 예배와 헌금은 참된 예배로 드려질 수 없기 때문에, 주님은 예배를 드리기 위해서 성전에 온 예배 자에게 "먼저 가서 형제와 화해하고, 문제를 해결하고, 관계를 회복하라고" 가르쳐주신 것입니다. 바리새인들은 오늘은 예배로 모이는 안식일이니, 먼저 예배를 드리고, 형제와 화해하고, 문제를 해결하는 것은, 예배를 드린 후 또는 다음에 해도 늦지 않는 일이라고 말하는 사람들입니다. 하지만 모든 예배 자는 주님이 예배 자에게 들려주시는 말씀에 온 마음을 집중하고, 주님의 가르침이 삶 속에서 실행되도록 해야 합니다. 주님은 정성껏 헌금을 준비해서 예배를 드리러 온 이 예배 자에게 안식일 임에도 "예배를 중단하고, 성전을 떠나서 예배 장소가 아닌 잘못한 형제에게 먼저 가라고" 말씀하시고 있다는 데에, 예배 자는 온 마음으로 주목해야 합니다.

바리새인적인 생각과 종교심은 안식일에는 어떠한 경우를 막론하고, 예배를 드려야 하며, 예배 외에 다른 것을 해서는 절대로 안 된다는 지나치게 종교적인 사람들입니다. 하지만 주님은 예배를 드리기 전에, 헌금을 드리기 전에, 먼저 사람과의 문제를 해결하고, 관계를 회복하는 것이 더 중요하다고 말씀하고 있습니다. 오늘 날 많은 예배 자들이 주일 날 잘못 된 예배를 드리고 있지만, 예배 자들 자신이 잘못된 예배를 드리고 있는지에 대해서도 아는 바가 전혀 없다는 것입니다. 예배자의 삶과 사람과의 관계가 어떠하든, 주일에 교회에 나가 회개기도하고, 예배를 드리면, 모든 죄와 허물들을 용서받는 다는 잘못된 생각으로 신앙 생활을 하는 예배 자들이 너무도 많기 때문입니다. 그래서 주님께서는 "나는 자비를 원하고, 제사를 원하지 않는다는" 말씀에 대해, 예배 자는 바르게 이해해야 하고, 주님의 말씀을 따라야 참된 예배 자가 될 수 있는 것입니다.

주님은 예배 자가 드리는 예배와 헌금이 하나님을 온전히 기쁘시게 하기 위해서는, 예배드림과 헌금드림을 중단하고라도, 먼저 피해를 끼친 사람과의 문제를 먼저 해결하고, 화해하고 와서 예배를 드리고, 헌금도 드려야 하나님께서 기뻐하시는 예배와 헌금이 된다는 것을 명확하게 가르쳐주시고 있습니다. 사도 바울은 이에 대해 "하나님께서 기뻐하시는 예배는 형제사랑이라고" 알려주고 있습니다. 예배 자가 원망과 잘못을 다른 사람에게 남겨둔 채, 나만 교회에 가서 기도하고, 예배드리고, 헌금하고, 회개하면 된다는 바리새인 적인 잘못된 종교심에서 반드시 벗어나야 하는 것입니다. 예배를 드리러 온 예배 자가 주님께서 기뻐하시는 예배를 드리지 못한다면, 그 예배 자의 예배는 주님과는 아무런 상관이 없는 종교적인 의식(어떤 것을 일부러 하는 것)이 되기 때문입니다.

하지만 반대로 예배 자가 화해하고, 문제를 좋게 해결하기를 원하는데, 상대가 화해를 받아주지 않고, 진실한 마음으로 용서를 구하는데도 용서를 받아주지 않는다면, 이런 경우를 위하여 성경이 예배 자에게 주시는 말씀이 있습니다. 주님은 이에 대해 "너희가 사람의 잘못을 용서하면, 너희 하늘 아버지께서도 너희 잘못을 용서하시려니와, 너희가 사람의 잘못을 용서하지 아니하면, 너희 아버지께서도 너희 잘못을 용서하지 아니하신다고" 알려주고 있습니다. 그러므로 형제가 자신의 잘못을 회개하고, 진실한 마음으로 용서를 구하고, 화해하기를 원한다면, 형제의 잘못을 용서하고, 화해하는 것이 하나님께서 기뻐하시는 형제사랑인 것입니다. 그래서 누가는 이에 대해 "형제가 자신의 잘못을 회개하고, 뉘우친다면 용서하라고" 보다 직설적으로 가르쳐주신 것입니다. 피해자가 형제의 회개와 용서와 화해를 받아주지 않는다면, 피해자 또한 하나님께 용서 받을 수 없는 죄인이 되기 때문입니다. 그러므로 우리는 매사에 진실하고, 정직하게 살아야 하며, 자신의 이익이나 목적을 위해 주님의 말씀에서 벗어나 악한 짓을 하고, 그릇된 생각으로 남에게 피해를 끼치는 불의한 일을 해서는 결코 아니 되는 것입니다.

왜 주님은 안식일 날, 성전에 예배를 드리러 온 예배 자에게 게다가 정성껏 헌금까지 준비해 온 사람에게 "너의 형제나 자매로부터 원망들을 만한 일이 생각나거든" 예배와 헌금을 중단하라고 말씀하셨을까요. 모든 예배 자는 이 주님의 말씀에 온 마음을 다해 주목해야 합니다. 바른 예배와 바른 헌금을 드리는 예배자가 되기 위해서는 주님께서 가르쳐주시는 이 주님의 가르침을 반드시 따라야 하는 것입니다. 바리새인적인 교훈과 종교심으로는 그 어떠한 예배로도 하나님을 기쁘시게 할 수가 없기 때문입니다. 주님께서는 주일예배와 헌금보다도, 예배자의 삶 속에서 사람들과의 관계를 더 중요하게 관찰하고 있다는 것을 알려주시고 있는 것입니다.

　성경은 이에 대해 "빛의 사람이 되어, 사람들이 우리의 착한 행실을 보고, 하늘에 계신 아버지께 영광을 돌리게 하라고" 보다 더 정확하게 알려주고 있습니다. 예배 자는 빛의 사람으로서 사람들과의 관계에서 악과 거짓의 어둠이 아닌, 진리의 빛이 되어야 하기 때문입니다. 하지만 살다보면, 원치 않게 어둠의 일들이 생기기도 하고, 뜻하지 않은 문제들이 발생할 수도 있습니다. 주님께서도 예배자의 이러한 삶을 너무나도 잘 알고 있으시기에 해법을 알려주신 것입니다. 예배와 기도와 헌금이 예배자의 신앙생활에 중요하고, 예배자의 삶과 밀접한 관계가 있다 할지라도, 주님께서는 먼저 사람과의 관계에서 얽히고설킨 문제부터 해결하고, 화해하는 것이 더 중요하다는 것을 가르쳐주시고 있는 것입니다.

　주님은 예배자로 하여금 예배를 드리기 전에, 헌금을 드리기 전에, 먼저 사람과의 관계에서 좋지 않았던 문제부터 해결 하고, 화해한 후에 예배도 드리고, 기도도 하고, 헌금도 드리는 것이 참된 예배가 된다고 가르쳐주시고 있습니다. 이렇게 하는 것이 예배자의 참된 예배로 이어지는 예배자의 삶이고, 하나님께서 원하시고, 기뻐하시는 예배가 되기 때문입니다. 주님은 "나는 자비를 원하고, 제사를 원하지 않는다는" 말씀에서 보다 분명하게 알려주시고 있습니다. 사도 베드로는 주님의 자비에 대해 "마지막으로 말하노니 너희가 다 마음을 같이하여 동정하며, 형제를 사랑하며, 불쌍히 여기며, 겸손하고, 악을 악으로, 욕을 욕으로 갚지 말고 도리어 복을 빌라고" 알려주고 있습니다. 이 같은 주님의 말씀을 무시하고, 드리는 예배와 헌금은 주님과는 아무런 관계도 없고, 아무런 의미도 없는, 형식적인 종교적 의식예배에 왔다 떠나는 반복이 되풀이 될 뿐입니다.

그래서 주님은 예배자의 바른 예배와 삶에 대해 사람과의 관계에 중점을 두어, 사랑으로 풀어서 예배 자들에게 정말 중요한 가르침을 주시고 있는 것입니다. 사도 베드로는 이에 대해 "무엇보다도 뜨겁게 서로 사랑할지니 사랑은 허다한 죄를 덮는다고" 말해주고 있습니다. 서로 사랑하는 삶이, 사람과의 관계를 가장 좋게 할 수 있기 때문입니다.

서로 화해하고 사랑하는 삶이 하나님을 기쁘시게 하고, 하나님께 영광을 돌리는 삶이 되며, 이러한 예배자의 삶과 예배가 하나님께 드려지는 예배가 되기 때문입니다. 현재 매주 예배를 드리는 예배자로서 삶을 살고 있다면, 자신의 예배는 어떠한 예배인가를 이 주님의 말씀에 비추어서, 바른 예배를 드리는 예배자의 삶이 되어, 주님을 기쁘시게 하는 예배 자가 되어야 합니다. 예배 자의 바른 예배의 삶이 하나님과의 바른 관계와 사람과의 바른 관계를 좋게 하여 결국은 예배 자를 천국으로 인도하기 때문입니다.

예수그리스도는 누구신가

사람은 그 누구든 주님이 누구신가에 대해 정확하게 아는 것이 대단히 중요합니다. 저는 목사이지만 솔직한 심정으로 주님에 대해 배우고, 들은 대로 아는 정도였지, 주님이 정말 누구신가에 대해 정확하게 아는 목사는 아니었습니다. 제가 알고 있었던 주님은, 인류를 죄와 저주와 사망으로부터 구원하시기 위하여 이 세상에 사람으로 탄생하셨으며, 구세주로서 고난을 당하시고, 십자가에 죽으시고, 삼일 만에 다시 부활하신 분이 주님이시다는 것을 아는 정도였습니다. 그래서 제가 알았던 주님은, 하나님의 아들로서 인간으로의 탄생과 고난과 십자가의 죽음과 부활의 사건을 통하여 온 인류의 구세주가 되었고, 하나님과 인간과의

> 태초에 말씀이 계시니라. 이 말씀이 하나님과 함께 계셨으니, 이 말씀이 곧 하나님이시니라. 세상은 그로 말미암아 지은 바 되었으되, 세상이 그를 알지 못하였고, 그 말씀이 육신이 되어 우리 가운데 거하시매, 은혜와 진리가 충만하더라. 본래 하나님을 본 사람이 없으되, 아버지의 품속에 있는 독생하신 하나님이 나타내셨느니라.
>
> (성경 요 1:1~18)

관계를 화목케 하시기 위하여 화목제물로 중재자가 되었다는 것이 주님에 대해 알고 있었던 전부라 할 수 있습니다. 왜냐하면 "하나님이 우리를 사랑하사 우리 죄를 속하기 위하여 화목제물로 그 아들을 보내셨다"는 성경 말씀의 이와 같은 가르침을 받았기 때문입니다.

저는 목사의 직분으로 인생을 살아오면서 진리에 대한 많은 궁금증이 있었지만, 목사이기에 밖으로 내색할 수 없는 고민스런 불편함이 많이 있었습니다. 때때로 이것은 아닌데 하면서도, 진리에 대한 저의 지식과 이해의 부족으로 어쩔 수 없이 진리가 뜻하는 본질에서 벗어나, 설교를 해야 했었던 심정을 이 글을 통해 말하지 않을 수가 없습니다. 어느 시기에 와서는 목회의 어려움과 삶의 고난으로 사랑과 전능하신 하나님에 대한 말씀이 내 삶과는 너무나도 멀리 느껴져, 수시로 금식기도와 교회에서의 철야기도와 기도원에서의 산상철야기도를 통하여 절망적인 날들에서 희망적인 날들로 수없이 오르락내리락 하기도 했었습니다. 목회자의 험난한 인생길에서 주님의 놀라우신 은혜와 기적들도 많이 체험했었지만, 수년의 세월이 흐른 어느 날 저의 걸어온 목회자의 인생길을 돌이켜보니, 제가 목회자로서 진리의 말씀을 잘 못 알고 인생을 살아왔다는 것을 깨닫게 되었습니다. 그것은 제가 목회자로서 하나님의 말씀을 성도들에게 세상적인 축복과 기복신앙(복을 바라는 신앙)에 중점을 두어 주로 강조했지, 진리를 바르게 가르치거나, 올바르게 전하지를 못했기 때문입니다. 십 수 년의 세월이 지나고 나서야 목회자는 그 무엇보다도 주님의 말씀들을 올바르게 가르치고, 전하는 것이 목회자에게 대단히 중요하다는 사실을 깨닫게 된 것입니다.

주님에 대해, 진리에 대해, 바르게 알지 못하다 보니 기도는 만사를 형통케 하고, 믿는 자에게는 능치 못함이 없다는 식으로 진리에 대해 너무나도 바르게 알지 못했던 긴 세월을 지나왔습니다. 진리를 안다는 것은, 맹목적(옳고 그름을 따지지 않고 행동하는 것)으로 믿음에서 믿음으로 나아가는 것이 아니라, 그 아는 것을 통해서 아는 만큼, 사람이 선하게 되는 것입니다. 왜냐하면 선과 진리의 결합이 한 사람 안에서 참다운 교회를 이루고, 진리의 생명은 모두 선에서 비롯되기 때문입니다. 우리가 신앙은 믿음이라고 인식(분별하고 판단하여 아는 것)하고 있지만, 참다운 신앙은 진리를 정확하게 아는 것입니다. 그래서 주님은 이에 대해 "모든 사람이 구원을 받으며, 진리를 아는 데에 이르기를 원하신다고" 말해주신 것입니다. 이것은 진리를 제대로 알지 못하면, 구원으로 가는 길이 본인이 알고, 믿어왔던 신앙에 엄청난 혼란이 생길 수 있기 때문입니다. 그래서 우리는 무엇보다도 진리를 바르게 알아야 하는 것입니다.

여호와께서 말씀하시기를 "내 백성이 지식이 없으므로 망하는도다. 네가 지식을 버렸으니 나도 너를 버리겠다고" 말씀하셨습니다. 그래서 호세아 선지자는 이스라엘 백성들에게 호소하기를 "그러므로 우리가 여화와를 알자 힘써 여호와를 알자고" 호소했던 것입니다. 하나님은 우리가 볼 수 없고, 알 수 없는 하나님이셨지만, 우리가 볼 수 있고, 알 수 있게 이 세상에 인간의 몸을 취하시고, 오신 분이 주님이십니다. 주님은 존재 자체로부터 신적인성(사람의 형상이신 하나님)을 지니시고 계셨음을 성경은 우리에게 명백하게 알려주고 있습니다. "태초에 말씀이 있었으니, 그 말씀이 곧 하나님이셨다고" 말해주고 있기 때문입니다. 우주에 있는 "모든 만물이 그 말씀으로 지은 바 되었으니, 말씀이 없이는 된 것이 아무것도" 없다는 말씀에서 주님은 신적인성을 지니신 하나님이셨습니다. 태초에 말씀이 있었다는 것은, 말씀하신 존재의 실체가 실제로 있었다는 것을 말해주기 때문입니다.

하나님께서 말씀하셨다는 것은 태초에도 신적인성을 지니셨다는 것을 알려주시는 것입니다. 더욱 분명한 것은 "그 말씀이 생명이었고, 그 생명은 사람들의 빛이었으며, 그 빛이 어둠에 비치되 어둠이 깨닫지 못했다"는 말씀에서 하나님은 태초에도 신적인성을 지니셨다는 것을 보다 더 명확하게 가르쳐주고 있습니다. 이것은 영원한 존재자체로부터 있는 생명이 있어야, 그 생명에 의해 창조물의 생명이 생성되기 때문입니다. 그래서 어둠 자체가 빛을 깨닫지 못한 것이 아니라, 곧 사람들이 생명의 빛이신 신적인성을 지닌 여호와 하나님이신 주님을 알지 못했다는 것입니다. 더 확실한 말씀은 "말씀이 육신이 되어 우리 가운데 거하시매, 본래 하나님을 본 사람이 아무도 없으되, 아버지 품속에 있는 독생하신 하나님이 나타나셨다"는 말씀에서 하나님은 존재자체로부터 신적인성을 지니셨고, 우리가 볼 수 있고, 알 수 있게 주님의 신적인성에 인간의 몸을 취하시고, 이 세상에 사람으로 오신 분이 주님이신 것입니다. 그렇다면 왜 여호와이신 주님께서 이 세상에 사람으로 오셔야만 했는가를 바르게 알아야 합니다.

여호와 하나님이 세상에 인간으로 오신 주님

사람 또는 아담이라고 부르는 태고교회는, 모든 것이 천계와 직접적으로 연관되어 있었습니다. 그래서 태고시대에는 태고교회를 사람을 뜻하는 것으로 알고 있었습니다. 이것은 사람이 곧 교회라는 의미를 가지고 있었습니다. 여호와 하나님이신 주님께서도 창조하신 사람을 가리켜 "우리의(1인칭 복수 소유격으로 말하는 화자가 상대 곳 만들어질 인간을 포함시켜서 말하는 것임) 모양대로 사람을 만드셨다는" 말씀에서 아담을 사람이라 불렀기 때문입니다. 사람이라는 이름은 동물과 구별하기 위해서도 사람이라 불렀던 것입니다. 또한 하나님이신 주님께서 인간을 창조하실 때, 사람을 종적인 존재, 곧 종의 신분으로 창조하지 않으시고, 인격적 존재로 창조하셨기 때문입니다. 뿐만 아니라, 인간을 자유와 질서의 균형(치우침이 없이 고름)에서 인간 스스로 자유스런 책임감이 있는 존재로 만드셨다는 것입니다.

그래서 사람에게는 자유의지의 올바른 선택과 행복과 평화를 위한 질서를 유지해야 하는 책임감이 주어진 것입니다. 그런데 사람이 스스로 자유와 질서의 균형을 파괴시킴으로 하나님과의 관계를 단절시키고, 지나치게 세상 적이고, 관능적(감각과 쾌락)인 사람으로 타락하게 된 것입니다. 성경은 이에 대해 여호와께서 "사람의 죄악이 세상에 가득함과 그의 마음으로 생각하는 모든 계획이 항상 악할 뿐임을 보시고, 땅 위에 사람 지으셨음을 한탄하사 마음에 근심하셨다고" 말해주고 있습니다. 이러한 인간들을 타락한 상태로 내버려둔다면, 인류는 구원받을 길이 전혀 없기에, 하나님이신 주님께서 이 세상에 인간의 몸을 취하시고, 구세주로 오셔야 했던 이유입니다. 그러나 신적존재 자체로는 타락한 인간들 가까이 다가갈 수 없기 때문에, 사람과 같이 동일한 질서 속에서 사람이 볼 수 있고, 사람이 알 수 있는 사람으로 태어나셔야 했던 것입니다.

여기서 우리가 분명히 알아야 할 것은, 주님은 하나님 존재자체가 아닌 또 다른 인격체나 성자의 한 위격(역할이 다른 존재)으로 세상에 오신 분이 아니 다는 것입니다. 이것은 너무나도 중요하기 때문에, 반드시 바르게 이해해야하고, 주님이 누구신가를 정확하게 알아야 하는 것입니다. 주님의 인성은 사람과 같은 자연적인성이 아니라, 신적인성을 뜻하며, 그 신적인성이 사람이 볼 수 있고, 알 수 있도록 사람의 자연적인 몸을 취하셨다는 것입니다. 온 인류가 신적인성이신 하나님의 신적존재를 더 이상 알 수 없게 되었을 때, 신적실재인 여호와이신 주님께서 이 세상에 사람들이 볼 수 있고, 알 수 있게 사람으로 오셨다는 것입니다. 온 인류의 타락으로 하나님과의 관계가 단절되고, 하나님과는 더 이상 그 어떠한 결합도 가질 수 없는 황폐한 상태였기에, 여호와이신 주님께서 친히 인류를 구원하시기 위하여 이 세상에 사람으로 오신 분이 주 예수그리스도이신 것입니다. 하나님께서 사람이 되셨다는 것은, 구원 받을 수 없었던 사람들이 구원 받을 수 있게 되었다는 것입니다. 그래서 성경은 이에 대해 "모든 육체가 나 여호와는 네 구원자요, 네 구속자요, 야곱의 전능자인 줄 알게 되리라고" 알려주신 것입니다.

이러한 의미에서 주님께서는 신적인성인 측면에서 구속주로 호칭 되었고, 이 세상에 구세주로 보내졌다고 말씀하신 것입니다. 그 구속주가 어두운 세상에 빛으로 오신 주님이시다고 성경은 증언하고 있는데, 태초에도 계셨던 하나님의 신적인성이 곧 이 빛인 것입니다. 온 인류는 타락으로 인하여 자신들을 스스로 어둠에 내던져 이 빛에서 완전히 단절되었기에, 영적으로는 죽은 거나 다를 바 없는 암흑 안에 있는 사람들이었지만, 이 암흑 안에 있는 사람들을 위한 생명의 빛이 되시기 위하여 여호와이신 주님께서 친히 인간의 몸을 취하시고, 이 세상에 오신 것입니다. 주님께서 사람으로 이 세상에 오셔야 했던 것은, 하나님의 신적 존재자체로는 인류에게 가까이 갈 수도 없고, 인간과의 관계를 더 이상 유지할 수 없었기 때문입니다. 모세는 시내 산에서 여호와 하나님의 얼굴을 보기를 원했으나, 여호와께서는 "네가 내 얼굴을 보지 못하리니, 나를 보고 살 자가 없다고" 말씀하셨고, 제사장 아론의 두 아들은 여호와 앞에 나아가다가 즉사하고 말았습니다. 고대 사람들은 하나님을 보면, 죽는다는 것으로 알고 있었습니다. 삼손의 아버지 "마노아는 그의 아내에게 이르되 우리가 하나님을 보았으니 반드시 죽으리라"는 말씀에서 인간은 하나님과 직접적으로 대면할 수 없다는 것을 말씀해주고 있습니다.

이러한 사유로 인류의 구원을 위하여 주님께서는 사람들이 볼 수 있고, 가까이서 알 수 있는 성육신(하나님께서 인간의 몸을 취하신 것)으로 세상에 오셔야만 했던 것입니다. 그래서 "주님 안에는 신성인 신적선과 인성인 신적진리"가 있으며, 이것을 떠나서는 그 어떤 개념으로도 주님을 이해 할 수 없는 것입니다. 주님의 신성과 인성은 태초에도 함께 있었기에, "주님께서는 아들은 아버지 안에, 아버지는 아들 안에 있다고" 알려주신 것입니다. 성경에서 아버지와 아들을 말할 때, "아버지는 신성으로서 신적 선을 뜻하고, 아들은 인성으로서 신적진리"를 뜻하는 것입니다. 아버지는 신성인 신적 선을 뜻하고, 아들은 인성인 신적진리를 뜻하기 때문에, "태초에 말씀이 계시니라 이 말씀이 하나님과 함께 계셨으니, 이 말씀이 곧 하나님이셨다고" 주님의 실체에 대해 정확하게 말씀해주신 것입니다. 여기에 더하여 본래 "하나님을 본 사람이 아무도 없으되, 아버지 품속에 있는 독생하신 그가 하나님을 세상에 나타내셨다고" 알려주신 말씀에서 보다 더 확실하게 알 수가 있습니다.

　주님께서 이 세상에 오셨을 때, 세상에는 더 이상 신적진리에 대해 아는 자가 없었고, 시인(인정)되지도 않았습니다. 그래서 주님께서는 신적진리인 인성이 극심한 시험과 고난을 당하셨는데, 그 이유는 어느 누구도 사람인 예수님을 하나님으로 아는 자가 없었기 때문에, 악의 극치인 갈보리 십자가에서 죽음과 부활을 통하여 주님의 인성이 곧 하나님이시고, 신적진리임을 세상에 입증하신 것입니다. 주님은 주님 안에 내재해 있는 신적진리를 "사람의 아들 곧 인자라고" 알려주신 것입니다. 그래서 주님의 신적진리인 인성이 대제사장과 율법학자들에 의해 거부되었고, 모욕을 당하고, 채찍에 맞았으며, 십자가에 처형되었다는 사실에서 보다 더 명백하게 증명해주고 있는 것입니다. 주님은 친히 "인자가 빛이요, 진리라고 말씀하셨고" 또한 자신을 가리켜 "사람의 아들 또는 하나님의 아들"이라고 직접적으로 말씀하신 것입니다.

우리는 주님의 이 말씀에 대한 의미를 마리아의 아들의 개념(추상적인 사람들의 생각)에서 예수님을 사람의 아들로 이해하고, 하나님의 아들의 개념에서 예수님을 하나님의 아들로 이해한다면, 이것은 얼마나 엄청난 모순인가를 알아야 합니다. 성경에서 주님은 단 한 번도 마리아를 어머니라고 부른 적이 없기 때문입니다. 구세주로서 예수님의 탄생은, 인간이 탄생하는 질서 안에서 하나님의 전능하신 능력으로 된 것이지, 사람들처럼 혈통적인 정자의 씨에 의한 탄생이 아니었기 때문입니다. 그래서 사람의 아들이란 의미는, 마리아에게서 취하신 자연적인 인간성을 사람의 아들이라 불렀던 것입니다. 한 걸음 더 나아가 사람의 아들이란, "주님께서 신적인성(사람의 형상이신 하나님)에 자연적 인성(사람의 몸)을 취하셨음을 뜻하고, 하나님의 아들이란 주님께서 신성(신의 본질) 자체"이심을 뜻하는 것입니다. 따라서 주님을 마리아의 아들 또는 사람의 아들로 인식한다면, 그것은 하나님을 죄인으로 만드는 엄청난 죄를 범하게 되는데, 사람의 아들이란 유전악과 죄악에서 태어나기 때문입니다. 그러므로 예수그리스도는 하나님의 아들이 될 수도 없고, 더군다나 사람의 아들도 아니 다는 것을 분명하게 알아야 하는 것입니다. 오직 하나님은 유일하신 한분, 스스로 존재하시는 하나님이 주님이시기 때문입니다. 사도 유다는 이 주님에 대해 "우리 구주 홀로 하나이신 하나님께 우리 주 예수그리스도로 말미암아 영광과 위엄과 권력과 권세가 영원 전부터 이제와 영원토록 있을지어다. 아멘" 이라고 명확하게 알려주고 있습니다.

주님은 사람의 아들이 아니었기에 "인자가 세상에서 죄를 사하는 권능이 있다고" 말씀하신 것입니다. 뿐만 아니라, "주님은 죄를 범하지 아니하시고, 그 입에 거짓도 없으시며, 친히 나무에 달려 그의 몸으로 우리 죄를 담당하신 주님"이시다고 말씀하신 것입니다. 그래서 주님은 인자가 죄인의 손에 넘겨져 십자가에 못 박히고, 제 삼일에 다시 살아날 것을 말씀하심으로 아무 흠도 없고, 죄도 없으신 여호와이신 주님이 왜 이 세상에 사람으로 오셔서 십자가에서 못 박혀 죽으시고, 다시 살아나야 하는가를 알려주신 것입니다. 그것은 주님의 자연적인성은 십자가에서 죽어야만 신적인간으로 부활할 수 있었고, 이것은 죽음과 부활을 통해서만 동시에 주님의 자연적인성과 신적인성을 세상에 명백하게 증명할 수 있었기 때문입니다. 만일 주님께서 신적인성을 지니시지 않았고, 자연적인사람의 아들로 죽었다면, 예수그리스도는 사람의 아들로서는 결단코 죽음을 통하여 부활할 수 없었기 때문입니다. 이 같은 사실로 인하여 십자가의 죽음과 부활이 예수그리스도는 신적인성을 지닌 사람이었고, 신성자체인 하나님이었음을 세상에 명확하게 증명하신 것입니다.

주님께서 신성으로서 신적 선을 뜻한다는 것은, 주님께서 구원과 구세주를 뜻한다는 사실에서 알 수가 있습니다. 왜냐하면 모든 구원은 주님의 사랑과 자비에 속한 신적 선에서 비롯되기 때문입니다. 따라서 구원은 성육신으로 십자가에서 구원을 완성하시고, 신적인간이 되신 주님을 마음과 삶에 영접해야 이루어지는 것입니다. 이것은 하나님께서 신적인간이 되심으로 구원을 완성하셨기에, 하나님이 사람이 되었다는 사실을 부인하는 자에게는 구원이 없다는 말과도 같은 것입니다. 성경은 이에 대해 "예수그리스도께서 육체로 오신 것을 시인하는 영마다 하나님께 속한 자이고, 예수그리스도께서 육체로 오심을 부인하는 자는 미혹하는 자요, 적그리스도라고 가르쳐주고" 있기 때문입니다. 만일 여호와 하나님께서 인성으로서 가장 외적인 인간의 몸을 취하시지 않았다면, 인류와 천계의 영계에는 그 어떠한 구원도 있을 수가 없었습니다. 왜냐하면 천계의 영계는 이 세상의 자연계와 직접적으로 관련되어 있어서 주님의 구속은 인류뿐만 아니라, 천계에서도 동시에 이루어져야 했기 때문입니다. 천계의 영계는 날마다 사람들이 죽음을 통해서 가는 곳으로 이 세상에서 죽어서 올라온 영적인 존재의 사람들로 구성되어 있기 때문입니다. 이러한 사유로 여호와이신 주님께서 이 세상에 사람으로 오셔서 십자가에서 마지막 최후 승리를 통하여 구속을 완성하셨고, 주님의 인성을 신적인성으로 영화롭게 하신 이유인 것입니다.

그래서 주님은 "영생은 곧 유일하신 참 하나님과 그의 보내신 자 예수그리스도를 아는 것이라고" 친히 가르쳐주신 것입니다.

이 말씀 속에는 참으로 깊은 뜻이 담겨져 있으니, 그것은 참 하나님이신 주 예수그리스도가 누구신가를 바르게 알지 못한다면, 영생의 길은 험난하고, 어두운 길이 될 것입니다. 이 세상에서 주님에 대한 잘못된 이해나, 사상(어떤 것에 대한 구체적인 생각)으로 굳어진 마음은 사후세계에 가서는 고쳐지기가 거의 불가능하기에, 이 세상에 사는 동안 주님에 대해서 바르게 알아야 하는 것입니다. 우리가 죽어서 주님의 나라에 가게 되는데 주님에 대해서 잘못 알고 간다면, 사후세계에서 엄청난 혼돈을 겪게 될 것이고, 세상에서 이미 마음속에 굳힌 사상과 이해심은 사후의 세계라고 달라지거나, 쉽게 바꾸지 못하기 때문입니다. 수년 혹은 수십 년을 통해서 마음속에 뿌리박힌 신앙심은 순수한 마음에 따라 변동은 있겠지만, 사후세계라고 쉽게 달라지지 않는다는 것입니다. 사람이 잘못된 신앙심을 고치고, 바르게 인식할 수 있는 기회와 장소는 이 세상뿐인 것입니다. 그래서 주님은 "영생은 유일하신 참 하나님과 그의 보내신 자 예수그리스도를 아는 것이라고" 사람이 영생을 얻으려면, 여호와 하나님이 곧 주님 이시다는 것을 분명하게 알아야 한다는 것을 친히 가르쳐주신 것입니다.

어느 날밤 주님을 은밀히 찾아 온 니고데모와의 대화에서 대단히 의미 있는 말씀을 해주셨습니다. "내가 땅의 일을 말하여도 너희가 믿지 아니하거든, 하물며 하늘의 일을 말하면, 어떻게 믿을 수 있겠느냐는" 것입니다. 땅의 일이란, 여호와이신 주님자신이 이 세상에 사람으로 오신 것을 말씀하신 것입니다. 다음 이어지는 말씀이 이를 증명하고 있는데, 주님은 말씀하시기를 "하늘에 있는 인자, 곧 하늘에서 내려온 자 외에는 하늘로 올라간 자가 아무도 없다고" 알려주신 것입니다. 아무도 없다는 것은, 주님만이 홀로 하나님이시고, 사람이심을 알려주신 것입니다. 많은 사람들이 수없이 많은 예배와 성경공부와 다양한 주제의 세미나에 참여하지만, 정녕 알아야 할 주님에 대해서는 바르게 아는 것이 없다는 것입니다. 기독교 신앙에서 가장 중요한 주님을 제대로 알지 못하는 신앙에 별의별 좋다는 것들을 다 가져다 쌓을지라도, 그것은 기초가 없는 것과 같고, 모래 위에 집을 짓는 것과 다를 바가 없는 것입니다. 그러므로 모든 사람은 무엇보다도 주님이 누구신가에 대해서 바르고 정확하게 알아야 하는 것입니다.

주님의 오심과 시대적 교회 상태

태고교회 사람들에게는 주님께로부터 직접적인 계시가 주어져 말씀이 내면화(마음속에 깊이 자리 잡음) 되었고, 선과 진리에 속한 지각(알아서 깨달음) 안에 있었던 사람들이었습니다. 최초의 태고교회 사람들은 그들의 사상(어떤 것에 대한 구체적인 생각)이나, 관념(생각이나 견해)이나, 말과 행동에는 주님께서 주시는 영적이고, 천계적인 것들이 그것들 안에 내포되어 있었습니다. 그래서 그들은 직접적으로 주님과 천사들과 얼굴을 마주 대하고, 대화를 나눌 수 있는 그야말로 땅에서 살고 있으나, 천계에 있는 사람들과 다를 바가 없는 사람들이었습니다. 성경은 "동산에 거니시는 여호와 하나님의 소리를 듣고, 아담과 그의 아내가 여호와 하나님의 낯을 피하여, 동산 나무 사이에 숨었다는 진술에서 그리고 가인은 주께서 오늘 이 지면에서 나를 쫓아내시니, 내가 주의 낯을 뵈옵지 못하리라는" 진술에서 태고교회 사람들은 주님과 얼굴을 마주 대하고, 대화를 나눈 사람들임을 알 수가 있습니다. 그러나 태고교회 후손들은 그들의 선조들처럼 천계에 속한 사람이 되는 것을 원치 않았으며, 자기 자신의 자아에 의한 인도아래 있기를 원했습니다. 뿐만 아니라, 그들은 주님께서 인도하시는 것을 원하지 않았고, 오히려 자기 자신이나, 세상적인 것에 인도되기를 원했습니다. 태고교회 후손들이 영적인 속사람이 되는 것을 거부하고, 육적인 겉 사람이 되어 주님으로부터 멀어지고, 타락하게 되자, 그들은 주님과의 교통이 단절되고, 어떠한 행복도 느끼지 못하게 된 것입니다.

오히려 그들은 겉 사람의 쾌락인 세속적인 것들과 다처로부터 인생의 행복과 향락(쾌락을 누림)을 추구했던 것입니다. 성경은 이에 대하여 "하나님의 아들들이 사람의 딸들의 아름다움을 보고, 자기들이 좋아하는 모든 여자를 아내로 삼는지라, 여호와께서 이르시되, 나의 영이 영원히 사람과 함께 하지 아니하리니, 이는 그들이 육신이 됨이라고" 말씀하심에서 알 수가 있습니다. 태고교회의 후손들이 타락하게 된 근본적인 원인은, 모두가 자아사랑과 세상 사랑으로 인한 것이었습니다. 그로 인하여 홍수에 의해 멸망 할 정도로 그들의 타락은 최악의 상태에까지 이르렀고, 그 이후에도 그리고 지금도 여전히 이 유전악은 계속해서 이어지고 있는 것입니다. 태고교회 후손들이 멸망당한 이유는 모든 진리의 이해로부터 완전히 벗어나 인간성(사람의 본성)을 상실했으며, 육적인 욕망(탐하는 마음)과 자아사랑인 자신의 탐욕(지나치게 탐하는 욕심)에 빠져 있었기 때문입니다. 사람이 관능(감각과 쾌락)적인 것들에 빠져들게 되면, 스스로 영적이고, 천계의 천국적인 것들로부터 돌아서서 세상과 땅에 것에만 집착하게 되는 것입니다. 이와 같은 사람들은 영적인 것이나, 천계의 천국적인 것은 바라지 않고, 오직 세상적인 것들만 바라게 되는 습성(습관이 되어버린 성질)을 가지게 되는 것입니다. 이것은 영적인 것이나, 천계의 천국적인 것을 떠나서, 오직 세상적인 것들로 인하여 살아가게 된다는 깊은 의미를 가지고 있는 것입니다.

　세상적인 삶이란, 육신적인 삶으로 짐승과 전혀 다를 바가 없는 삶인 것입니다. 그래서 주님께서는 이같이 세속적이고, 관능적으로 타락한 자들을 단절된 주님의 천국과 결합시켜 주시기 위하여 세상에 오신 다는 것이 태고시대부터 계시된 것입니다. 성경은 이에 대해 "여자의 후손이 뱀의 머리를 상하게 하신다는" 계시의 말씀에서, 주님께서 사람들을 구원하시기 위하여 이 세상에 메사야로 오신다는 것이 이미 태고교회시대에 계시된 것입니다. 악이 지배하는 사람들은 주님과 주님의 말씀을 믿지 않고, 그들 자신이나 자신들의 관능적(육체적 쾌감)인 것만을 절대적으로 신뢰하기 때문에, 그러한 자들에게는 믿음도 없고, 선도 없으며, 모든 것이 거짓되고, 악할 뿐입니다. 더욱이 오늘날의 상황은 더욱 악화되어 옛날 사람들이 알지 못했던 과학적인 지식에 의해서 감각적인 지각을 거짓으로 확신까지 하고 있으니, 이것은 형언할 수 없는 어둠의 악함을 파생시키는 것입니다. 진리가 없이 사람 스스로 행하는 것은 악 밖에 없고, 그것은 주님을 등지게 하는 것입니다. 그러나 사람이 이런 악을 저지르는 것이 아니라, 그와 함께 하고 있는 악한 영들에 의해 저지르는 것입니다. 그래서 사람은 진리와 선으로 살아야 하고, 자신을 주님께로 향하게 해야 하는 이유인 것입니다.

홍수 멸망 이후에 노아교회로 불린 고대 교회는, 시간의 경과 속에서 사랑에 속한 선에서 떠났기 때문에, 사랑에 속한 것이 아무것도 남아 있지 않았습니다. 오히려 사람들의 취향에 따라 마술과 우상숭배와 독단주의(잘못된 것에 대한 검토 없이 자기주장만 옳다고 함)로 바뀌었습니다. 성경은 이에 대해 이스라엘 자손이 "하나님을 배역하여 모든 성읍과 견고한 성에 산당을 세우고, 모든 산 위에와 모든 푸른 나무 아래에 목상과 아세라 상을 세우고, 또 여호와께서 그들 앞에서 물리치신 이방 사람 같이, 그곳 모든 산 당에서 분향하며, 또 악을 행하여 격노하게 하였으며, 또 우상을 섬겼으니" 이는 여호와께서 그들에게 행하지 말라고 경고하신 악한 일을 행했다고 말씀하고 있습니다. 이러한 일들이 고대교회가 행한 악한 일들이었습니다. 인간이 사람이 된다는 것은, 선과 진리가 무엇인지를 아는 것이고, 그것이 모든 사물에 어떻게 영향을 주는지를 아는 것이며, 그것에 따라서 바르게 생각하고, 행동하는 것입니다. 그러나 홍수 멸망 이후의 사람들은 사랑이 없었고, 선에 속한 의지(뭔가를 하려는 마음)도 없었습니다. 다만 그들에게는 진리와 믿음에 대한 이해력만 있을 뿐이었습니다. 그래서 일찍이 고대 교회에서도 주님께서 이 세상에 오신다는 사실이 계시되어 있었습니다. 성경은 이에 대해 "외치는 자의 소리여 이르되, 너희는 광야에서 여호와의 길을 예비하라, 사막에서 우리 하나님의 대로를 평탄케 하라, 여호와의 영광이 나타나고, 모든 육체가 그것을 함께 보리라," 이는 여호와의 입이 말씀하셨느니라.

고대 교회 뒤를 이어 히브리교회가 세워졌는데, 이 히브리교회는 외적인 예배의식에 거룩함이 다소 있었지만, 시간의 경과 속에서 이 예배는 여러 방법으로 왜곡(사실과 다름)되어, 외적인 예배까지도 우상숭배로 바뀌었습니다. 이것이 히브리교회의 종말이 되었습니다. 모든 시대의 모든 교회들이 이 같은 일들을 되풀이 하는 것은, 주님의 말씀과 천국에 삶의 의미와 가치를 두지 않고, 세상적인 기복신앙(복을 추구하는 신앙)과 육신적인 삶에 지나치게 집착하기 때문입니다. 그래서 사람은 사후의 세계를 알아야 이 세상에서의 삶이 고쳐지고, 바르게 살려는 노력을 하게 되는 것입니다. 사람은 그 누구든 이 세상만이 아닌 또 다른 영원한 천계가 있다는 것을 반드시 알아야 하는 것입니다. 사람은 자연적인 땅과 하늘의 천계에서 살 수 있도록 창조되었고, 그로인해 사람에게 내적(속사람 영의사람)인 것과 외적(육의사람)인 것이 주어져 있기 때문입니다.

그리고 히브리교회 이후의 교회가 야곱의 후손들 가운데 보존이 되었습니다. 이들의 교회에는 천계의 천국이나 영적인 것은 아무것도 없었고, 다만 그 교회에 속한 표징(상징)적인 것들만 가지고 있었기에 하나의 표징(겉으로 드러나는 상징)적인 교회였습니다. 그래서 하나님께서는 모세에게 다섯 가지의 표징적인 제사에 대해 알려주신 것입니다. 그것이 소제(레2장,6:14~23)와 화목제(레3장,7:11~21)와 속죄제(레4장,6:24~30)와 속건제(레5:14~19)와 번제(레6:8~13)입니다. 이들은 예배의식이 무엇을 표징하고, 무엇을 뜻하는지 알지 못하였지만, 사람과 하나님과의 관계를 유지하기 위하여 표징 적으로 제정된 교회였습니다. 사람과 하나님에 대한 관계는 선과 진리에 속한 표징이었고, 또 선과 진리 자체였습니다. 그러나 결국에는 거짓들과 악들로 전락하였기 때문에, 모든 예배의식은 우상숭배적인 예배로 전락하고 말았습니다. 이것이 표징적인교회의 종말이 되었습니다. 어느 시대를 막론하고, 사람이 하나님과 단절되고, 선과 진리에서 떠나게 되면, 사람에게는 천계의 천국이나 영적인 것은 사라지고, 세상 적이고, 악한 성향(성질에 따라 어느 한쪽으로 기울어짐)으로 전락하게 된다는 것은 어느 시대를 막론하고 동일하다는 것을 알 수가 있습니다. 이와 같이 교회들이 계속해서 타락하여 마지막 남은 교회 안에 있었던 인류와 천계의 관계까지 완전히 깨어져 더 이상 천계의 주님의 왕국과 관계를 유지할 수 있는 교회가 하나도 없었기에, 홍수 멸망 이후 인류는 또 다시 멸망의 끝자락에 놓이게 된 것입니다.

그 때 주님께서 멸망의 끝자락에 놓여있는 인류를 구원하시기 위하여 온통 어두움뿐인 이 세상에 빛으로 오신 것입니다. 일반적이든, 개별적이든, 사람이나, 교회든, 참된 믿음이 없어지면, 인류는 멸망하게 되는 것입니다. 그래서 지상에 있는 주님의 교회는 사람의 심장과 같아서 주님의 교회가 세상에 있다면, 비록 교회 밖에 있는 사람이라 할지라도 생명을 보존 할 수 있게 되는 것입니다. 지상의 전 인류는, 수많은 지체로 구성된 인체와 같아서, 거기에 있는 교회는 인체의 심장과도 같기 때문입니다. 그런데 심장과 같은 주님의 교회가 지상에 존재하지 않는다면,

두 사람이 죽어서 도착한 곳

분열과 분리가 생겨서 인류는 스스로 파멸하게 되는 것입니다. 이러한 이유 때문에, 첫 사람 창조 때부터 지상에는 언제나 교회 가 있어야 했던 이유입니다. 이것이 또한 주님께서 신적인성에 자연적 인성을 취하여 세상에 오셔야 하는 이유이기도 했습니다. 만약 주님의 무한하신 자비로 주님께서 이 세상에 오시지 않 았다면, 지상의 온 인류는 홍수 때와 같이 또 다시 멸망하고 말 았을 것입니다.

인류가 전적으로 타락하게 되는 원인은, 어느 시대를 막론하 고, 악과 거짓에 속한 삶에서 비롯되는 것입니다. 사람이 가지고 있는 낮은 것들이 보다 높은 것들을 지배하고, 사람의 자연적인 것들이 영적인 것들을 지배하였기 때문에, 주님께서는 더 이상 천계를 통하여 사람들과 관계를 가질 수 없었고, 그것들을 질서 에 맞게 회복시킬 수가 없었으므로 주님께서는 이 세상에 인간 의 몸을 취하시고, 필연적으로 오셔야 했던 것입니다. 그래서 주 님은 십자가에서 인성을 신성에 합일시키는 일을 통하여 이 세 상과 천계의 모든 질서를 회복하시고, 인류의 구속주가 되신 것 입니다. 이것은 주님께서 "십자가에서 다 이루셨다고 말씀하시 고, 영혼이 떠나" 죽으셨다는 말씀이 증명하고 있는 것입니다. 한 걸음 더 나아가 십자가의 죽으심으로 주님의 인성이 증명 되 었고, 왜냐하면 신적존재자체로는 죽지도 않고, 죽는 존재도 아 니지만, 인성은 죽어서 다시 부활하심으로 주님의 인성은 신성과 합일이 되었다는 것을 죽음의 부활을 통하여 세상에 실제적으로 증명하신 것입니다.

주님의 부활은 영적인 존재로서가 아니라, 주님께서 세상에서 취하신 육신까지도 죽었다가 다시 살아나셨기 때문에, 주님은 완전하게 신적인간임을 세상에 증명하시고, 보여주신 것입니다. 그래서 주님은 "주님 자신이 영원부터 하늘에 있는 인자였고, 하늘에서 내려온 자였으며, 하늘로 올라간 유일한 자 곧 여호와 하나님이라고" 증언하신 것입니다. 그러므로 주님이신 예수그리스도를 하나님의 또 다른 인격체나 성자의 위격(역할이 다른 존재)으로 보는 것은 잘못된 것이며, 유일하시고, 오직 한분이신 참 하나님을 분리시키는 엄청난 죄악인 것입니다.

주님의 신성과 인성, 자연적인성이 뜻하는 의미

여호와이신 주님께서 태초에도 신적인성(사람의 형상이신 하나님)을 지니셨다는 것은, "신적진리인 말씀이 곧 하나님이셨다"는 말씀에서 알 수가 있습니다. 태고시대에 주님께서 에덴동산에 나타나시고, 에덴동산을 거니셨다는 말씀에서도 명확하게 알 수가 있습니다. 하나님이신 주님은 그림자도 아니셨고, 말소리만 내시는 메아리도 아니었습니다. 태고시대에는 태고시대 사람들과 낯을 마주 대하고, 대화를 나누었다는 사실에서 주님은 신적 인성을 태초에도 지니셨음을 알 수가 있는 것입니다. 또한 주님 께서는 "우리의 형상을 따라 우리의 모양대로 우리가 사람을 만 들고, 하나님이 자기 형상, 곧 하나님의 형상대로 사람을 창조하 셨다는" 말씀에서 보다 더 명백하게 알 수가 있습니다. 형상이나 모양이란 보이지 않는 투명체나, 보고 느낄 수 없는 허상의 물체가 아니라, 보고 느낄 수 있는 것을 형상 또는 모양이라고 말하기 때문입니다. 또한 우리의 형상을 따라 우리의 모양대로 우리가 사람을 만들었다는 말씀에서 곧 주님께서 언급하신 주님의 형상 과 모양이 사람이었음을 알려주고 있는 것입니다. 그래서 형상 이란 외적인 것과 내적인 것을 동시에 가지고 있는 생명체 또는 실재하는 물체를 뜻하는 것입니다. 따라서 태초에도 계신 주님 의 신적인성이 자연적인 인간의 몸을 취하시고, 태고시대부터 계시된 말씀을 성취하시기 위하여 이 세상에 오시게 된 것입니다.

주님은 이 세상에 오셔서 자신 안에서 인성을 신성과 합일하 셔서 그 결합에 의하여 단절되었던 주님의 천계와 이 세상을 온 전하게 결합하신 것입니다. 또한 동시에 기독교회라는 새로운 교회를 세우셨습니다. 그러므로 참된 교회의 근본적인 교리는 그 교회의 주체가 되는 하나님이 누구인가를 알아야 하고, 시인 (인정)하는 것입니다. 왜냐하면 하나님을 아는 지식과 시인이 없 으면, 하나님과의 어떠한 관계나 결합도 가질 수 없기 때문입니다. 초대 기독교교회는 믿음에 속한 선 안에 있었고, 초대교회의 회중들은 형제자매로서 서로가 사랑가운데 있었습니다. 성경은 초대교회에 대해 "믿는 사람이 다 함께 있어 모든 물건을 서로 통용하고, 또 재산과 소유를 팔아 각 사람의 필요를 따라 나누어 주는 교회였다고" 알려주고 있습니다. 그러나 시간이 경과 하면서 이 초대기독교교회는 여러 종파와 교단으로 분열되고 말았습니다.

오늘날 크리스천들은 주님은 인류의 구세주이시고, 죽어서도 사후에 다시 살며, 천국과 지옥이 있다는 것을 입으로는 말하지만, 그와 같은 믿음으로 살지를 않는다는 것입니다. 그래서 주님께서는 또 다시 "인류의 종말과 최후의 심판이 가까이 임했다고" 말씀하신 것입니다. 이것은 지금 인류의 악과 거짓과 위선이 절정에 이르렀다는 것을 보여주는 것입니다. 이러한 시대적인 현상은 주님이 누구신지, 사후의 세계가 어떠한 곳인지를 확실하게 알지 못하기 때문에, 사람은 세상 적이고, 육적인 삶에 치우칠 수밖에 없는 것입니다. 이처럼 인류가 스스로 사랑에 속한 선으로부터 떠나면서, 주님의 빛은 더 이상 주님의 천계를 통하여 인류에 미치지 않았고, 그로 인하여 신적진리에 대한 지혜나 총명이 존재할 수 없게 되었습니다. 그래서 주님께서는 사람들의 빛으로 사람들을 구원하시기 위하여 주님의 천계에서 이 세상에 오셔야 했고, 그 분의 인성을 십자가에서 신적인간으로 완성하신 것입니다. 그러므로 구원이 따르는 믿음의 본질은, 악과 거짓과 위선에서 떠나 선행이 따르는 좋은 일을 뜻하고, 하나님의 질서에 따라 공정하고, 바르게 행동하는 것을 뜻하는 것입니다.

주님의 구속은 주님께서 주님의 인성을 주님의 신성에 합일시키는 시험의 고난과 십자가의 죽음과 부활을 통해 이루신 것입니다. 그런데 많은 크리스천들이 가장 헷갈리고, 혼돈스러워하는 것은 하나님과 하나님의 아들입니다. 그래서 주님의 인성과 신성에 대해서 바르게 알아야, 아들의 개념과 하나님의 개념을 보다 더 정확하게 이해할 수가 있습니다. 이사야 선지자는 이에 대해 "한 아기가 우리에게 났고, 한 아들을 우리에게 주신 바 되었는데, 그의 어깨에는 정사를 메었고, 그의 이름은 기묘자라, 모사라, 전능하신 하나님이라. 영존하시는 아버지라. 평강의 왕이라" 할 것임이라고, 주님이 누구신가에 대해 명확하게 알려주었습니다. 예수그리스도에 대한 탄생을 예고한 말씀으로 한 아기, 한 아들을 주셨는데, 그의 이름이 전능하신 하나님이시고, 영존하시는 아버지이시며, 평강의 왕이라는 것입니다. 이것은 한 아기로 탄생하는 예수그리스도는 혈통적인 정자의 씨에 의해서 하나님의 아들이 되는 것이 아니라, 곧 태초에도 신적존재자체로부터 계셨던 여호와 하나님 자신이라는 것을 알려주고 있는 것입니다.

그런데 주님께서는 어떤 때는 자신을 하나님으로 표현하기도 하시고, 또 어떤 경우에는 자신을 하나님의 아들로 표현하고 있다는 것입니다. 이것은 주님의 인성과 신성에 대한 표현이지, 절대로 변할 수 없는 분명한 사실은 여호와이신 주님 스스로가 구원자이시고, 구속주이시지 또 다른 하나님의 인격체나 성자로서 다른 위격(역할이 다른 존재)이 아니 다는 것입니다. 왜냐하면 하나님의 신적존재는 그 어떠한 것으로도 결코 나누어 질 수 없는, 하나님은 오직 스스로 존재하시는 한 분 하나님이시기 때문입니다. 그래서 주님은 "나와 아버지는 하나시다고 말씀하셨고, 주 너희 하나님은 한분 주님이시다고" 알려주신 것입니다.

하나님은 신적 본질을 이루는 두 가지가 있는데, 그것이 신적 사랑과 신적 진리입니다. 그래서 성경에서 "여호와라고 이름 하는 것은, 신적사랑과 신적 선을 뜻하고," "하나님이라고 이름 하는 것은, 신적진리와 신적지혜"를 뜻하는 것입니다. 그래서 성경에서 "신적진리를 언급하실 때, 말씀이 하나님과 함께 있었으니 곧 그 말씀이 하나님이셨다고" 말씀하신 것입니다. 주님께서 이 세상에 오신 것도 신적진리로서 오신 것입니다. "말씀이 육신이 되어 우리 가운데 거하시니, 또한 나는 길이요, 진리요, 생명이시다"는 말씀에서 보다 더 확실하게 알 수가 있는 것입니다. 여호와 하나님께서 신적진리로서 이 세상에 오셔야 하는 이유가 구속의 역사를 이루기 위함인 것입니다. 이것은 태초에도 스스로 존재했던 신적인성이 곧 신적진리였으며, 이것이 태초에도 계신 하나님의 아들의 개념인 것입니다. 하나님을 사람의 형체로 생각하지 않으면, 그것은 공기나 바람으로 밖에 생각하지 못합니다. 주님께서는 친히 "주님 자신을 통하지 않고는, 누구도 아버지를 볼 수도 없고, 알 수도 없고, 갈 수도 없으며, 믿을 수도 없다고," 말씀해주셨습니다. 그래서 주님은 "나와 아버지는 하나시다고 말씀하셨고, 나를 알았으면, 내 아버지도 알았을 것이라고" 더 자세하게 설명해주신 것입니다. 빌립에게는 "나를 본 자는 아버지를 보았거늘, 어찌하여 아버지를 보이라 하느냐고" 반문(되묻다)하신 것입니다.

아타나시우스 신조에도 "우리 하나님 예수 그리스도는 하나님이시면서 사람이시며, 비록 하나님이시면서 사람이라 하더라도 둘이 아니고, 한 분 그리스도이시며, 그 분이 한분인 것은 신성이 스스로 인성을 취하셨기 때문이며, 그래서 온전히 한 분이시고, 한 인격이시다. 왜냐하면 영혼과 육체가 한 사람인 것처럼, 하나님이면서 사람이신 분도 한 분 그리스도이시기 때문이다"고 기록되어 있습니다. 주님은 내가 아버지 안에 거하고, 아버지는 내 안에 계신 것을 믿으라고 말씀하셨습니다. 예수그리스도 안에서 사람은 하나님이시고, 하나님은 사람이시다 는 것입니다. 다윗 왕은 인성을 지니신 아들로서의 주님을 이렇게 말해주고 있습니다. "내가 여호와의 명령을 전하노라, 여호와께서 내게 이르시되, 너는 내 아들이라 오늘 내가 너를 낳았다고" 알려주신 것입니다. 여호와 하나님 자신이 이 세상에 인간으로 태어날 것을 계시해주신 것입니다. 그래서 주님의 신적인성은 아들로 표현되고, 주님의 신적신성은 아버지로 표현하신 것입니다.

　주님께서는 구속의 역사를 위하여 모태로부터 받은 인간의 속성을 십자가에서 온전히 벗어버리고, 주님은 신적인성으로 영화롭게 되어, 주님 안에서 하나님은 사람이 되셨고, 사람은 하나님이 되신 것입니다. 주님은 십자가의 죽음을 통하여 자연적인 육체까지도 무덤에 남기시지 않으셨다는 부활의 사실에서 주님의 신적인성에 자연적 인성을 취하셨음을 알 수가 있습니다. 만일 주님의 인성 안에 신적존재가 실재하지 않았다면, 주님은 십자가의 죽음을 통하여 결코 다시 살 수도 없었고, 구속의 역사를 이루지도 못했을 뿐만 아니라, 주님이 오신 천계로 돌아가지도 못했을 것입니다. 그러나 주님은 아버지로부터 오셨다가 다 이루셨고, 다시 아버지께로 가셨습니다. 이것은 주님의 인성을 영화롭게 하여 본래의 신적존재로 되돌아가신 것을 알려주신 것입니다. 여기에서 한 가지 중요한 것은, 주님의 신적인성은 인류의 타락으로 사람이 볼 수도 없고, 알 수도 없었지만, 이 세상에 오셔서 취하신 자연적인성은 사람이 볼 수 있었고, 알 수 있는 신적인간이 되셨다는 것입니다.

　또한 주님의 몸과 인간속성은, 십자가의 죽음과 부활을 통하여 자연적인 인간 속성을 다 벗으시고, 주님 본래의 신성(하나님의 본질)에 합일(둘이 하나가 됨)시켜 몸과 인간속성 까지도 온전히 신적

존재로 영화롭게 만드셨다는 것입니다. 이것은 또한 주님에게 열려 있는 사람들의 속사람과 겉 사람을 거듭나게 하신다는 깊은 뜻이 담겨져 있습니다. 그래서 주님은 여러 곳에서 아버지께로 다시 돌아갈 것에 대해 미리 알려주신 것입니다. "유월절 전에 예수께서 자기가 세상을 떠나 아버지께로 돌아가실 때가 이른 줄 아시고, 이는 내가 아버지께로 감"이라고 제자들에게 미리 알려주신 것입니다. 뿐만 아니라, 주님께서는 주님을 아는 자는 주님이 가신 길을 알고, 그들도 사후에 아버지께로 오게 된다고 알려주셨습니다. 주님은 "내가 어디로 가는지 그 길을 너희가 안다고" 말씀하셨고, 또한 예수께서 이르시되 "내가 곧 길이요, 진리요, 생명이니, 나로 말미암지 않고는 아버지께로 올 자가 없다고" 하신 말씀에서 주님이 누구신지를 알아야 아버지께로 갈 수가 있는 것입니다. 이것은 주님이 곧 전능하신 하나님이시고, 영존하시는 아버지시며, 평강의 왕이 되신다는 것을 반드시 알아야 하는 것입니다.

주님은 부활 후 제자들이 자신을 보고, 놀라고, 무서워하여 영을 보는 것으로 생각하는지라, 내 손과 발을 보고 나인 줄 알라, 또 나를 만져보라, 영은 살과 뼈가 없으되 너희 보는 바와 같이 나는 있다고 말씀하심으로 주님은 자연적인 육체까지도 신적 신성으로 영화롭게 하셨다는 것을 제자들에게 직접적으로 보여주신 것입니다. 그래서 사도요한은 "하나님의 아들 예수 그리스도는 참 하나님이시고, 영생이시다고" 증언한 것입니다. 오직 주님만이 사람들에게서 지옥을 제거하고, 악으로부터 지켜 주시고, 선 안에 보존하시며, 속사람과 겉 사람을 거듭나게 하사 구원하시는 주님과 선한 마음과 삶으로 결합을 이루어야 구속에 참여하게 되는 것입니다. 사람이 믿음만으로 의롭게 되고, 구원에 이른다는 것은 진리의 본질을 왜곡(사실과 다름)시키는 것이며, 자신의 악함과 거짓을 믿음으로 포장하고, 위장하는 것입니다. 따라서 선이 결여된 진리에는 생명이 없고, 선과 진리의 결합이 우리 안에서 참된 교회와 참된 생명을 이루는 것이고, 결국 우리의 영혼이 구원에 이르게 되는 것입니다.

주님께서 이 세상에서 사람의 자연성을 취하신 것은 사람들과 단절된 관계를 회복하고, 사람들과 함께하기 위함이었습니다. 주님께서 신성에 사람의 자연성을 취하신 것은, 내적으로 영적인 사람과 외적으로 자연적인 사람을 동시에 깨우칠 수 있기 때문입니다. 그래서 사람은 속사람과 겉 사람이 동일하게 깨우쳐지고, 거듭나야 하는 것입니다. 우리가 이 세상에서 사는 동안 주님에 대한 잘못된 인식(분별하고 판단하여 아는 것)을 가지고 있다면, 사후의 천계에서 엄청난 충격과 혼란을 겪게 될 것이고, 자신의 마음속에 굳힌 사상(어떤 것에 대한 구체적인 생각)에서 빠져나오기가 대단히 어렵다는 것입니다. 따라서 주님이 누구신가를 정확하

두 사람이 죽어서 도착한 곳

고, 바르게 알아야 하고, 주님과 결합된 삶이되기 위해서는 신적 질서에 따라 살아야하며, 이 질서의 법칙은 서로 사랑하는 것이고, 모든 일을 선과 사랑으로 행하는 것입니다. "사랑은 이웃에게 악을 행하지 아니하나니 그러므로 사랑은 율법의 완성이기" 때문입니다. 주님께서도 사람으로서 세상에서 하나님의 이 계명들을 이루신 것입니다. 사도 바울은 "그런즉 거짓을 버리고 각각 그 이웃과 더불어 참된 것을 말하라, 이는 우리가 서로 지체가 됨이라"고 알려주고 있습니다.

　인류를 향하신 주님의 크신 사랑이 신적인간으로서 구속을 완성하신 것입니다. 그래서 사도바울은 "예수 그리스도 안에 하나님의 모든 충만이 육체로 거하신다고" 말해주신 것입니다. 여호와이신 주님께서 이 세상에 사람으로 오시지 않았다면, 주님에 의한 구속은 없었을 것이고, 부패와 죄악이 자연계와 천계로 번져나갔을 것입니다. 왜냐하면 자연계에서 인간의 타락이 천계에까지 동일한 영향을 미치기 때문입니다. 천계에 있는 영계는 자연계에서 죽음을 통하여 올라 온 사람들로 이루어지기 때문입니다. 그래서 여호와이신 주님은 천국과 지옥 안에 있는 모든 것들과 교회 안에 있는 모든 것들의 질서를 회복하시기 위하여 사람의 몸을 취하시고, 세상에 오신 것입니다. 천계에 있는 천국과 지옥은 사람이 죽어서만 갈 수 있는 곳이기 때문입니다. 이 일을 위하여 인성을 신성에 합일하는 일에 있어서 십자가의 고난과 죽음이 이 세상에서 치러야 하는 주님의 마지막 시험이었고, 십자가에서 주님은 최후 승리를 이루신 것입니다. 주님은 십자가의 죽음으로 아버지라 표현된 그의 신성과 아들로 표현된 그의 인성이 합일을 완성하심으로 영원한 구속주가 되신 것입니다. 그래서 사람은 여호와 하나님을 주님으로 시인하고, 주님의 질서에 따라 살아야 가장 사람답게 사는 것입니다. 주님의 질서는 악과 거짓에서 떠나 선과 사랑으로 사는 삶인 것입니다. 선과 사랑은 천국을 형성하지만, 악과 거짓은 지옥을 형성하기 때문입니다.

나의 꿈속에 찾아오신 주님
- 농담하시는 주님 -

D 나라 선교지에 있었을 때, 아내의 건강이 더욱 나빠져 하루라도 빨리 한국으로 가야만 하는데, 선교지에서 우리의 현실적인 상황은 매우 좋지가 않았습니다. 그 때의 아내는 오래 전 우리 곁을 떠나, 먼저 주님이 계신 곳으로 갔습니다. 그 당시 우리가 한국으로 가기 위해서는 아파트와 차를 팔아야 갈 수가 있었는데, 아파트를 팔기 위해 여러 부동산에 내놓았지만, 쉽게 팔리지가 않았습니다. 아파트를 산지 몇 년 안 되고, 관리도 잘 되어 있어서 쉽게 팔릴 줄 생각했으나, 현실은 생각처럼 쉽지가 않았습니다. 게다가 선교지 국가의 경제도 나빠져 집을 사는 사람보다 집을 팔려는 사람이 더 많아, 여러 부동산에 내놓았어도 집을 보러오는 사람은 극히 적은데다, 사려는 사람도 없었습니다.

구하라 그리하면 너희에게 주실 것이요.
찾으라, 그리하면 찾아낼 것이요.
문을 두드리라, 그리하면 너희에게 열릴 것이니라.

(성경 마 7:7)

그러다보니 아파트가

언제 팔릴 수 있을지 참으로 걱정이 되고, 이러다가는 몇 개월이 지나갈 수도 있고, 아파트가 팔리기까지 상당한 기간이 걸릴 수도 있겠다는 불안한 생각이 들었습니다. 이 문제를 해결하기 위하여 아침저녁으로 필사적인 기도를 하기 시작했습니다. 그렇게 상당한 시일이 지난 어느 날 아침에 기도를 하고, 아내와 함께 잠시 잠이 들었는데, 저의 꿈속에 주님이 찾아오신 것입니다. 이때 주님께서 저의 꿈속에 찾아오신 꿈이 얼마나 선명한지, 마치 현실에서 주님을 만나 대화를 하는 것처럼 느껴졌습니다.

이전에도 주님께서 저의 꿈속에 여러 번 찾아오신 적이 있었지만, 이전에 꿈속에서 보았던 주님의 모습과는 전혀 새로운 모습으로 찾아오신 것입니다. 안방에 책장과 책상이 있었는데, 주님이 오셔서 저의 책상 의자에 조용히 앉아 계셨습니다. 주님이 입으신 옷은 밤색양복에 빨간색 무늬의 넥타이를 차고 있었고, 구레나룻 수염이 있었으며, 상당히 젊으신 모습이었습니다. 이전의 꿈속에서도 여러 번 주님과 마주 대하고 있는 꿈을 꾸었었지만, 전혀 대화를 할 수가 없었습니다. 왜냐하면 어떤 강력한 힘이 저를 통제하고 있어서 말을 하고 싶은데도, 제가 하고 싶은 말을 입으로 말을 할 수가 없었습니다. 그러나 이 때에는 아주 자연스럽게 제가 하고 싶은 말들을 아무런 통제 없이, 주님과 대화를 할 수가 있었습니다. 그런데 놀라운 것은 주님과의 대화에서 주님도 영으로 말하시고, 나도 나의 입으로 말하는 것이 아니라,

내 속에 있는 영으로 주님과 대화를 하고 있다는 것을 알게 되었습니다.

뿐만 아니라, 나의 영이 나의 모습과, 옆에 누워서 자고 있는 아내의 모습과, 책상의자에 앉아계시는 주님의 모습을 동시에 보며, 영으로 대화를 하면서 주님과 대화로 주고받는 모든 감정을 그대로 느낄 수가 있었습니다. 주님께서는 눈짓과 얼굴 표정으로 저에게 농담도 하셨는데, 이 때 저는 농담하시는 주님을 처음으로 보게 된 것입니다. 주님은 저에게 눈짓으로 아파트가 팔리지 않을 거라며 어떡하지 하시면서 말씀하시는데, 주님의 말씀을 듣는 순간 저의 얼굴 표정이 굳어지고, 저는 마음이 극도로 불안해졌습니다. 이유는 주님이 안 된다고 말씀하시는 것은, 더 이상 좋은 방법이 없기 때문입니다. 주님의 눈짓으로 갑자기 저의 표정이 굳어지고, 저의 마음이 극도로 불안해하자, 주님은 미소를 지으시면서 농담이었다는 것을 주님의 얼굴 표정과 눈짓의 표정으로 알게 해주셨는데, 내 영이 즉시 알아차리고, 무척 기뻐하는 것을 느낄 수가 있었습니다. 저는 안도의 한숨을 쉬고, 다급한 심정으로 주님께 아파트가 언제 팔릴 수 있느냐고 물으셨고, 주님은 저에게 달력을 보여주시면서, 달력에 있는 한 날짜를 주님 손가락으로 가리키면서 알려주셨습니다. 주님이 가르쳐주신 날짜는 양력이 아니라, 음력의 날짜를 사용하셨습니다. 주님이 알려주신 날짜는 아파트가 팔린 후에 음력을 사용하신 날짜인 것을 알게 되었습니다.

시일이 경과하여 주님이 가르쳐주신 날짜가 되었으나, 오전이 지나는 동안 이렇다 할 아무런 역사의 조짐도 보이지 않았는데, 점심시간이 가까이 되어서 같은 아파트 단지에 살고 있는 목사님한테 전화가 왔습니다. 오늘 점심 약속이 한인식당에서 있는데, 차가 없으니 식당까지 데려다 달라는 부탁의 전화가 온 것입니다. 그래서 저는 약속 시간에 맞추어 한인식당까지 모셔다 드리겠다고 답변을 드렸습니다. 약속 시간이 가까이 되어 저는 목사님을 모시고 한인식당으로 가서 목사님만 내려놓고 오려고 했었습니다. 그런데 앞으로 자주 볼 수도 있으니 인사라도 하는 게 좋다고 해서, 식당 안으로 들어가 인사를 하는데, 여기까지 오셨으니 식사를 하시고 가라고 해서 같이 식사를 하게 되었습니다.

같이 식사를 하면서 함께 간 목사님이 그분에게 우리에 대해 소개를 하시고, 아내의 건강이 좋지 못하여 하루라도 빨리 아파트를 팔고 한국으로 가야하는데, 아파트가 팔리지 않아서 한국으로 가지 못하고 있는 상황을 설명해주었습니다. 잠시 정적이 흐르고, 한 숟가락 밥을 떠서 먹으려는 그 때에, 그분이 선교사님 제가 선교사님 아파트를 사드리겠습니다. 그 외에 팔려는 물건들과 금액을 작성해서 아파트문서와 같이 가져오시면, 달러 수표로 드리도록 하겠습니다. 라고 말했을 때, 주님께서 알려주신 날짜에 일어난 기적이라, 얼마나 감사하고 놀랐는지 모릅니다. 그렇게 팔리지 않던 집과 자동차와 그 외의 모든 물건들이 모두 다 한꺼번에 팔리는, 주님의 역사적인 기적의 날로, 그것도 선교지에서 너무도 감동적인 주님의 이야기로 소중히 간직되고 있습니다.

PART 03

참 나는 무엇인가

나는 어떤 사람인가

이스라엘 역사의 기록에 의하면 예루살렘에서 여리고로 내려 가는 길은 매우 위험하고, 험난한 길이라고 기록되어 있습니다. 여리고로 내려가는 길은 안전하고, 순탄한 길이 아니라, 길이 가 파르고, 암석이 많아 강도들이 자주 출몰하는 위험한 길이었습 니다. 그런데 어떤 사람이 예루살렘에서 여리고로 내려가다가 강도의 습격을 받아 모든 것을 다 빼앗기고, 심한 부상을 당하여 길바닥에 버려진 것입니다. 왜 이 사람은 위험한 길을 혼자서 내 려가야 했었는지 그 나름대로의 사정은 있었겠지만, 안전이 보 장되지 않은 상황에서 무모한(앞뒤를 헤아려 깊이 생각하지 않고 행동하는 사 람) 길을 홀로 가다가 모든 소유를 다 빼앗 기고, 생명까지 위태

> 어떤 율법교사가 선생님 내가 무엇을 해야 영생 을 얻겠습니까. 주 너의 하나님을 사랑하고, 또 한 네 이웃을 네 자신같이 사랑하라.
> 그러면 내 이웃이 누구입니까.
> 너는 이 세 사람 가운데서 누가 강도 만난 사람 에게 이웃이 되어 주었다고 생각하느냐.
> 자비를 베푼 사람입니다.
> 예수께서 이르시되 가서 너도 이와 같이 하여라.
> (성경 눅 10:25~37)

로운 상황에 처하게 된 것입니다.

　이처럼 사람들은 위험한 길인 줄을 알면서도, 그 위험한 길에 발을 들여놓아 하루아침에 비참한 신세가 되는 경우가 너무나도 많다는 것을 알게 해주고 있습니다. 그래서 우리 속담에 "돌다리도 두들겨 보고, 가라"는 말이 있습니다. 우리는 옳은 길이 아니면, 가지 말아야 하고, 바른 방법이 아니면, 무모한 선택을 해서는 안 되는 것입니다. 무모한 선택과 행동이 얼마나 위험한 결과로 나타나는지, 강도 만난 자를 통하여 우리에게 실질적으로 보여주고 있기 때문입니다. 사람이 선택한 길에는 좋든 나쁘든, 반드시 그 결과가 따르게 되어 있습니다. 그래서 그 누구든 잘못된 길을 선택하여 돌이킬 수 없는 상황에 빠지기 전에, 올바른 길을 갈 수 있도록, 바른 생각과 판단을 해야 하며, 먼저 주님의 보호하심과 인도하심을 늘 구하는 기도가 자신의 삶 속에서 우선 되어야 합니다. 내 생각에 좋게 보이는 길일지라도, 나의 생각과 판단이 잘못 될 수 있기 때문입니다.

　사람에게 어쩔 수 없는 선택은 기도를 소홀히 했거나, 극단적인 자신의 이기주의에서 나온 변명인 것입니다. 그래서 그 누구든 자신의 선택과 자신의 길이 올바른지 항상 먼저 주님께 물어보고, 주님의 인도하심을 구하는 기도를 생활화해야 합니다. 최고의 지혜 자 솔로몬 왕은 이에 대해 "어떤 길은 사람이 보기에 바른 길일지라도 필경은 사망에 이르는 길"이 있다고, 경고하고 있습니다. 어떤 길이 사망에 이르는 길인가에 대하여 "공의로운 길에 생명이 있고, 악을 따르는 자는 사망에 이른다고" 알려주고 있습니다. 옳지 않은 길임에도 사람이 무모하게 그 길을 가는 것이 결국 사망에 이르는 길인 것입니다. 그런데도 사람들은 여전히 무모한 길에 목을 매며, 해서는 안 될 일에 발을 들여놓는 경우가 비일비재(많음)하다는 것입니다. 이것은 인간의 끝이 없는 욕심과 탐욕에서 발생하는 결과들인 것입니다. 여리고의 길은 분명히 누구나 알고 있는 위험한 길이었기에, 신중하게 검토하고, 행동해야 하는 대단히 위험한 길이었습니다.

그런데도 이 사람은 위험한 길을 소홀히 여기고, 그 길로 소중한 물건들을 가지고 내려갔다는 데에, 돌이킬 수 없는 위험한 상황이 발생하게 된 것입니다. 오늘도 수많은 사람들은 자신들이 선택한 길이 올바른 방향의 길이 아니고, 잘못 될 수도 있다는 것을 알면서도 어리석게 집착하고, 거침없이 뛰어드는 사람들이 있습니다. 어떤 사람은 경마장 도박에서 처음 시작이, 십만 원 베팅에서 백만 원이 되고, 백만 원이 천만 원이 되고, 천만 원이 억 단위가 되어 하루아침에 자신의 전 재산 10억을 잃고, 먹고 살기 위해 노가다 일을 하는 어리석고 미친 사람도 있다는 것입니다. 그런데 이 세상에는 이런 종류의 마음과 생각으로 전적으로 잘못된 사람들이 너무나도 많다는 것입니다. 이것은 인간의 나쁜 성향(성질에 따라 어느 한쪽으로 기울어짐)도 있지만, 인간이 적은 것에서 만족하지 못하고, 작은 것을 소중히 여기지 않기 때문입니다. 그래서 성경은 이에 대해 "지극히 작은 것에 충성된 자는 큰 것에도 충성되고, 지극히 작은 것에 불의한 자는 큰 것에도 불의하다고" 말해주신 것입니다. 이것은 인간의 지나친 탐욕(지나치게 탐하는 욕심)이 만들어 내는 비극적인 결과들인 것입니다.

우리는 예루살렘에서 여리고로 내려가는 자를 통하여 주님의 은혜와 통치권에서 벗어나는 것이 얼마나 위험한 짓인가를 알아야 합니다. 이 사람은 예루살렘을 떠나 여리고로 내려가다가 크나 큰 변을 당했습니다. 예루살렘은 주님의 왕국과 주님의 왕권 그리고 믿음에 속한 영적인 것들을 뜻하기 때문에, 주님의 통치권과 주님에 대한 믿음에서 떠나는 것이, 곧 사탄으로부터 공격의 대상이 된다는 사실을 알 수가 있습니다. 이 세상에서 인간의 삶은 주님과 동행하고, 주님의 인도를 받는 삶이 되어야지, 주님을 배제하고(제외시키고) 사람 스스로 걷는 인생이 얼마나 위험한가를 보여주고 있는 것입니다.

주님과 동행 한다는 것은, 나를 내세우지 않고, 나를 주장하지 않으며, 주님께서 기뻐하시는 것들에 내 삶의 가치를 두고 사는 삶입니다. 대부분 사람들의 삶에서 발생하는 사건사고는 지나치게 집착하는 사람 자신의 욕망(탐내는 마음)과 옳지 않은 불의한 것들에 관여해서 발생하게 된다는 사실을 부정할 수 없을 것입니다. 이 세상은 두 개의 영적인 영역으로 나누어져 있기 때문에, 주님의 영역에서 벗어나면, 사람은 본인이 원하든 원치 않던 사탄의 지배와 공격을 받을 수밖에 없습니다. 주님을 배제하고, 주님을 떠나서는 그 어떠한 최선도 올바를 수가 없다는 것을, 여리고의 길은 우리에게 깊은 교훈을 주고 있습니다. 우리 주위에는 여리고와 같은 길은 아닐지라도, 현대판의 또 다른 여리고의 길로 가는 사람들이 수없이 많이 있다는 것입니다. 우리가 살아가고 있는 이 세상의 다양한 여리고 길에서 사기를 당하고, 배신을 당하고, 길을 잘못 들어서거나, 발을 잘못 들여놓아 있는 것마저도 다 빼앗기고, 고통당하는 이들에게 우리는 어떠한 사람이 되어야 하는가가 여리고의 길이 우리에게 주는 대단히 아름답고, 중요한 이야기입니다.

*** 제사장과 레위인 ***

강도들을 만나 가진 모든 것을 다 빼앗기고, 온 몸에 심한 부상까지 입은 이 유대인에게 그 누군가 구원의 손길이 미치지 않는다면, 이 유대인은 그야말로 길바닥에서 죽을 수도 있는 매우 위태로운 상황에 처해있었습니다. 그런데 강도들로부터 심한 부상을 당하여 길 한쪽에 버려진 위급한 상황에서, 마침 이 유대인 곁으로 제사장이 지나가고 있었는데, 강도만난 자에게 한 가닥 희망의 생명 줄이 되어주지 못하고, 오히려 강도만난 자를 피하여 지나갔다고 말해주고 있습니다. 몹시 위급한 상황에 처해 있는 사람에게 누군가 오고 있다는 사실이 얼마나 위로가 되고, 기대가 되고, 희망이 되었겠습니까. 죽음의 위험에 처해있는 이 유대인은 순간 살 수도 있겠다는 희망이 생겼지만, 점점 가까워진 발걸음 소리는 멈추지 않고, 한 순간 지나가는 바람소리처럼 빠르게 위기에 처한 자 곁을 지나쳐가고 말았습니다. 우리는 위급한 상황에 처해있는 가까운 사람들에게 희망이 되어 주는 사람인지, 아니면 모르는 척 피해가는 사람인지를 자신에게 물어 보아야 합니다.

제사장직 사명은 단순히 예배행위에만 국한되어 있지 않고, 다양한 영역으로 확대되어 약자나, 소외된 자, 병자나, 위기 속에서 고난 받는 자들을 위한 사역(선한행위)으로 나타나야 하는 것입니다. 제사장의 직분은, 하나님의 선한 의도와 목적을 위해서 사용하시기 위하여 거룩하게 구별된 자이기 때문입니다. 그래서 제사장은 그 어떠한 경우에도 하나님 편에 서서, 하나님의 선하신 뜻을 섬기는 직무에 최선을 다해야 하는 것입니다. 그런데도 제사장은 위기에 처해 있는 사람이 위태로운 지를 살펴보지 않고, 도움의 손길도 내밀지 않은 채, 황급히 그 자리를 피하여 지나가고 말았습니다.

그런데 두 번째 이 여리고 길에 등장한 레위인 마저도 제사장과 같이 위험에 처해있는 자를 거들떠보지도 않고, 신속히 피하여 지나갔다고 말해주고 있습니다. 여기서 두 번째 강도만난 자가 위급한 상황에서 절실(느낌이나 생각이 뼈저리게 강렬한 상태)하게 가졌던 희망마저도 여리고 길의 적막하고, 삭막한 공기 속에 더 큰 절망만 남긴 채 사라지고 말았습니다. 가장 존경받고, 가장 믿을 수 있었던 사람들에게서 희망을 버림받은 이 강도만난사람의 심정은 더 이상의 희망을 기대할 수 없는 깊은 절망감에 빠졌을 것입니다. 그래서 우리 속담에 "믿는 도끼에 발등 찍긴다는" 말이 있는데, 이런 경우를 두고 하는 말이라고 여겨집니다.

레위인은 성막에서의 모든 예배와 성막에 속한 모든 것들을 섬기는 직분자로, 하나님께 온전히 헌신 된 자들이었습니다. 이들의 삶은 성전에서 시무하도록 구별되었고, 제사장의 직무와 온 회중을 돕도록 섬기고, 봉사하는 자들로 따로 구별된 자들이었습니다. 이 같은 섬김과 봉사는 성전 안에서와 밖에서 동일하게 행해져야 하는 것입니다. 그런데 도움이 절실하게 필요한 위기의 상황에 처해 있는 사람을 보고서도 레위인은 그 자리를 피하여 지나갔다고 말해주고 있습니다. 크리스천의 신앙은 교회 안에서와 교회 밖에서도 동일하게 나타나야 참된 믿음의 사람인 것입니다. 크리스천의 섬김과 선한 행위는 교회 안에서와 교회 밖에서도 동일하게 행해져야 하기 때문입니다.

우리가 누구이고, 어디에 속하여 어떠한 직분으로 무슨 일들을 하고 있느냐가 중요한 것이 아니라, 날마다 우리가 만나고 있는 사람들에게 우리가 크리스천으로서 어떠한 사람인가를 알게 해주고, 느끼게 해줘야 하는 아주 중요한 충격적인 메시지입니다. 그래서 주님은 말씀하시기를 "이같이 너희 빛이 사람 앞에 비치게 하여 그들로 너희 착한 행실을 보고, 하늘에 계신 너희 아버지께 영광을 돌리게 하라"고 가르쳐주신 것입니다. 크리스천의 신앙생활은 종교적이고, 의식적(어떤 것을 일부러 하는 것)인 신앙생활이 아니라, 현실에서 크리스천의 삶이 복음에 합당한 복음적인 삶이 되어야 한다는 것을 실제적으로 제사장과 레위인을 통하여 보여주고 있는 것입니다.

따라서 사람은 그 누구든 주님을 믿어야 하고, 사람이 주님조차도 믿지 못한다면, 이 세상에서 사람이 믿을 수 있는 사람은 아무도 없는 것입니다. 주님은 어떠한 경우에도 사람을 속이거나, 사람을 잘못된 길로 인도하지 않으시기 때문입니다. 사람이 때로는 자신의 욕심과 어리석음으로 실수하고, 잘못했을지라도 주님은 사람을 적대시하거나 비방하지 않으시고, 사람에게 아픈 상처도 주시지 않습니다. 주님은 그분만의 독특한 은혜의 방법으로 사람들의 잘못들을 고치시고, 은혜를 베풀어 다루시는 분이십니다. 그분은 "전능자이시고, 치료자이시며, 자비를 베푸는 위로의 주님"으로 사람의 잘못된 것들을 깨닫게 하시고, 바른 길로 인도하시는 은혜의 주님이십니다.

제사장과 레위인은 모두가 특별히 하나님을 위하여 하나님의 대행자로 구별된 사람들이었습니다. 주님에게는 두 가지 속성이 있는데, 하나는 왕이신 주님이시고, 다른 하나는 제사장이신 주님이십니다. 그래서 주님의 왕권은 진리의 거룩함을 뜻하고, 주님의 제사장직은 선이신 자비로움을 뜻하는 것입니다. 한 걸음 더 나아가 주님의 거룩한 선은, 진리의 본질로서 자비에 속한 모든 것을 의미합니다. 만일 주님께 진리의 거룩함만 있고, 선의 자비로움이 없다면, 사람은 구원 받을 자가 아무도 없는 것입니다. 진리의 거룩함은 사람의 온갖 악과 죄들을 심판하고 정죄하지만, 자비에 속한 주님의 선이 사람을 온갖 죄와 악한 것에서 의롭게 변화시키시고, 천국으로 인도하시기 때문입니다. 하지만 제사장과 레위인에게 종교적인 신분과 직분은 있었지만, 정녕 있어야 할 자비로운 선은 그들에게 없었습니다.

주님의 자비로운 선으로 인하여 사람은 주님으로부터 끊임없이 소망이 생기는 것입니다. 인간을 위한 진정한 소망이 세상이나, 사람에게서 나오는 것이 아니라, 주님께로부터 사람 각자에게 주어지기 때문입니다. 사도바울은 이에 대해 "열방이 그에게 소망을 두며, 소망의 하나님이 모든 기쁨과 평강을 믿음 안에서 너희에게 충만하게 하사 성령의 능력으로 소망이 넘치게" 하시기를 원한다고 말해주고 있습니다. 사람은 아무리 잘해보려 해도 실수하고, 넘어지고, 잘못될 수 있기 때문에, 주님을 의지하는 믿음 안에 있어야 합니다. 사람의 실수와 잘못이 문제가 아니라, 사람의 실수와 잘못들로 인하여 사람이 주님을 떠나는 것이, 결국 사람 자신의 삶을 망가뜨리고, 자신을 더 비참한 궁지(고통의 한가운데)로 몰아넣기 때문입니다.

제사장과 레위인은 주님의 자비로운 선과 영적인 사랑을 뜻하기 때문에, 마땅히 자비를 베풀어야 하는 강도만난 자의 가장 가까운 도움이 되었어야 합니다. 그런데 그들은 오히려 강도들을 만나 부상까지 당하여 위급한 상황에 처해 있는 자를 보고도 피하여 도망치듯 지나쳐 가버린 것입니다. 크리스천이 하나님의 말씀을 경청하고, 예배에 빠짐없이 참석하고, 금식하며, 기도할지라도, 크리스천의 삶이 하나님의 말씀을 실행하는 삶을 살고 있지 않다면, 크리스천은 자신을 속이는 것입니다. 성경은 이에 대해 "너희는 말씀을 행하는 자가 되고, 듣기만 하여 자신을 속이는 자가 되지 말라고" 말씀하신 것에서 잘 알 수가 있습니다.

우리 주위에는 잘못 된 선택과 그릇된 생각과 판단으로 어리석은 길에 빠져 고통당하는 이웃들이 있습니다. 우리의 이웃은 먼 곳에 있는 것이 아니라, 우리가 날마다 걷고 있는 같은 길 위에 있다는 것입니다. 그들을 우리가 보지 못하는 것은, 우리가 알면서도 제사장이나 레위 인처럼 피하려 하고, 우리하고는 상관없는 일로 여기고, 자신의 잘못은 당연히 잘못한 자가 받아야 한다는 그릇된 생각을 하기 때문입니다. 그러나 주님은 바로 그

가 우리의 도움과 손길이 필요한 우리의 이웃이고, 우리가 돌봐
주어야 하는 사람이라고 말씀하셨습니다. 그 누구도 이 주님의
말씀에서 비껴 갈 수 있는 사람은 아무도 없다는 것을 명심해야
합니다.

깊은 고통과 절망적인 상황에 처해 있는 사람에게는 진실한
위로와 붙들어 줄 수 있는 사랑의 손길이 절실히 필요합니다. 그
누군가는 강도만난 사람처럼 자신 스스로는 해결 할 방법도 없
고, 도저히 일어 설 수도 없는 위급한 상황에 놓여 있을 수도 있
습니다. 이러한 사람에게 절실하게 필요한 것은, 진심어린 관심
과 다시 일어설 수 있도록 돌파구(어려움을 해결하는 해결책)를 열어주
는 것입니다. 그것은 우리에게도 이웃이 필요하고, 우리 또한 좋
은 이웃이 되어야 하기 때문입니다. 그래서 솔로몬 왕은 "사람들
이 이 세상에 사는 동안 기뻐하며, 선을 행하는 것보다 더 나은
것이 없다고" 알려주신 것입니다. 수많은 사람들을 깊은 영성의
세계로 안내한 헨리 나우웬은 "영적권위는 긍휼에서 나온다고"
말했습니다. 고 옥 한흠 목사님은 고난당한 사람에 대해 무관심
하고, 그들과 자신을 차별화 시키고, 그들과 같은 자리에 함께
있지 못하고, 별개의 존재로 군림하는 것은, 권위와 지도자의 자
격을 상실한 자라고 말했습니다.

우리의 작은 사랑이 고난당한 이웃의 아픔을 덜어줄 수 있고,
잔잔한 감동을 안겨줄 수 있습니다. 이웃의 고통을 들어주고, 기

도해 주고, 작은 사랑을 나누며, 주님께서 돌파구를 여는 방법을 경험 할 수 있도록 보살펴 주어야 합니다. 다시 일어나 잘못 된 길과 어리석은 생각에서 벗어나, 바르고, 선한 삶을 살아갈 수 있도록 작은 희망이 되어주어야 합니다. 크리스천의 삶이 주님의 말씀을 따라 빛이 되고, 소금이 되는 삶을 살아야 좋은 사람이 될 수 있는 것입니다. 그래서 성경은 "오직 너희는 그리스도의 복음에 합당하게 생활하라고" 알려주신 것입니다. 이것은 사람이 복음에 합당한 생활을 하는 것이 곧 좋은 사람, 좋은 이웃이 될 수 있기 때문입니다.

악을 행하지 않았다는 사실만으로는 좋은 사람, 좋은 이웃이라 말할 수 없습니다. 크리스천으로서 좋은 이웃이 되어주어야 하는 것을 알면서도, 의도적으로 피하는 것은 복음에 합당하지 않은 사람입니다. 제사장과 레위인은 지극히 종교적인 사람들이었지, 그들에게 자비가 있거나 선하고, 좋은 사람들은 아니었습니다. 사람이 믿고 있는 종교가 자신의 삶이 되지 못한다면, 그것은 죽은 종교요, 생명이 없는 종교인 것입니다. 주님은 우리의 생명이 되시기 때문에, 우리의 삶을 통하여 주님의 생명이 다른 사람들에게 전이(다른 곳으로 옮김)되도록 빛과 소금의 삶을 살아야 하는 것입니다.

*** 이방인인 사마리아인 ***

강도들로부터 심한 부상을 당한 이 유대인은, 희망을 버림받은 차가운 길바닥 위에서 깊은 절망감에 빠져, 이대로 죽을 수도 있겠다는 위기감을 느끼고 있었을 때, 전혀 예상하지 못했던 사람이 등장을 하게 됩니다. 하나님의 놀라우신 역사는 우리의 손길이 닿지 않고, 우리의 생각이 미치지 않고, 우리가 기대했었던 관점(사람이 생각하는 처지)과는 전혀 다르게 초월적으로 역사하시는 은혜로운 경우가 종종 있습니다. 저는 선교지에서 수십 년을 살아오면서, 이 같은 주님의 은혜로운 역사를 최악의 위기와 절망적인 상황에서 실제적으로 수시로 체험한 선교사입니다. 사마리아인은 선민인 유대인들이 개처럼 경멸하고, 부정하게 여기는 이방인 이었습니다. 사마리아인들도 유대인들이 자신들을 어떻게 대하고, 자신들을 경멸하고(개처럼 여김), 자신들에 대해 좋지 못한 생각을 갖고 있다는 것에 대해서 잘 알고 있었습니다.

그런 사마리아인이 제사장과 레위인이 거들떠보지도 않고 피해갔었던, 강도 만난 자를 위태롭게 버려진 길바닥에서 구해주었다는, 그야말로 유대인으로서는 도저히 상상조차 할 수 없었던, 믿기지 않은 충격적이고도 감동적인 이야기입니다. 크리스천의 삶 속에는 이처럼 드라마틱하고, 감동적인 주님의 은혜롭고, 아름다운 이야기가 많이 있어야 하는 것입니다. 크리스천의 삶이 세상적인 이야기 보다는, 주님에 대한 감동적인 많은 이야기가 있는 선한 삶으로 만들어 가야 합니다. 주님께서 유대인들이 개처럼 여기는 사마리아인을 이 이야기에 등장시키신 것은, 하나님을 믿는 사람들은 교회 안의 종교적인 예배나 직분에 머무르지 말고, 자신의 종교와 신앙이 곧 삶이 되어야 한다는 것을 알려주시기 위함인 것입니다.

주님을 믿고, 주님을 예배하는 자가 주님의 말씀이 세상에서 자신의 삶이 되지 못한다면, 주님의 말씀은 자신 안에서 죽은 말씀이 되는 것입니다. 한 걸음 더 나아가 유대인들은 그들의 종교와 율법에 대해 아는 만큼, 선을 실행하지 못하는, 말씀이 죽은 자들이었습니다. 하지만 이방인인 사마리아인은 종교와 율법과는 상관없이, 선과 사랑을 실천했다는 데에 더 큰 의미를 부여하고 있는 것입니다. 그래서 성경은 "하나님은 죽은 자의 하나님이 아니요, 산 자의 하나님이 되신다고" 말씀하신 것입니다. 이것은 자신이 믿고 있는 하나님의 말씀이, 자신의 삶 속에서 생활의 선으로 드러나야 생명력을 가진 말씀이 된다는 것을 밝히 알게 해주는 것입니다.

강도만난 유대인은 따지고 보면 사마리아 인에게는 적과도 같은 관계였습니다. 강도만난 자를 피해가야 할 사람은 제사장이나 레위인이 아니라, 바로 사마리아 사람입니다. 그런데도 이 사마리아인은 차가운 길바닥에서 죽을지도 모르는 위험에 처한 사람을 버려두고, 그 자리를 피해 지나쳐갈 수가 없었습니다. 이 사마리아인은 자신의 업무나 사적인 일도 중요했지만, 생명이 위험에 처해 있는 사람을 외면하고, 모르는 채 버려두고 갈수가 없었습니다. 여기에서 정말 중요한 것은 유대인들에게 사람다운 대접을 받지 못하고, 개처럼 취급하는 혐오스런 이 유대인을 왜 이 사마리아인은 구해주었는가 하는 것입니다.

강도만난 자도 사마리아인이 자기를 구해주리라고는 그 위급한 절망적인 상황에서도 기대조차 할 수 없었으나, 희망을 품지 않은데서 강도만난 자의 희망이 되어주었다는 놀랍고도 충격적인 메시지입니다. 그래서 사람이 어떠한가는 그 사람의 마음을 보면, 알 수가 있다고 성경은 알려주고 있습니다. 성경은 이에 대해 "대저 그 마음의 생각이 어떠하면 그 위인도 그러한즉" 사람 마음의 표현으로 곧 그 사람의 인간성과 사람 됨됨이(사람의 성품이나 인격)를 알 수 있다고 말씀하신 것입니다. 크리스천의 신앙은 직분이나, 예배로만 표현되는 것이 아니라, 날마다의 삶 속에서 생활의 선으로 나타나야 하는 것입니다. 크리스천이 주님께 속해 있다는 것을 세상이 안다는 것은 매우 중요하기 때문입니다.

성경은 "선을 행하고, 선한 사업을 많이 하고, 나누어 주기를 좋아하며, 너그러운 자가 되게 하라, 이것이 장래에 자기를 위하여 좋은 터를 쌓아 참된 생명을 취하는 것이라고" 알려주고 있습니다. 선을 행하는 자, 너그러운 자, 나누어 주기를 좋아하는 자가 장래에 사후세계에서 참된 생명, 곧 영생을 취하게 된다고 가르쳐주고 있습니다. 참된 생명은 사람이 죽은 후에 사후세계의 천국에서 죽은 사람의영이 누리는 영원한 생명을 뜻하는 것입니다. 주님께서는 우리들을 아무런 조건 없이 사랑하시기에 주님은 우리에게 최고의 좋은 이웃이 되시는 주님이십니다. 사마리아인이 뜻하는 더 중요한 의미는, "선 자체 안에 있는 자"라는 뜻을 가지고 있습니다. 그런데 참된 선은 진리에서 나오기 때문에, 사마리아인은 생사의 위험에 처해 있는 유대인을 사마리아인이 지닌 선으로 구출하게 된 것입니다.

그래서 종교와 믿음이 사람을 구원으로 인도하는 것이 아니라, 진리의 말씀을 따르는 삶이, 곧 생명을 구원하는 삶이 다는 것을 확실하게 보여주고 있는 것입니다. 이것은 진리의 선 안에 있는 사람은, 어떠한 상황에서도 선을 실행하는 사람이 다는 것을 알게 해줍니다. 이웃을 뜻하는 바른 의미가 곧 선 안에 있는 자이기 때문입니다. 종교 안에 있는 자가 좋은 사람, 좋은 이웃이 아니라, 선 안에 있는 자라야 좋은 사람이 되고, 좋은 이웃이 될 수가 있다는 것을 실질적으로 보여주신 것입니다. 그래서 우리가 누구인가 무엇을 하는 사람인가는 별로 의미가 없지만, 우리가 어떤 사람인가는 대단히 중요한 것입니다. 사람이 "믿음의 선 안에 있지 않다는 것은, 어떤 진리 안에도 있지 않다는 것을 뜻하고, 보여주는" 것이기 때문입니다. 선은 진리에 대한 형체이고, 믿음은 사랑을 실천하는 형체로 나타나야 하기 때문입니다. 사마리아인은 선 안에 있었기에 강도만난 자를 위험에서 구출했으나, 제사장과 레위인은 종교와 율법 안에는 있었으나 진리의 선 안에 있지 않았기에, 강도 만난 자가 위급한 상황에 처해 있다는 것을 알면서도 피해갔던 것입니다. 우리는 여기서 놀라운 주님의 메시지를 다시 주의 깊게 마음속에 새겨야 합니다.

사람이 선 안에 있지 아니하면, 그가 선교사든, 목사든, 장로든, 권사든, 집사든, 누구든, 어떤 사람이든, 진리 안에 있지 않다는 것입니다. 선 안에 있지 않아도 진리에 대해 강론할 수 있고, 믿음과 사랑에 대해 말할 수 있습니다. 하지만 선이 함께 하지 않는 진리에는 생명이 없다는 것을 우리에게 분명하게 보여주고 있는 것입니다. 성경은 이에 대해 "선한 일을 행한 자는 생명의 부활로 나오게 된다고" 말씀하고 있는데, 참된 생명은 선과 연관되어 선에서 나오기 때문입니다. 정녕 사람의 생명을 살려야 할 제사장과 레위인은 선과 사랑이 없었기에, 위험에 처해있는 사람을 구출하지 못하고, 버리고, 피해간 것입니다. 이것은 선과 사랑을 떠나서는, 그 어떠한 직분이나 종교나 진리로도, 사람을 구원할 수 없다는 것을 주님께서 실질적으로 우리에게 보여주시고, 가르쳐주시고 있는 것입니다. 주님은 사람이 사람에게 좋은 사람이 되고, 좋은 이웃이 될 수 있는 것은, 사람 자체나 신분이나, 직분이 아니라, "사람 안에 선과 자비심이 있어야 사람들에게 좋은 사람, 좋은 이웃"이 된다는 사실을 확실하게 가르쳐 주고 싶은 것입니다. 그래서 주님은 "나는 자비를 원하고 제사를 원치 않는다고" 직설적으로 말씀해주신 것입니다.

사람들은 보여 지는 능력과 나타나는 표적에 더 큰 비중을 두고, 관심을 갖고 마음이 밀물처럼 쏠리기도 합니다. 사람에 대한 평가에 있어서도 선과 사랑 보다는 나타나는 능력과 표적과 눈에 보이는 것들에 더 큰 비중을 두고 있습니다. 그런데 주님께서는 어느 날, 좋은 열매와 나쁜 열매에 대한 비유의 말씀을 하시면서 이런 말씀을 해주셨습니다. "나더러 주여주여 하는 자마다 다 천국에 들어가 갈 것이 아니요, 우리가 주의 이름으로 선지자 노릇하며, 주의 이름으로 귀신을 쫓아내며, 주의 이름으로 많은 권능을 행하지 아니 하였나이까 하리니 그 때에 주님께서 그들에게 밝히 말하되 내가 너희를 도무지 알지 못하니, 불법을 행하는 자들아 내게서 떠나가라고" 단호하게 말씀하셨습니다. 주님은 선과 사랑으로 하지 아니하는 종교적인 모든 것들이 불법이라고 말씀하신 것입니다.

주님의 몸 된 교회가 선과 사랑을 떠나서 종교적인 불법의 장소가 되어서는 결단코 안 된다는 메시지입니다. 그래서 진정한 이웃은, 종교적인 믿음과 예배에서 나오는 것이 아니라, 선과 사랑에서 나온다는 것을 선한 사마리아인을 통해 실제적으로 알려주신 것입니다. 지나치게 종교적이고, 율법적인 제사장과 레위인은 그들의 종교와 율법으로 죽음의 위기에 처한 사람을 구해낼 수 없었지만, 선 안에 있는 사마리아인은 이방인 이었음에도 죽음의 위기에 처한 자를 구해낼 수가 있었습니다. 여기서 우리가 정확하게 알아야 하는 것은, 이방인인 사마리아인이 강도 만난 자를 위험한 상황에서 구출한 것이 아니라는 것입니다. 사마리아인이 평소에도 늘 지니고 있었던 "그의 마음속에 있는 선과 사랑이, 죽음의 위험한 상황에 처해있는 자를 구출하게 되었다는" 놀라운 메시지가 담겨져 있는 것입니다. 만일 사마리아인의 마음 중심에 선과 사랑이 없었다면, 그 또한 제사장이나 레위인처럼 강도를 만나 위험에 처해있는 자를 구하지 않고, 피하여 지나쳐갔을 것이기 때문입니다. 사람이 내적으로 선하지 않으면, 종교나 믿음이 있다고 해서 한 순간에 선한 사람으로 바뀌어 지는 것이 아닙니다. 한 걸음 더 나아가 사람의 직분과 신분과 종교성이 사람을 살리는 것이 아니라, 사람 마음속에 있는 선과 사랑이 사람을 살린다는 것을, 주님께서 우리에게 실질적으로 사마리아인을 통해 보여주신 것입니다.

그러기에 사람이 선하지 않으면, 그 어떠한 진리 안에도 있지 않게 되는 것입니다. 제사장이 하나님의 율법을 가르치고, 레위인이 하나님의 성전에서 섬김의 직분을 충실히 수행했다 할지라도, 그들의 삶이 세상에서 선으로 나타나지 않는다면, 주님의 말씀 안에 있지 않다는 것을 사마리아인을 통하여 실질적으로 보여주신 것입니다. 주님이 말씀하시는 진리의 본질이 선이고, 주님 자신이 곧 선이시기 때문입니다. 그렇기 때문에 진리가 있는 자는 반드시 자신의 삶에서 선으로 나타나야 자신 안에 진리가 있음을 알게 해주는 것입니다. 이제 주님께서 묻습니다. "네 생각에는 이 세 사람 중에 누가 강도 만난 자의 이웃이 되겠느냐, 이르되 자비를 베푼 자니이다. 주님께서 이르시되 가서 너도 이와 같이 하라고" 말씀하셨습니다.

사람 안에 선과 사랑이 없다면, 사람 스스로는 그 어떠한 상황에서도 자비를 베풀 수가 없습니다. 자비는 선에 속하고, 사랑에 속하기 때문에, 그 외에 다른 것에서는 나올 수가 없기 때문입니다. 아무리 크리스천이고, 직분이 있고, 권위가 있다 할지라도 그것이 중요한 것이 아니라, 사람 안에 선과 사랑이 있느냐 하는 것이 더욱 중요하다는 것입니다. 왜냐하면 사람은 누구든 자신이 믿는 진리의 선에 속해 있어야 하고, 선을 본받아야 하며, 그 진리의 선을 자신의 삶에서 실행하는 자가 되어야 하기 때문입니다. 더욱 중요한 것은 주님께서 말씀 하시기를 "너도 가서 이와 같이 하라고" 직설적으로 말씀해주셨기 때문입니다.

이것은 사람이 해도 그만 안 해도 그만이 아니라, 천계의 주님 나라에서 사람의 구원과 직접적으로 연관된 삶의 열매이기 때문에, 반드시 선에 속하여 선을 행하는 사람이 되어야 한다는 것입니다. 천국에서 사람 각자는 이 세상에서 자신이 살아온 마음과 삶의 이야기들이 한 편의 영화처럼 펼쳐지고, 감추어진 모든 것들이 사실적으로 드러나기 때문입니다. 그래서 우리의 진정한 좋은 이웃은 사람이 아니라, 사람 안에 있는 선과 사랑이 우리의 진정한 이웃이고, 좋은 사람이 되는 것입니다. 주님은 선과 사랑의 근원이시며, 본질이시기 때문에, 우리의 최고로 좋은 이웃이 되는 주님이십니다.

사람은 상황에 따라 수시로 바뀔 수도 있지만, 어떠한 경우에도 변하지 않는 것이 선과 사랑입니다. 성경은 우리에게 결론적인 말씀을 들려주고 있습니다. "사랑하는 자여 악한 것을 본받지 말고, 선한 것을 본받으라. 선을 행하는 자는 하나님께 속하고, 악을 행하는 자는 하나님을 뵈옵지 못한다고" 말해주고 있습니다. 하나님께 속한 자는 교회에 속한 자 또는 직분 자나, 명분적인 선민이 아니라, 자신의 삶에서 선을 행하는 자가 하나님께 속한 자라고 실질적인 사실을 알려주고 있습니다. 이 세상에서든 사후세계에서든 하나님께 속한 자가 하나님을 뵙게 될 것이고, 하나님을 직접적으로 대면하여 보는 자가 하나님의 나라 곧 천국에서 거주하게 된다는 놀라운 메시지입니다. 이제는 우리 자신에게 물어야 할 것 같습니다. 우리는 지금 우리가 만나는 사람들에게 어떠한 사람이고, 어떠한 이웃인가를 각자의 자신에게 진심 있게 물어야 합니다. 우리가 좋은 사람이 되고, 좋은 이웃이 되기 위해서는 우리 안에 반드시 선이 있어야 합니다.

　선은 진리로부터 형체와 성품을 가지는데, 그 진리는 선에 속한 형체와 성품을 가리키기 때문입니다. 그러기에 선이 없는 진리는 참 진리가 아닌 것입니다. 왜냐하면 단지 알고 있는 것만으로는 진리가 될 수 없으며, 진리는 선으로 부터 생명을 가지기 때문입니다.

에덴동산과 네 강의 의미

성경의 모든 말씀 속에는 자연적인 것을 의미하는 문자적인 뜻이 있고, 또한 그 말씀들이 상징하는 영적인 뜻이 있습니다. 에덴동산은 문자적인 뜻으로는 기쁨, 즐거움, 그리고 낙원이라는 의미를 가지고 있습니다. 이것은 근심걱정이 전혀 없는 그야말로 행복으로 가득한 낙원을 의미합니다. 그러나 에덴동산에는 보다 더 깊은 뜻이 상징되어 있습니다. 그것은 에덴동산은 천계의 천국에 속한 사람을 뜻하고, 천국에 속한 사람의 상태가 어떠한가를 상징적으로 알게 해주고 있기 때문입니다.

사람은 세 가지 등차로 나누어져 있는데, 사람이 세 등차로 나누어져 있다는 것을 모두가 아는 것이 매우 중요합니다. 각사람 자신

> 주 하나님이 동쪽에 있는 에덴에 동산을 창설하시고, 강 하나가 에덴에서 흘러나와서 동산을 적시고, 갈라져 네 줄기의 근원의 강이 되었으니, 첫째 강의 이름은 비손인데, 금이 나는 하윌라 온 땅을 돌아서 흘렀고, 둘째 강의 이름은 기혼인데 구스 온 땅을 돌아서 흘렀고, 셋째 강의 이름은 티그리스인데 아시리아의 동쪽으로 흘렀고, 넷째 강의 이름은 유프라테스이다.
>
> (성경 창 2:8~14)

이 어떠한 존재이고, 어떤 등차에 속해 있는가를 아는 것이 그 무엇보다도 중요하기 때문입니다. 첫 번째 등차의 사람은 자연적인 사람으로, 육에 속한 사람 또는 죽은 사람이라고 성경은 말합니다. 사도바울은 이에 대해 "육신의 생각은 사망이고, 육신대로 살면 반드시 죽게 된다고" 알려주고 있기 때문입니다. 두 번째 등차의 사람은 영적인 사람으로, 거듭남의 과정에 있으나, 아직 속사람이 겉 사람을 지배하지 못하고, 믿음으로 영적투쟁의 상태에 있는 사람으로, 생명이 있는 사람이라고 성경은 말합니다. 사도바울은 이에 대해 "영의 생각은 생명과 평안이고, 영으로써 육신의 행실을 죽이면, 영원히 살게 된다고" 알려주고 있습니다. 세 번째 등차의 사람은 천계의 천국에 속한 사람으로, 거듭남이 완료되어 속사람이 겉 사람을 지배하는 상태에 있는 사람으로, 천국에 속한 사람이라고 말합니다. 성경은 속사람에 대해 "우리가 낙심하지 아니하노니 우리의 겉 사람은 후패하나, 우리의 속사람은 날로 새롭다고" 가르쳐주고 있습니다.

에덴동산은 인간의 행복을 위해 주님께서 만드셔서 인간에게 주신 행복의 원천이었습니다. 이것은 사람을 위한 행복은 주님께로부터 유입(들어 옴)된다는 것을 알려주고 있습니다. 그래서 이 장 주어지는 사랑에서 나온 총명(바른 이치에 밝음)으로 사는 사람을 뜻합니다. 주님의 사랑에서 나온 총명이란, 선과 진리에 대한 바른 이해와 또한 사람 안에 선과 진리가 하나로 결합(참된 교회)되어 있어서 그와 같은 삶을 사는 것을 뜻합니다.

에덴동산에는 어떤 악이나, 거짓도 있을 수 없었고, 자기 소유에 대한 욕망(탐하는 마음)도 전혀 없었습니다. 에덴동산에서는 사람이 내 것이라고 할 수 있는 것이 아무것도 없었기 때문입니다. 자연적인 인간의 것이란, 악과 정욕(마음의 여러 가지 욕구) 외에 아무것도 아니기 때문입니다. 에덴동산은 오직 주님이 사람에게 주시는 것들로 살고, 누리는 곳이 에덴동산이었습니다. 천국은 주님이 만드시고, 주님이 주시는 것들로 이루어진 최고로 행복한 곳입니다. 천계의 천국에 속한 사람의 특성은, 자신이 소유한 모든 것들이 다 주님께로부터 유입된 것이며, 자신을 통해서 나타나는 것들 또한 주님께서 주신 것이지, 자신의 소유가 아니 다는 것을 정확하게 아는 사람입니다. 그렇기 때문에 천계의 천국에 속한 사람에게서는 그 어떠한 악이나, 거짓이 나올 수가 없는 것입니다.

인류의 역사 속에서 인간의 분쟁과 갈등은 항상 내 것, 내 소유라는 탐욕(지나치게 탐하는 욕심)에서 시작이 되어 왔고, 이 같은 분쟁과 갈등은 끊임없이 계속해서 이어지고 있는 것입니다. 우크라이나와 러시아의 전쟁도 내 땅과 내 것을 차지하기 위한 소유의 탐욕에서 전쟁의 불씨(어떤 사건을 일으키는 원인)가 된 것입니다. 인간의 불행도 사람의 소유욕에서 나오는 그 원인이 불씨가 된다는 것을 우리는 너무나도 잘 알고 있습니다.

어떤 사람은 부모님의 유산을 혼자서 독차지하기 위하여 동생들 모두를 부모님 제삿날에 모아놓고 한꺼번에 죽인 극악무도한 사람도 있습니다. 끝이 보이지 않는 사람의 탐욕과 욕망이 주님으로부터, 진리로부터, 그리고 천국으로부터 돌아서게 하고, 악과 거짓으로 살아가도록 사람들의 마음을 타락시키고, 부패시키고 있음을 알 수가 있습니다. 그러기에 사람이 이 세상에서 어떠한 마음과 생각으로 삶을 살아야하고, 자신이 어떠한 사람이 되어야 하는지가 대단히 중요한 것입니다.

*** 에덴동산이 뜻하는 의미 ***

자연계 안에 있는 것들은 모두가 상응(서로 어울림) 적으로 상징적인 의미를 가지고 있습니다. 각각의 개별적인 것에서부터, 지극히 작은 비천한 것에 이르기까지, 모두가 천계에 있는 것들과 관련된 상징적인 의미를 지니고 있다는 것입니다. 그래서 태고교회의 사람들은, 자연적인 형체들을 눈으로 보는 대상으로 이해하지 않고, 그 형체들이 각각 상징하는 천계 적이고, 영적인 것들로 지각(알아서 깨달음)하였던 것입니다. 태고교회의 사람들에게는 주님께로부터 직접적인 계시가 주어져 말씀이 내면화(마음 속에 깊이 자리 잡음) 되어 있었고, 선과 진리에 속한 지각 안에 있었기 때문입니다. 그들은 전체적이든, 개별적이든, 우주 안에 있는 모든 것들은 주님의 나라와 연관되어 상징하는 것으로 보았고, 또 그렇게 깨달았던 것입니다.

주님께서도 신성(신의 본질)에 바탕을 두시고, 말씀하셨기에 상징적으로 비유를 들어 말씀하신 것입니다. 주님은 많은 비유들로 말씀하셨고, "비유가 아니시면 아무것도 말씀하지 아니하셨다고" 성경은 말해주고 있습니다. 그래서 동산은 총명을 상징하고, 에덴은 사랑을, 그리고 동쪽은 주님을 상징하기 때문에, 동쪽의 에덴동산은 주님께서 사랑을 통해서 주시는 천계의 천국에 속한 사람의 총명을 의미하는 것입니다. 천계의 천국에 속한 사람의 총명과 영적인 사람의 총명에는 엄연한 차이가 있는데, 천계의 천국에 속한 사람에게는 사랑과 믿음을 통해서 이해와 이성(선악을 분별하여 바르게 판단하는 능력)과 그리고 기억에 총명이 주어집니다. 하지만 영적인 사람에게는 진리와 믿음을 통해서 이해와 이성과 그리고 기억에 총명이 주어집니다. 천계의 천국에 속한 사람은 겉 사람과 속사람에 대해 정확하게 알고 있기 때문에, 총명이 주님에게서 주어지는 것임을 알고 있는 사람입니다. 그러나 영적인 사람은 아직 겉 사람과 속사람에 대해 알아가는 과정에 있기 때문에, 총명이 자신의 이해와 이성을 통해 자기 자신에게서 나오는 것으로 알고 있는 사람입니다.

그래서 에덴동산은 영적인 의미에서 천계에 속한 사람 안에 내재해 있는 주님의 왕국, 또는 천국을 뜻하는 것입니다. 왜냐하면 사람은 이 세상에서 사는 삶이, 세상에서 뿐만 아니라, 동시에 천계에서도 사는 삶이 되도록 창조되었기 때문입니다. 천계의 천국에 속한 사람의 사상(어떤 것에 대한 구체적인 생각)이나 관념(견해나 생각), 그리고 말과 행동에는 주님께서 주시는 영적이고, 천계적인 것들이 그것들 안에 내포하고 있음을 알 수가 있습니다. 특히 천계의 천국에 속한 사람에게는 다른 사람에 비하여, 주님의 말씀이 그 사람으로 하여금 세심하게 지각하게 한다는 것입니다.

동쪽이 주님 이시다는 것은, 상징적인 유대교회의 성전이 동쪽을 향해서 지어졌고, 또 기도할 때에도 유대인들은 얼굴을 동쪽을 향하고, 기도하는 거룩한 관습을 가지고 있다는 것에서 알 수가 있습니다. 따라서 에덴동산은 주님과의 교통이 끊어지지 않고, 주님에게서 유입되어 또 다시 흘러 내보내는 순환이 계속 이어지는, 사랑과 믿음이 하나가 되어 있는 사람을 의미하는 것입니다.

*** 에덴동산에 있는 나무의 의미 ***

나무는 영적으로 지각을 상징 하는데, 보기에 좋은 나무는 진리에 대한 지각을 상징하고, 먹기에 좋은 나무는 선에 대한 지각을 상징합니다. 생명나무는 사랑과 사랑에서 비롯된 믿음을 상징하고, 선과 악을 알게 하는 나무는 겉 사람의 감각적인 지각으로, 그리고 자아적인 지식으로 구성된 믿음을 상징합니다. 이것은 인간의 외적인 것을 추구하는 감각적인 신앙은 육신적이고, 세속적인 온갖 신앙을 상징하는 것임을 알게 해주는 것입니다. 말씀 속에는 영적인 의미와 천계적인 의미가 담겨져 있고, 말씀의 가장 내적인 중심에는 주님이 계셔서 말씀의 신성함과 성결함이 있는 것입니다. 그런데 신적 진리가 인간을 위한, 인간 중심으로 왜곡되어, 인간의 온갖 비전과 인간의 온갖 축복을 위한 말씀으로 변질되고 말았습니다. 이로 인하여 잘못된 믿음을 가진 사람들이 수없이 생겨나고 있는 것입니다. 심지어 예수그리스도를 믿어도 물질적인 축복을 받지 못하면, 마치 저주를 받은 것처럼 여기고, 행세하는 크리스천들도 있다는 것입니다. 눈에 보이는 것으로 신앙의 잣대를 재려하는 사람은, 모두가 인간의 외적인 것을 추구하는 세속화(세상의 일반적인 풍속에 물들어버린)된 크리스천들인 것입니다.

또한 축복된 믿음만을 추구하다 보니, 진실로 생명이 되는 선과 진리는 무시당하고, 거들떠보지도 않는 세속화된 신앙생활을 하고 있는 사람들이 너무나도 많다는 것입니다. 믿음에는 사랑에서 비롯되는 믿음이 있고, 배우고 들어서 아는 지식적인 믿음이 있으며, 자신의 이득과 명예와 명성을 위한 믿음도 있습니다.

뿐만 아니라, 자신이 잘 되고, 자신의 축복만을 위한 믿음도 있습니다. 그러나 믿음이 사랑에 속하지 아니하면, 생명이 되지 못하고, 영적인 것이 되지 못한다는 것을 분명히 알아야 합니다. 진리가 선과 하나 이듯이, 믿음은 사랑과 하나이어야 하고, 천계적인 축복은 인애(어진 마음의 사랑)가 없는 믿음에는 결코 흘러들어 가지 않기 때문입니다. 참된 천계적인 축복은 사람이 죽어서도 천국에서 영원히 사는 축복과 천계에서 주님이 주시는 온갖 좋은 것들로 영원히 누리는 행복입니다.

에덴동산에 있는 나무는 천계의 천국에 속한 사람에 대한 지각(알아서 깨달음)을 상징하고 있기 때문에, 천계에 속한 사람의 지각이 어떠한 것인가를 나타내주고 있는 것입니다. 천계의 천국에 속한 사람의 지각은, 진리에 대한 지각과 선에 대한 지각을 가지고 있으며, 그리고 사랑과 사랑에서 나온 믿음의 사람인 것을 알 수가 있습니다. 지각은 오직 주님께서 홀로 사람에게 주시는 내적인 감각(이해나 판단력)으로, 사람은 이 내적인 감각을 통해서만이 선과 진리를 알 수가 있는 것입니다. 천계의 천국에 속한 사람은 이 내적인 감각의 지각으로 선과 진리에 대한 빛과 같은 지혜와 분별력을 가지고 있는 사람입니다.

반면 영적인 사람에게는 내적인 지각은 없으나, 대신 선한 양심을 가지고 있습니다. 영적인 사람은 악한 것과 선한 것에 대해 그의 선한 양심으로 분별을 하고, 판단을 하게 됩니다. 그러나 육적인 사람에게는 양심마저도 없고, 지각이 무엇인지 조차도 모른다는 것입니다. 육적인 사람은 오직 자신의 욕망(탐하는 마음)과 정욕(마음의 여러 가지 욕구)만을 위해 생각하고, 행동하는 사람이기 때문입니다. 동산 한가운데는 속사람의 의지를 상징하는데, 성경에서 의지는 마음을 뜻하는 것으로 이 마음은 주님에게 속한 것입니다. 사람은 누구든 자기 스스로는 선을 행할 수 없습니다. "선한 이는 오직 한분 주님"이시기 때문입니다. 그래서 선한 의지 또는 선한마음은 사람의 것이 아닌 것입니다. 사람들의 의지라고 부르는 것은 사람의 정욕을 뜻하고, 사람들의 마음이라고 부르는 것은 사람의 탐욕을 뜻하기 때문입니다. 따라서 사람에게는 선한 의지와 마음은 없고, 오직 악한 정욕과 탐욕만 있을 뿐입니다. 선한의지와 선한마음은 주님께 속해 있을 때, 주님께로부터 사람에게 유입되는 것이기 때문입니다. 주님은 선의 본질로서 온갖 선이 주님께로부터 나오기 때문입니다. 이것은 모든 사람은 이 세상에 사는 동안 반드시 영적인 사람, 또는 천계의 천국에 속한 사람으로 변화의 과정과 거듭나야 한다는 것을 밝히 알려주시고 있는 것입니다.

생명나무는 모든 사랑과 믿음을 뜻하는 것으로 모든 생명체에 주어지는 주님의 자비를 상징하고 있는 것입니다. 이것은 모든 생명체가 존속하는 것은 바로 이 주님의 자비에 의한 것임을 알려주는 것입니다. 악한 자나 선한 자에게 주님의 자비가 주어지지 않는다면, 인간은 그 누구도 단 한순간도 살 수가 없기 때문입니다. 주님은 이에 대해 "너희 원수를 사랑하며, 너희를 미워하는 자를 선대하라" 말씀하시고, 주님 또한 "은혜를 모르는 자와 악한 자에게도 인자하신 주님이"시다고 알려주시고 있습니다. 주님은 친히 "너희 아버지가 자비로우시니 우리도 또한 자비로운 자가 되라고" 가르쳐주셨습니다.

*** 에덴동산에서 흐르는 네 강의 의미 ***

에덴동산에서 나온 강은 사랑에서 비롯된 지혜를 상징합니다. 참다운 지혜란 주님이 누구인가를 아는 것이 지혜이지, 주님을 모르는 것은 지혜가 아닌 것입니다. 동산은 총명을 뜻하고, 강의 물이 동산을 적신다는 것은, 지혜를 주는 것을 뜻하는 것입니다. 그리고 지혜와 총명은 천국의 부와 축복을 상징하는 천계의 축복인 것입니다. 천국에서의 부와 축복은 지상에서처럼 사람의 외적인 소유에 있지 않고, 사람의 내적인 지혜와 총명에 있기 때문입니다. 천국에 있는 것들은 지상에 있는 그 어떠한 것과도 결코 비교될 수 없는 최상의 가치와 최고의 아름다운 세계이고, 천국에 있는 모든 것을 값없이 주님 은혜로 누릴 수 있기 때문입니다.

태고교회의 사람들은 사람들을 동산에 비유하였고, 지혜에 관계된 것들은 강에다 비유하기도 하였으나, 또한 실제로 그렇게 부르기도 하였습니다. 이사야 선지자는 이에 대해 "너는 물댄 동산과 같겠고, 물이 끊어지지 아니하는 샘 같다고" 말해주고 있습니다. 태고교회 사람들은 사람 또는 사람의 내적인 것들을 동산으로 상징하고, 물과 강으로도 상징 하였는데, 물이 동산을 창성하게 하는 원인이 되기 때문입니다. 이것은 지혜가 총명을 창성하게 하는 원인이 된다는 것을 알게 해주는 것입니다. 이러한 이유로 사람에게 나타나는 지혜와 총명은 모두가 주님께서 주시는 것임을 알 수가 있습니다. 주님께서 사람에게 주시는 지혜와 총명은, 사랑과 선을 위해 유용하게 사용되어지는 지혜와 총명인 것입니다. 그래서 사람이 주님께 속해 있는 사람인지, 아닌지를 구별할 수 있는데, 그것은 각 사람의 지혜와 총명이 사랑과 선을 위해 유용하게 사용되고 있는지를 보면 분명하게 알 수가 있는 것입니다. 반면 사람에게서 나오는 악과 거짓은 사람 자신의 자아사랑과 욕심에서 나오는 것이고, 또한 사탄이 사람에게 주는 것입니다.

에덴에 있는 첫째 강은 비손인데, 이것은 사랑에서 나온 의지(어떤 일을 이루려는 마음)를 상징합니다. 하월라 라는 땅은 마음을 상징하고, 금은 선을 상징하며, 그리고 베델리엄과 호마노 보석은 각각 진리를 상징합니다. 금이 두 번씩 표현된 것은, 사랑의 선과 사랑에서 비롯된 믿음의 선을 뜻하기 때문입니다. 이 모든 것들은 천계의 천국에 속한 사람이 소유한 영적인 것들을 가리키는 것입니다. 우리가 사랑에 선이 있다는 것은 잘 알고 있지만, 믿음에 선이 있다는 것에 대해서는 다소 생소할 수도 있습니다. 하지만 우리에게 주님의 말씀에 대한 믿음이 있다면, 우리의 믿음은 우리의 삶 속에서 선으로 나타나야 하는 것입니다. 우리의 삶 속에서 선으로 나타나지 않는 믿음은 거짓된 믿음 또는 죽은 믿음이기 때문입니다. 따라서 주님께서 주신 사랑이 아니면, 어떤 선도 없고, 주님께서 주신 믿음이 아니면, 어떤 진리도 없는 것입니다. 사랑의 선이 믿음의 진리에 흘러들어야 생명이 있는 믿음이 되는 것입니다. 사랑이 없는 믿음은, 믿음 자체로 생명을 갖지 못하기 때문입니다.

한 걸음 더 나아가 선은 진리를 사랑하고, 진리는 선을 사랑한다는 것입니다. 그래서 사랑이 결여된 믿음과 그리고 선이 결여된 진리에는 생명을 가지고 있지 않기 때문에, 믿음과 진리 그 자체에는 생명이 없는 것입니다. 믿음과 진리의 생명은 사랑과 선에서 나오기 때문입니다. 그러므로 사랑과 선한 바램을 가지고 있지 않는 사람은, 아직 천계의 천국과의 결합 상태 안에는 있지 않다는 것입니다. 따라서 참된 교회는 아직 그 사람 안에 존재하지 않는 것입니다. 왜냐하면 사람의 내면에서 선과 진리의 결합이 그리고 사랑과 믿음의 결합이 사람 안에서 참된 교회를 이루기 때문입니다. 사람에게 보이는 외적인 교회는 있는데, 사람 내면에 있어야 하는 선과 진리의 결합이 없고, 사랑과 믿음의 결합이 없다면, 이 같은 사람에게 참된 교회는 없는 것입니다.

첫 번째 강 비손은 의지를 뜻하고, 두 번째 강 기혼은 선과 진리에 대한 이해를 상징합니다. 따라서 천계의 천국에 속한 사람의 의지는 사랑으로 충만하고, 이해는 선과 진리의 사상을 가지고 있음을 알 수가 있습니다. 사람의 마음을 구성하는 의지와 이해가 어떻게 변화 되어야 하는지를 말해주고 있습니다. 이것은 사람의 마음과 생각에서 나온 것들이 곧 그 사람을 나타내고, 그 사람의 삶이되기 때문입니다.

셋 째 강의 이름은 힛데겔 이라 부르는데, 이것은 사람의 이성(바르게 판단하는 능력)적인 총명(바른 이치에 밝음)을 뜻합니다. 앗수르는 합리적인 마음 또는 합리적인 사람을 뜻하고, 앗수르 동쪽으로 흘렀다는 것은, 이성적인 총명이 주님으로부터 합리(논리적으로 이치에 맞는)적인 마음에 유입되는 것을 뜻합니다. 사람이 이성적이고, 합리적인 사람이 되기 위해서는 주님께로부터 유입되는 총명이 있어야 함을 알 수가 있습니다. 이것은 사람이 거듭남의 과정을 거쳐야 속사람을 통하여 이성적인 총명이 사람의 합리적인 마음에 유입될 수 있다는 것입니다. 내가 거듭났는지는 이런 근거가 있어야 내가 거듭났는지를 알 수가 있는 것입니다. 한 걸음 더 나아가, 주님께서 나에게 주시는 이성적인 총명이 나의 합리적인 마음속에서 합리적인 생각을 하고, 합리적인 행동을 하는 사람이냐는 것입니다. 이와 같지 않은데도 거듭났다고 말하는 것은, 자신을 속이는 행위인 것입니다. 주님이 주시는 이성적인(선악을 분별하여 바르게 판단하는 능력) 총명이 사람의 내면(속사람의 마음)에 유입된 사람은, 어떠한 상황에서도 변함없는 합리적인 생각을 하고, 합리적인 행동을 하게 되기 때문입니다.

넷 째 강의 이름은 유프라테스 강이라 부르는데, 이것은 사람의 기억적인 지식으로서 아는 것의 가장 외부적인 것이라 할 수 있습니다. 유프라테스 강이 있는 곳이 이스라엘 영토의 변방이듯이, 기억적인 지식은 영적인 사람이나, 천계의 천국에 속한 사람의 총명과 지혜의 가장 외곽에 속하는 것입니다. 그래서 성경에서 말하는 이집트나 유프라테스 강은 모두가 기억적인 지식을 상징하는 것입니다. 이것은 사람에게, 배워서 아는 기억적인 지식이 필요하지만, 우리의 믿음이 기억적인 지식으로만 머물러 있는 믿음이 되어서는 안 된다는 것을 가르쳐주고 있습니다. 기억적인 지식으로 머물러 있는 믿음은, 생명이 없는 참된 믿음이 아니기 때문입니다. 에덴에서 나온 강으로 상징 된 사람의 특성은 천계의 천국에 속한 사람과 영적인 사람 그리고 겉 사람인 자연적인 사람으로, 세 등차로 나누어져 있음을 나타내주고 있는 것입니다. 이 세 사람의 특성과 등차에서 나는 지금 어디에 속해 있는지를 스스로 파악할 수 있고, 나는 어떠한 사람으로 진전 되어야 하는 가를 일깨워주는 참으로 소중한 말씀인 것입니다.

천계적인 질서의 본질이나, 사람의 특성에 관한 것들이 어떻게 전개되는 것인가는 동쪽으로 상징 된, 주님께서 주시는 강들의 의미를 살펴보면, 잘 알 수가 있다는 것입니다. 주님께서는 사람에게 지혜를 주시고, 지혜를 통해서는 총명이 주어지고, 총명을 통해서는 이성(선악을 바르게 판단하는 능력, 하나님을 직관적으로 아는 능력)이 주어지며, 이성을 통해서는 기억적인 지식을 갖게 되는 것입니다. 반면 악에서 비롯된 거짓이 있고, 거짓에 속한 악이 있으며, 거기에서 파생되는 무수히 많은 거짓들이 있습니다. 거짓은 거짓으로부터 끊임없이 연속하여 거짓들을 새끼 쳐 나오기 때문입니다. 사람의 정욕(마음의 여러 가지 욕구)에 속한 거짓이 있고, 사람의 탐욕(지나치게 탐하는 욕심)적인 욕망(탐하는 마음)에 속한 거짓이 있으며, 사람의 종교에 속한 거짓과 그 외에 많은 거짓들이 있습니다. 여기에서 분명한 것은, 사람의 악은 모두 다 거짓을 동반하고 있다는 것입니다.

사람 자아사랑의 정욕에서 나온 거짓은, 악에 속한 거짓 그 자체이며, 최악의 종류의 악이 자아 사랑에서 나온다는 것입니다. 악은 비극적이고, 가혹하여 실질적으로 사람을 지옥으로 빠지게 하는 경향이 있지만, 거짓에는 그것이 악과 결탁하지 않는 한, 그렇지는 않다는 것입니다. 상황에 따라 선한 거짓을 말하거나, 행동해야 할 때도 있기 때문입니다. 따라서 사람이 천국적인 질서에 맞는 삶을 살기 위해서는 악과 거짓을 버리고, 악과 거짓을 증오해야 하며, 선과 진리와의 결합된 삶이 이루어져야 하는 것입니다. 사람이 선과 진리를 사랑하고, 행하는 만큼, 그의 마음과 삶 속에 천국이 형성되고, 비록 세상에서 살고 있으나, 천계의 천국에 속한 사람으로 살기 때문입니다. 또한 사람이 세상에서 사는 삶이 죽음으로 끝나지 않고, 사람이 죽은 후에도 그 삶이 계속해서 천계로 이어지며, 결국은 천국과 지옥까지 이어지는 영원한 삶이되기 때문입니다.

나를 죽음의 위급한 상황에서
살리신 주님

선교사라고 선교지에서 늘 안전이 보장되는 것은 아닙니다. 선교사들도 나이와는 상관없이 교통사고로 사망하기도 하고, 총에 맞아 죽기도 하고, 병에 걸려 죽기도 하며, 예상치 못한 사고로 죽는 경우들이 선교지에서 비일비재(많음)하고, 선교사 누구나 선교지에서 직접 겪을 수 있는 일들이기 때문입니다. 하지만 사람에 따라 예측할 수 없는 각종 사건사고에서 죽음으로 이어지기도 하고, 죽음의 위기에서 구사일생으로 살아나는 선교사도 있습니다. 똑같은 선교사 이지만, 사고를 당하여 사망하는 선교사가 있는가하면, 죽음의 사선까지 갔다가도 살아서 돌아오는 선교사도 있습니다.

저는 D국 선교지에서 뎅게(뎅게열 바이러스)에 걸렸으나, 뎅게 인지도 모르고, 8일 동

> 예수께서 그들에게 이르시되 항아리에 물을 채우라.
> 연회장은 물로 된 포도주를 맛보고도 어디서 났는지 알지 못하되,
>
> (성경 요 2:7~9)

안을 집에서 몸살 약만 먹고 견디다가 전혀 나아지지 않아, 8일째 되는 저녁 시간에 병원으로 가게 되었습니다. 열대의 나라에서 사람들이 가장 무서워하는 질병이 뎅게 입니다. 해마다 수많은 사람들이 뎅게에 걸려 소중한 생명을 잃고 있기 때문입니다. 뎅게는 모기에 의한 감염으로, 증상은 머릿속에 폭탄이 들어 있는 느낌으로 금방이라도 머리가 폭발할 것 같은 엄청난 고통을 수반합니다. 뿐만 아니라, 온 몸이 몸뚱이로 두들겨 맞은 것처럼 전신의 고통스러운 증상을 온 몸으로 느끼게 됩니다. 이때까지 살아오면서 단 한 번도 뎅게에 걸려본 경험이 없었기에, 심한 몸살 정도로 알고, 몸살 약만 먹고 견디다 너무 고통스러워 8일 만에 병원으로 가게 된 것입니다.

어린 두 딸들만 집에 남겨두고 어두워진 저녁에 병원으로 가는데, 두 딸들이 엄마와 아빠가 병원으로 가는 모습을 보면서 얼마나 우는지 그 때 일을 생각하면, 지금도 마음이 저려 옴을 느낍니다. 한인교회 목사님 아들이 저와 아내를 병원으로 데려가 저녁시간에 병원에 도착하게 되었습니다. 의사가 오더니 저의 상태를 살펴보며, 왜 이제야 왔느냐, 너무 늦게 왔다면서 죽을 수도 있고, 자기가 의사로서 해줄 수 있는 것이 아무것도 없다고 말하면서 저를 독실에 입원을 시켰습니다. 모두가 아는 사실이지만, 병원에서 독실은 죽을 사람 또는 임종직전에 있는 사람을 보내는 곳입니다. 그렇지 않다면 굳이 환자를 입원비용이 가장 비싼 독실에 입원시킬 이유가 없기 때문입니다. 저는 직감적으로 느낌이 좋지 않았고, 여기에서 죽을 수도 있겠다는 생각이 들어, 아내와 두 딸을 생각하니 너무나도 가슴이 아프고 미어졌습니다.

아내는 입원실 침대에 누워있는 제 곁에서 무릎을 꿇고 기도하고, 저도 침상에 누워서 절박한 심정으로 주님께 기도를 드렸습니다. 간호사는 제 혈관에 피가 얼마나 남아있는지 와, 뎅게 바이러스 수치를 알기 위해 수시로 와서 혈관을 체크해 갔습니다. 의사는 한국사람 중에 같은 혈액형을 가진 사람 다섯 명을 데려오라고 했지만, 이미 늦은 저녁시간에 두 명만 와서 수혈도 할 수가 없었습니다. 당시 제 생각에 의사는 제가 더 이상 살 가망이 없다고, 판단을 했던 것 같았습니다. 깊은 밤이 찾아 왔고, 잠도 잘 수 없는 불안함 속에서 계속 기도를 하는데, 주님께서 요한복음 2장의 말씀을 생각나게 해주셨습니다. 저는 순간 이 말씀이 나와 무슨 연관이 있을까를 곰곰이 생각하는데, 놀라운 일이 발생한 것입니다. 간호사가 제 혈관에서 점점 없어지는 피를 체크하다가, 하루가 지난 어느 시점에서부터 없었던 피가 갑자기 다시 생기기 시작하니 놀라지 않을 수가 없었던 것입니다.

성경은 육체의 생명은 피에 있다고 말씀하고 있습니다. 사람은 피가 없이는 살 수가 없습니다. 뎅게는 사람의 모든 피가 사람의 모든 구멍을 통해서 출혈이 되는 무서운 병입니다. 그런데 주님께서는 가나의 혼인집에서 물을 포도주로 바꾸신 거처럼,

제 혈관에 꽂아져 있는 피가 출혈이 되면서 혈관이 굳어지지 않게 혈관을 청소해주는 물 종류의 액체를 피로 바꾸신 것입니다. 이박 삼일 만에 신속한 주님의 기적적인 은혜로 살아서 퇴원하게 되었는데, 병원에서 퇴원하는 날, 의사가 저에게 해준 말이 지금도 생생한 기억으로 남아 있습니다. 내가 의사로서 당신을 치료한 것이 아니라, 당신이 믿는 하나님이 당신을 살리셨다는 놀라운 말을 해주었습니다. 이박 삼일 만에 퇴원을 하는데도, 엄청난 병원비가 나와서 얼마나 힘들었는지 모릅니다. 그래서 주님께서는 저희의 형편을 아시고 저를 신속하게 치료하여 퇴원할 수 있게 하신 것입니다. 저는 병원에서 퇴원하여 하루는 대변이 마려워 급히 화장실에 갔는데, 대변은 나오지 않고, 이미 내 몸 안에서 출혈된 엄청난 양의 피가 변기통에 가득 찬 것을 보고 얼마나 놀랐는지 모릅니다. 그렇게 두 번이나 계속해서 변기통에 피를 가득 쏟아내었습니다.

변기통에 가득 찬 엄청난 양의 피를 보면서, 주님께서 내 혈관에 피를 만들어 공급하지 않으셨다면, 나는 죽을 수도 있었다는 것을 변기통에 가득한 피를 보면서 실감적으로 알게 되었습니다. 의사는 나에게 해줄 수 있는 것이 아무것도 없다고 사형선고나 다름없는 말을 해주었지만, 주님께서는 나의 생명을 죽음의 위급한 상황에서 건지시어 다시 살게 해주셨습니다. "예수께서 이르시되 나는 부활이요. 생명이니 나를 믿는 자는 죽어도 살

겠고, 무릇 살아서 나를 믿는 자는 영원히 죽지 아니하리니 이것을 네가 믿느냐" 라고 말씀하셨습니다. 때로는 위급한 상황에서 인간의 의학도 전혀 도움이 안 될 때가 있지만, 주님의 말씀은 사람을 영원히 살리는 생명의 말씀입니다. 선교지에서 살아오면서 예상치 못한 위기의 순간이 여러 번 있었지만, 그 때마다 주님께서 지켜주시고 보호해 주셔서 내 생애 영원히 잊지 못할 주님의 은혜로운 이야기로 살아서 함께 나눌 수 있게 되어 주님께 감사와 영광을 돌립니다.

사람들이 세상에 사는 동안 가장 좋은 삶

사람의 인생에는 자신이 원하든 원하지 않던 반드시 때라는 것이 있습니다. 사람이 "태어날 때가 있으면, 죽을 때가 있고, 울 때가 있으면, 웃을 때가 있으며, 슬퍼할 때가 있으면, 기뻐 춤출 때가" 있다고 성경은 말해주고 있습니다. 그런데 이 같은 일들이 실질적으로 사람들의 삶 속에서 수시로 일어나고 있는 실제적인 현상이기도 합니다. 그러나 사람이 살아가는 세상의 인생길에서 이 같은 현상 중, 어느 한쪽의 때만 계속적으로 연속되는 것은 아니 다는 것입니다. 서로 상반되어 좋은 때와 나쁜 때가 번갈아가며, 사람의 인생에서 반복 된다는 것을 알 수가 있습니다. 하나님께서 사람들에게 이렇게 하신 것은, 사람들이 애써 수고하고, 마음과 힘을 다하여 자신들의 인생을 살아가게 하기 위함인 것입니다.

이렇게 좋은 것과 나쁜 것

> 사람들이 사는 동안에 기뻐하며, 선을 행하는 것보다 더 나은 것이 없는 줄 내가 알았고 나는 사람이 자기 일에 즐거워하는 것보다 더 나은 것이 없음을 보았나니, 이는 그것이 그의 몫이기 때문이라.
>
> (성경 전도서 3:12, 22)

을 세상에 두어, "사람들로 하여금 영원한 천국을 사모하는 마음"을 갖게 하신 것입니다. 사람은 육적인 존재가 아니라, 영적인 존재이기 때문입니다. 만일 세상에 좋은 것과 좋은 때만 있다면, 사람들은 힘들여 수고하거나, 마음과 힘을 다하여 살아가려고, 노력하지 않을 것입니다. 굳이 사람이 그 어떠한 수고나, 노력을 하지 않아도 모든 날들이 좋은 때만 계속 될 것이기 때문입니다. 뿐만 아니라, 세상에서 좋은 것과 좋은 때만 계속 지속된다면, 사람들은 마음으로 영원한 천국을 사모하지도 않을 것이고, 오히려 이 세상에서 영원히 살기를 원할 것이기 때문입니다.

하지만 이 세상은 보기에 아름다워도, 좋은 것과 나쁜 것이 동시에 공존하고 있기 때문에, 사람들은 더 나은 오직 좋은 것만 있는 영원한 천국을 사모하는 마음을 갖게 되는 것입니다. 이 세상은 사람들이 영원히 살 수 있는 가장 좋은 장소가 아니며, 때가 되면 사람은 누구나 죽어야 하기 때문입니다. 그래서 최고의 지혜 자 솔로몬 왕이 세상에서 사람들이 사는 동안 어떠한 삶을 사는 것이 가장 좋은 삶인지에 대해 알려주고 있습니다. 세상에는 사람과 관련된 수 없이 많은 일들이 있고, 사람들은 죽는 그 날까지 살기 위해서 여러 가지 일들을 하게 됩니다. 하지만 사람에게 해를 끼치는 악한 일들이 있고, 사람에게 유익을 주는 선한 일들이 있습니다. 그런데 최고의 지혜 자 솔로몬 왕은 사람들이 세상에서 사는 동안 가장 좋은 삶이 어떻게 사는 삶인지를 자세하게 알려주고 있습니다. 우리는 이 지혜 자가 알려주는 세상에서 인간의 가장 좋은 삶이 어떠한 삶인지를 알아야 합니다.

*** 세상에 사는 동안 기뻐하며 선을 행하라 ***

사람이 사는 인생에는 좋은 때만 있는 것이 아니라, 나쁜 때도 있는데, 최고의 지혜 자 솔로몬 왕은 자신의 인생에서 어떠한 때를 만나든지 "기뻐하라고" 알려주고 있습니다. 우리의 삶이 너무나 고통스럽고, 죽을 지경에 놓여 있는데, 이러한 상황에서도 기뻐하고, 감사한다는 것은 결코 쉬운 일이 아닙니다. 우리가 세상에서 사는 동안 원치 않았는데도, 최악의 일들을 겪어야 하는 그러한 때들이 누구에게나 닥치기 때문입니다. 그럼에도 솔로몬 왕은 우리가 사는 인생에서 좋은 때든, 나쁜 대든, 그 어떠한 때든, "기뻐하며, 선을 행하는 것보다 더 나은 것이 없다"고 알려주고 있습니다. 우리의 인생에서 발생한 문제로 인하여 성경대로 살아보는 것도, 우리에게 좋은 경험이 될 수 있다는 좋은 가르침입니다. 성경은 "사람이 세상에서 사는 동안 기뻐하며, 선을 행하는 것보다 더 나은 삶이 없다"고 말씀하고 있기 때문에, 우리는 인간적인 수단과 방법보다는 오히려 성경적인 방법으로 우리의 상처받은 마음을 치유하고, 인생문제를 해결하는데 더 효과적일 수 있습니다. 우리의 삶속에서 직면하는 여러 가지 문제와 원치 않는 나쁜 일들을 만나게 될 때, 인간적인 생각과 방법을 사용하기 보다는, 먼저 기뻐하고, 선한 방법을 사용할 것을 성경은 우리에게 가르쳐주고 있기 때문입니다.

수학 문제가 아무리 어려워도 푸는 과정이 어려울 뿐, 반드시 해답이 있습니다. 우리가 사는 인생에서 발생하는 크고 작은 모든 문제에도 해답이 있습니다. 해답이 없는 문제는 문제가 될 수 없기 때문입니다. 사람이 정말 감당할 수 없는 상황 앞에서 걱정하고, 불평하고, 괴로워하고, 다툰다고 해서 결코 상황이 좋아지는 것은 아닙니다. 오히려 사람의 마음만 상하고, 고통이 더 가중될 뿐입니다. 어떤 사람들은 모든 것을 포기하고, 극단적인 선택을 하는 사람들도 있습니다. 이 극단적인 선택은 어떠한 경우를 막론하고, 좋은 선택과 좋은 방법이 아니 다는 것을 반드시 알아야 합니다. 극단적인 선택은 그 사람의 영혼과 인생을 송두리째 파멸시키는 돌이킬 수 없는 최악의 방법인 것입니다. 최고의 지혜 자 솔로몬 왕은 우리 인생의 모든 상황에는 때가 있다고 알려주는데, 나쁠 때가 있으면, 좋은 때도 있게 되어 어느 한쪽의 때만 계속되지 않는다는 것을 말해주고 있습니다.

사람이 사는 인생에서 나쁜 때만 계속해서 연속되지 않기 때문입니다. 우주만물에는 질서와 균형이 있고, 하루에는 낮과 밤이 공존하기 때문에, 어느 한쪽만 지속되지는 않는 것입니다. 제가 경험한 바에 의하면 아무리 고통스럽고, 최악의 절망적인 때일지라도 끝까지 최선을 다하면 반드시 좋은 때가옵니다. 문제는 많은 사람들이 세상에 사는 동안 수시로 걱정하고, 불평하고, 괴로워하고, 부정적인 생각을 하면서 살고 있다는 것입니다. 그래서 성경은 "우리에게 어떠한 때를 만나든지 기뻐하고, 선을 행하는 삶이 가장 좋은 인생"이 다고 가르쳐주신 것입니다. 말이 그렇지 최악의 상황에서 기뻐하며 선을 행한다는 것은 거의 불가능에 가까운 현실입니다. 그럼에도 성경은 "범사에 감사하고, 항상 기뻐하라고" 말해주고 있습니다. 우리의 인생에는 이러나 저러나 어차피 좋은 것과 나쁜 것이 번갈아가며, 원하든 원치 않던 때를 따라 발생하게 되기 때문입니다. 그때 마다 좋지 않은 인간적인 대처방법 보다는 성경적인 대처방법이 더 좋은 방법이기 때문에, 성경은 우리에게 범사에 감사하고, 항상 기뻐하라고 가르쳐주신 것입니다.

왜냐하면 사람들이 세상에 사는 동안 기뻐하며, 선을 행하는 것보다 더 나은 것이 세상에는 없다고, 최고의 지혜 자 솔로몬 왕이 가르쳐주고 있기 때문입니다. 이보다 더 나은 방법이 있었다면, 성경은 이에 대해 알려주셨을 것입니다. 전도서는 최고의 지혜 자 솔로몬 왕이 신구약 성경을 통틀어 요약한 것으로, 사람의 인생에 대해 가장 사실적이고, 현실적으로 풀이해서 가르쳐주고 있습니다. 솔로몬은 왕으로서, 또한 가장 지혜로운 자로서,

자신이 하고 싶은 모든 것을 금하지 않고, 자신이 원하는 모든 것
들을 다 해본 후에, 어떻게 사는 것이 가장 좋은 삶인가를 깨달아
알아서 우리에게 알려주고 있는 것입니다. 사람이 사는 삶이 부
유하든 가난하든 평탄하든 굴곡이 심하든, 그 삶이 어떠한 삶이
냐가 중요한 것이 아니라는 것입니다. 솔로몬 왕은 지혜 자나 우
매 자나 세상에서 당하는 일이 똑같고, 부유한자나 가난한자나
인생 자체가 괴로운 것이라고 말해주고 있습니다. 그렇기 때문에
사람에게 정말 중요한 것은, 사람이 세상에 사는 동안 "자신의
삶을 기뻐하고, 감사하며, 자신의 삶 속에서 선을 행하는 것이 가
장 좋은 삶"이라고 솔로몬 왕은 최고의 지혜자로서, 수많은 시행
과 경험을 통해 얻은 지혜를 우리에게 알려주고 있는 것입니다.

중요한 것은 우리가 어떻게 기뻐하고, 감사하며, 선을 행하느
냐 하는 것입니다. 다윗 왕은 이에 대해 "여호와를 의뢰하고, 악
에서 떠나 선을 행하면 영원히 살수 있다고" 알려주고 있습니다.
또한 "여호와를 기뻐하라 그리하면 그가 우리 마음의 소원을 이
루어주신다고" 보다 더 직설적으로 우리에게 가르쳐주고 있습니
다. 성경은 "주안에서 항상 기뻐하라고" 우리가 기뻐해야 하는
이유를 알려주고 있습니다. 그냥 아무런 이유 없이 기뻐하는 것
이 아니라, 주안에서 기뻐해야 한다고 가르쳐주고 있습니다. 우
리가 주 안에서 기뻐해야함은 "사랑과 평강의 하나님이 우리와
함께 계시기" 때문이고, 주안에서 기뻐하고, 범사에 감사하는 것

이 "그리스도 예수 안에서 우리를 향하신 하나님의 뜻이라고" 알려주고 있기 때문입니다.

그러므로 사람이 기뻐하고, 감사하며, 선을 행하는 삶을 살기 위해서는 여호와 하나님을 의지하고, 여호와 하나님이신 주님 안에 있어야 한다는 것입니다. 우리가 주안에서 기뻐하는 것이 예수 안에서 우리를 향하신 하나님의 뜻이기 때문입니다. 이것은 우리가 주안에서 기뻐하고, 감사하며, 선을 행할 때, 우리의 고난과 역경 속에 "사랑과 평강의 하나님이 우리와 함께" 하신다는 것입니다. 사도 베드로는 "선을 행함으로 고난 받는 것이 하나님의 뜻으로 악을 행함으로 고난 받는 것보다 낫다"고 말해주고 있습니다. 뿐만 아니라, 우리에게 고난이 필요한 것에 대해 다윗 왕은 내가 고난당하기 전에는 그릇 행하였으나 이제는 주의 말씀을 지키는 자가 되었다"고 말해주고 있습니다. 우리가 주안에 있어야 우리의 고난과 역경 속에서도 하나님의 위로와 은혜와 능력을 깨닫게 되고, 잘못된 것에서 돌이킬 수 있게 되는 것입니다. 또한 무엇보다도 "우리의 삶 속에서 선을 행함으로 우리가 영원히 살 수 있게 된다고" 성경은 더 명확하게 알려주고 있습니다. 그래서 성경은 "주안에서 항상 기뻐하고, 범사에 감사하며, 악에서 떠나, 선을 행하는 삶이 사람에게 가장 좋은 인생"이라고 가르쳐주신 것입니다. 이 세상에서 사람이 사는 동안 사람을 위해 이보다 더 나은 삶의 방법이 더 이상 없기 때문입니다.

*** 세상에 사는 동안 자기 일에 즐거워하라 ***

　사람들이 세상에서 사는 동안 가장 현실적인 문제는, 무슨 일을 하며 살 것인가 하는 것입니다. 자신의 마음과 적성에 잘 맞는 일을 찾아서 자신이 원하는 일을 하는 사람들은 그래도 괜찮은 사람들입니다. 하지만 대부분의 사람들은 자신의 적성과는 상관없이 자신과 잘 맞지 않아도, 살기위해 어쩔 수 없이 일을 하는 사람들도 많이 있습니다. 심한 경우에는 자신과 전혀 맞지 않는 일인데도, 어쩔 수 없이 그 일에 종속되어 평생 동안 일한 사람들도 있습니다. 세상에는 헤아릴 수 없을 정도로 수없이 많은 종류의 일들이 있지만, 현실에서 자신이 좋아하고, 원하는 일을 찾기란 대단히 어려운 것입니다. 그래서 자신의 의도(하고자 하는 생각)와는 다를지라도 돈을 벌어야 하고, 살기 위해 어쩔 수 없이 일을 해야 하는 경우가 참으로 허다하기 때문입니다.

　최고의 지혜 자 솔로몬 왕은 사람이 세상에서 사는 동안 어떤 일을 하느냐가 중요한 것이 아니라, 사람이 현재하고 있는 "자기 일에 대해 즐거워하는 것보다 더 나은 것이 없다고" 알려주고 있습니다. 솔로몬 왕은 사람이 세상에서 어떤 일을 하든지 자신이 하고 있는 일에 대해 즐거워하는 것이 가장 좋은 삶이라고 가르쳐주고 있습니다. 이것이 사람 "각자에게 주어진 각자 인생의 몫이라고" 알려주고 있습니다. 사람에게 가장 좋은 삶이란, 어떤 일을 하느냐에 있는 것도 아니고, 많은 것을 소유한데 있는 것도 아니며, 돈을 많이 벌 수 있는 일에 있는 것이 아니 다는 것입니다. 현실에서 "사람 자신이 하는 일에 대해 즐거워하는 것보다 세상에는 더 나은 것이 없다고" 최고의 지혜 자 솔로몬 왕이 가르쳐주고 있기 때문입니다. 그래서 현재 사람 자신이 하고 있는 일이 있다면, 그 일에 대해 부정적인 생각보다는 즐거워하는 마음을 갖아야 삶이 좋아지고 행복해진다는 것입니다. 사람이 세상에서 어떠한 일을 하든지, 세상에서 하는 일들이 사람을 온전히 만족하게 하는 일이란 없기 때문입니다.

사람들은 보다 나은 인생을 일에서 찾고, 돈과 가진 것에서 찾으며, 좋아진 상황이나 환경에서 찾으려고 하는 경향(행동이 어떤 방향으로 기울어짐)이 매우 강합니다. 사람들은 현실에서 눈에 보이는 것과, 실질적인 것들에 더 나은 인생이 있다고 여겨, 이러한 것들을 잡기 위해 지나칠 정도로 일들에 집착을 합니다. 사람들이 생각하는 가치관과 행복은 눈으로 볼 수 있어야 하고, 현실에서 실질적으로 느낄 수 있어야 하기 때문입니다. 하지만 성경은 이러한 것들에 더 나은 인생이 있다고 말씀하지 않습니다. 성경은 사람이 세상에서 사는 동안 "자기가 하는 일에 대해 즐거워하는 것이 세상에서 가장 좋은 인생"이라고 알려주고 있기 때문입니다. 눈에 보이는 것들과 사람이 소유한 것들에 인생의 가치와 행복이 있다면, 굳이 성경에 이런 말씀이 쓰여 있지 않았을 것입니다.

그러므로 우리가 현재 하고 있는 우리의 일에 대해서 부정적이고 비관적인 생각을 해서는 안 되는 것입니다. 오히려 우리가 하는 일들에 대해 즐거워하는 마음을 갖는다면, 우리는 세상에서 가장 좋은 삶을 살수가 있게 되는 것입니다. 결국 행복한 삶과 보다 나은 삶이란 눈에 보이고, 느끼는 것에 있기 보다는, 우리 자신이 하는 일에 즐거워하는 마음을 갖는 것에 있다는 것입니다. 솔로몬 왕은 이에 대해 "마음의 즐거움은 만병을 치료하는 효과가 탁월한 양약 같지만, 심령의 근심은 뼈를 마르게 한다고" 알려주고 있습니다. 사람의 마음이 즐겁지 못하면, 무슨 일을 하든, 무엇을 먹든, 마음에 고통이 쌓이게 됩니다. 괴로운 마음으로는 어떠한 일을 할지라도 기쁨과 행복이 없다는 것을 말해주고 있습니다. 기쁨과 괴로움의 근원이 사람의 마음에 있기 때문입니다. 그래서 사람은 일에서 기쁨과 행복을 찾으려고 하기보다는, 일에 대한 마음을 바꾸고, 현재 자신이 하는 일에 대해 마음이 기뻐하고, 즐거워하게 해야 하는 것입니다.

솔로몬 왕은 이어서 "마음의 고통은 자신이 알고, 마음의 즐거움은 다른 사람이 참여하지 못한다고" 직설적으로 말해주고 있습니다. 사람이 세상에 사는 동안 무슨 일을 하느냐가 가치 있고, 중요한 게 아니라, 무슨 일을 하던 자기가 하는 일에 대한 마음의 즐거움이 최고라는 것입니다. 하지만 사람이 불의하고, 악한 일들을 하면서 그 일들을 즐기고, 즐거워하는 것은 자신의 삶과 자신의 영혼을 파멸시키는 가장 사악한 행위인 것입니다. 그래서 진정한 마음으로 즐거워하기 위해서는 자신이 하는 일에 진리와 선이 결합되어 있어야 하는 것입니다. 성경은 이에 대해 "불의와 함께 기뻐하지 말고, 진리와 함께 기뻐하라고" 알려주고 있기 때문입니다. 진리와 함께 기뻐하라는 것은 진리의 본질인 선한 것과 함께 기뻐하라는 말씀인 것입니다. 사람이 세상에 사는 동안 선한 마음과 선한 행위와 함께 자신의 일을 즐거워하는 삶을 사는 것이, 가장 좋은 삶이라고 성경은 가르쳐주고 있기 때문입니다.

사람은 세상에 사는 동안 자신의 삶 속에서 많은 일들을 겪게 됩니다. 좋을 때와 나쁠 때가 번갈아가며, 수시로 사람의 삶을 기쁘게도 하고, 고통스럽게도 합니다. 사람이 세상에 사는 동안 이와 같은 일들이 죽는 그날까지 계속된다는 것입니다. 이러한 이유로 인간은 세상에 사는 동안 세상에 대한 지나친 욕심과 탐욕을 버려야 하는 것입니다. 왜냐하면 인간의 지나친 탐욕과 욕심이 인간의 행복을 망가뜨리고, 인간의 삶을 비참하게 만들기 때문입니다. 오히려 어떠한 때를 만나든지 "기뻐하고, 감사하며, 선을 행하는 사람이" 주님의 뜻을 따르는 사람인 것입니다. 사람이 세상에 사는 동안 때가 좋은 때이든, 나쁜 때이든, 그 어느 때를 만나든 "기뻐하고, 감사하며, 선을 행하는 것이 사람에게 가장 좋은 삶이고, 영원히 살게" 되는 방법이라고 성경이 가르쳐주고 있기 때문입니다.

사람은 자신이 하고자 하는 일에서 인생의 가치와 의미와 행복을 찾으려고 합니다. 하지만 얼마나 많은 사람들이 자신이 하고 있는 일에서 인생의 가치와 의미와 행복을 자신이 바라는 만큼 찾고 있을까요. 저도 이 전도서의 말씀을 깊이 묵상하기 전까지는 세상 사람들과 똑같이, 내가 하고자 하는 일에서 인생의 가치와 의미와 행복을 찾아야 한다고 생각했던 사람이었습니다. 무엇이 나에게 가장 좋은 일일까를 수없이 생각하며, 내가 좋아하는 일을 찾아보려고 무척 애를 썼지만, 생각하는 것처럼 그렇게 쉽지가 않았습니다. 나의 생각이 잘못된 것은, 내가 하고자 하는 일에서 내가 좋아하는 일을 찾으려 했었고, 내가 좋아하는 일에 기쁨과 행복이 있다고 잘못 생각했기 때문입니다.

성경은 내가 하고자 하는 일에 인생의 가치와 의미와 행복이 있는 것이 아니라, "현재 내가 하는 일을 즐거워하고, 기뻐하는 것보다 더 나은 것이 없다"고 알려주고 있습니다. 그러므로 그 누구든 현재 자신이 하고 있는 일을 즐거워해야 가장 좋은 인생을 사는 것입니다. 내가 현재 하고 있는 일을 남들의 일과 비교할 필요도 없고, 남들이 얼마를 벌든 부러워 할 것이 아니라, 내가 하는 일에서 나의 마음이 즐거워하고, 기뻐해야 한다는 것입니다. 현재 자신이 하고 있는 일에 마음 적으로 즐거워하지 못한다면, 시간을 낭비하지 말고, 자신이 즐거워 할 수 있는 일을 찾든지 아니면 마음을 바꾸던지 해서 자신의 인생과 마음이 즐거운 삶이 되게 해야 합니다. 하지만 "불의하고, 악한 일들과 기뻐하지 말고, 진리와 함께 기뻐하고, 항상 선을 따라야" 한다고 성경은 말해주고 있습니다. 왜냐하면 사도 요한은 "선한 일을 행한 자는 생명의 부활로 영원히 살 수 있지만, 악한 일을 행한 자는 심판의 부활로 지옥으로 가야하기" 때문에, 진리와 함께 선한 삶을 살아야 한다는 것을 확실하게 가르쳐주고 있습니다. 사람이 세상에 사는 동안 "기뻐하며 선을 행하는 것과 현재 자신이 하고 있는 일에 대해 즐거워하는" 이 두 가지는 죽는 그날까지 자신의 인생에서 반드시 해야 하는 일이라고 최고의 지혜 자 솔로몬 왕이 우리에게 알려주고 있습니다. 왜냐하면 이 두 가지가 사람 자신의 삶의 몫이고, 또한 세상에는 사람이 살아가는데 있어서 이 두 가지보다, 더 나은 것이 없다고 수많은 경험과 지혜와 시행착오를 겪어 깨닫게 된 최고의 지혜 자 솔로몬 왕이 우리에게 가르쳐주고 있기 때문입니다.

참 나는 무엇인가

사람에게는 서로 다른 두 가지, 생각과 의도(뭔가를 하려는 생각)가 있습니다. 하나는 육신만을 위하여 살고자 하는 생각과 의도이고, 다른 하나는 영(인간의 본질 또는 참나)을 따라서 살고자 하는 생각과 의도입니다. 사람은 자신의 삶 속에서 이 두 가지 생각과 의도로 나누어지게 됩니다. 모든 사람은 종교가 있든 없든, 이 두 영역에서 살아가고 있습니다. 왜냐하면 종교인이라고 해서 모두가 영을 따라서 사는 것은 아니며, 비종교인이라고 모두가 육을 위해 사는 것도 아니기 때문입니다.

그런데 세상에는 영의사람(참나 사람의 본질)이 무엇인지 알려고 하지도 않고, 관심도 없이 사는 사람들이 너무 많다는 것입니다. 영의사람은 사람 눈으로는 볼 수 없는, 사람 내면에 있는 영적인 존재이기 때문입니다. 성경은 이 사람의 영

> 육신을 따르는 자는 육신의 일을,
> 영을 따르는 자는 영의 일을 생각하나니,
> 육신의 생각은 사망이요.
> 영의 생각은 생명과 평안이니라.
>
> (성경 롬 8:5~11)

적인 존재를 속사람 또는 영의사람이라고 알려주고 있습니다. 그런데 성경은 "육신을 따라 살지 말고, 영을 따라 살아야 한다고" 가르쳐주고 있습니다. 이것은 눈으로 보이는 육의 존재보다는, 보이지 않는 사람의 영적인 존재가 더 중요하다는 것을 알려주고 있습니다. 하지만 많은 사람들은 오직 보이는 것에만 집착(어떤 것에 마음이 쏠려 매달리는 것)하고 관심을 갖는다는 것입니다. 그런데 성경은 이에 대해 "보이는 것은 일시적이고, 보이지 않는 것이 영원한 것이라고" 알려주고 있습니다. 사람들이 세상에서 보이는 것들에만 지나치게 집착하게 되면, 보이지 않는 영원한 존재와 세계를 전혀 생각하지 않고 살게 되는 것입니다.

그럼에도 정말 중요한 것은 모든 사람에게는 눈으로 볼 수 있는 사람과, 눈으로 보이지 않는 두 사람이 동시에 한사람 안에 존재하고 있다는 것입니다. 성경은 눈에 보이는 사람을 "육의사람이라 말하고, 눈에 보이지 않는 사람을 영의사람이라고" 알려주고 있습니다. 뿐만 아니라, 성경은 "사람에게 육의 몸이 있은 즉 또한 영의 몸도 있다고" 가르쳐주고 있습니다. 사람은 그 누구든 자신의 본질이 무엇이고, 자신 안에 있는 영의사람에 대해 죽기 전에 반드시 알아야만 합니다. 사람의 삶은 이 세상에만 살도록 제한되어 있지 않고, 사람이 죽은 후 사후세계까지 계속 이어지는 영원한 삶이기 때문입니다. 사람은 자신의 본질이 무엇인지를 제대로 알아야, 자신의 참 생명과 인생을 비참하게 하거나, 헛되이 살지 않게 되는 것입니다. 이것이 이 세상에서 사람이 죽음을 맞이하기 전에 반드시 알아야하고, 하루라도 빨리 깨달아야 하는 대단히 중요한 실제적인 것입니다. 사람이 죽은 후 사후세계에 가서 이 사실을 알게 되었을 때는, 이미 돌이킬 수 없는 진짜 자신의 비참한 모습을 보게 되기 때문입니다. 참 나가 무엇인지를 이 세상에서 알지 못하면, 죽은 후 사후세계에서 참 나를 보았을 때, 엄청난 충격에 빠지게 될 것입니다. 사람 눈에 보이는 육신이 참 나가 아니라, 사람 내면에 있는 영적인 존재 곧 영의사람이 참 나이기 때문입니다.

*** 육의 사람 ***

사람이 육신에 관련된 것들만을 생각하고, 육신적인 것들에만 집착하는 사람이 되면, 사람은 눈에 보이는 육신이 원하는 것만을 위해 사는 사람이 됩니다. 사람이 육에 속한 사람은, 자신의 육신과 눈에 보이는 세상적인 것만을 추구하고, 그러한 것들을 쫓아서 사랑하는 사람이 되는 것입니다. 사람이 육에 속한 사람은, 육신의 욕구(육신이 바라는 일)와 눈에 보이는 것들의 욕구와 소유하는 것들에 대해 지나치게 애착을 갖는 사람이 됩니다. 그런데 성경은 이러한 사람들에 대해 "사람의 육에 속한 생각과 행위는 죽은 것이라고" 알려주고 있습니다. 사람의 육신적인 생각은 "하나님과 원수가 되고, 하나님의 말씀을 따르지 않으며, 하나님을 기쁘시게 하지 못하는" 원인이 된다고, 성경은 그 이유를 자세하게 알려주고 있습니다. 왜냐하면 육신적인 사람들은 보이는 세상에만 관심이 있고, 보이는 육의사람에게 집착하며, 보이는 것들에만 가치를 부여하고, 보이는 것들에만 마음을 두고 살기 때문입니다.

사람이 육의사람이 되고, 영의사람이 되는 것은, 그 사람의 생각과 의지(어떤 것을 이루려는 마음)에 의해 되는 것입니다. 사람의 생각과 의지는 사람의 의도(뭔가를 하려는 생각)에 달려 있기 때문입니다. 그래서 세상적인 것들을 좋아하는 사람들은 사람의 외적인 육신과 관련된 일들을 생각하고 의도하지만, 영적인 진리를 좋아하는 사람들은 사람의 내적인 영의사람을 위한 것들을 생각하고, 의도하게 되는 것입니다. 야고보는 이에 대해 "육신의 생각은 죄를 낳고, 죄는 가장 악한 죽음을 낳는다고" 말해주고 있습니다. 이것은 사람이 보이는 육신만을 위하는 생각으로 사는 인생은, 결국 죽음을 통하여 사람의 본질(영의사람)이 지옥으로 가게 된다는 것을 명확하게 가르쳐주고 있는 것입니다. 성경은 육신의 일들에 대해 주의하라 가르쳐주시며, 이러한 "육신의 일들을 하는 자들은 하나님의 나라를 유업으로 받지 못한다고" 아예 직설적으로 말해주고 있습니다. 육체의 일은 현저하니 "음행과

더러운 것과 우상숭배와 주술과 원수 맺는 것과 분쟁과 시기와 화냄과 당을 짓는 것과 분열과 이단과 투기와 술 취함과 방탕함과 또 그와 같은 것들로서" 하나님의 나라를 유업으로 받을 수 없게 하는 것들이라고 상세하게 알려주고 있습니다.

사람은 그 누구든 하나님의 나라를 유업으로 받지 못한다면, 죽은 후 어디로 가야 하나요. 사람의 인생은 이 세상에서의 삶과 죽음으로 끝나지 않고, 사람이 죽은 후에도 계속해서 사후세계를 거쳐 천국과 지옥으로 연속되어지기 때문입니다. 그래서 천국과 지옥이 있는 것이고, 천국이나 지옥은 눈에 보이는 사람의 육체가 가는 곳이 아닙니다. 사람의 육신은 죽음의 날에 흙으로 돌아가 흙의 일부가 되지만, 눈에 보이지 않았던 사람의 본질인 영의사람이 천국이나 지옥으로 가게 되는 것입니다. 사람의 영이 인간의 본질이고, 사람의 참 생명이기 때문입니다. 사람이 죽어서 천국과 지옥으로 가는 결과에는 반드시 원인이 있는데, 그것은 사람이 이 세상에서 그의 생각과 의지에 따라, 의도한대로 살았던 그 사람의 마음과 삶에 의한 결과인 것입니다.

사람의 모든 결과는, 그 사람의 생각과 의지의 원인에서 비롯되는 것입니다. 원인이 없는 결과는 결코 있을 수 없기 때문입니다. 따라서 사람이 육신적인 생각과 의지대로 살았다면, 당연히 지옥으로 가는 것이고, 영적인 생각과 의지대로 육신의 일들을 주의하며, 살았다면 천국으로 가는 것입니다. 그러기에 사람은 자신의 본질이 육이 아니라는 것을 속히 알아야 하고, 육신적인 욕망(지나치게 탐하는 욕심)을 따라 살지 말아야 하며, 자신의 본질인 영의사람을 알아 영의사람을 위하는 삶을 살아야 하는 것입니다. 사람의 육신적인 생각과 일들은 악하고 거짓되고, 진리를 거스르며, 하나님과 원수가 되게 하여. 사후세계에서 하나님의 나라를 유업으로 받지 못하게 하는 비참한 결과를 초래하기(일의 결과로서 어떤 현상을 생겨나게 함) 때문입니다.

*** 영의사람 ***

사람이 생각하고, 의도하는 본질이 보이는 육이 아니라, 사람 내면에 있는 영의사람이라는 사실을 알아야, 지나치게 육신적으로 집착하는 삶을 살지 않게 되는 것입니다. 사람의 생각과 의도의 본질이 사람의 내면에 있는 영의사람에서 비롯되기 때문입니다. 사람의 모든 이성(인간의 본질적 특성으로 선악을 바르게 판단하는 능력)적인 활동들이 눈에 보이는 육에서 나오는 것이 아니라, 사람의 내면에 있는 영의사람에서 나온다는 것을 알아야, 사람의 마음과 삶이 바뀔 수 있는 것입니다. 그래서 성경은 이에 대해 "영이 없는 몸은 죽은 것이라고" 알려주고 있습니다. 사람이 생각하고, 느끼고, 의도하고, 행동하는 모든 것들이 사람의 내면에 있는 영의사람에 의해 이루어지기 때문에, 영의사람은 반드시 진리의 인도를 받아야 바르게 생각하고, 바른 삶을 살 수 있게 되는 것입니다. 사람 눈에 보이는 육이 사람의 본질적인 실체가 아니라, 보이지 않는 사람, 곧 사람의 내면에 있는 영의사람이 실체이고, 사람의 본질이기 때문입니다.

사람은 누구나 때가 되면 죽게 되어 있습니다. 하지만 사람이 죽을 때, 그의 육신은 죽지만, 그 사람의 내면에 있는 영의사람은 죽지 않는다는 것입니다. 왜냐하면 보이는 육이 사람의 실체가 아니라, 보이지 않았던 영의사람이 사람의 진짜 실체이고, 영원한 영적인 존재로 창조되었기 때문입니다. 사도요한은 이에 대해 "살리는 것은 영이니, 육은 무익하니라. 내가 너희에게 이른 말이 영이요, 생명이라고" 사람 내면에 있는 영의사람이 곧 사람생명의 실체이고, 진짜 본질임을 알려주고 있습니다. 사람에게 죽음의 현상은 영의사람과 육의사람의 분리를 뜻하고, 의학적인 용어로는 유체이탈이라 말하며, 사람의 육은 죽어도 영의사람은 여전히 사람의 모습으로 살아있게 되는 것입니다. 사람의 육이 살아 있는 것은, 영의사람이 사람 속에 존재하고 있기 때문입니다. 이것을 대행 체라고 하는데, 이 대행 체에 대해 성경은 "살리는 것은 영이니 육은 무익하다고" 알려주신 것입니다. 사람은 이 대행 체인 영의사람으로 인해 살아 있는 것이지, 사람의 육자체로는 생명이 없기 때문에 살 수가 없는 것입니다.

그렇기 때문에 영의사람이 사람의 육에서 떠나는 순간, 사람의 육은 그 즉시 죽음을 맞이하게 되는 것입니다.

사람이 육적인 눈으로 보고, 귀로 듣는 것이 아니라, 대행 체인 영의사람의 청각기관과 시각기관으로 보고 듣는 것이며, 이것이 사람 속에 있는 영의사람의 기능인 것입니다. 사람에게 영의사람의 기능이 없이는, 사람의 몸 자체로 할 수 있는 것은 아무것도 없기 때문입니다. 사람의 몸이 하는 모든 것들은 실질적으로 몸이 하는 것이 아니라, 사람의 실체요 본질인 사람 속에 있는 영의사람이 하는 것입니다. 영의사람은 형태를 갖추고 있는데, 그 형태는 사람과 똑같은 모습입니다. 부자와 거지나사로는 죽어서도 천국과 지옥에서 서로를 알아보았다는 사실이, 영의사람의 형태가 사람과 똑같은 모습이었다는 것을 명백하게 보여주고 있는 것입니다. 영의사람이 사람의 모습을 하고 있지 않았다면, 부자와 거지나사로는 사후세계에서 서로를 알아 볼 수 없었기 때문입니다.

뿐만 아니라, 사람은 죽어서도 영의사람은 세상에서 살았을 때와 똑같이, 모든 기능과 모든 감각을 모두 다 가지고 있다는 사실입니다. 이것은 사람의 모든 감각적인 기능과 생각하는 기능이 육에 있지 않고, 사람 속에 있었던 영의사람에 있었다는 사실을 아주 명확하게 알려주는 것입니다. 그렇기 때문에 사람의 몸은 죽었어도, 그의 영의사람은 살아서 세상에서 살았을 때와

똑같이 사후세계에서도 보고, 듣고, 생각하고, 말하고, 느끼게
되는 것입니다. 이것은 사람의 본질이 육이 아니라, 사람 속에
있는 영의사람이 사람의 본질이고, 사람의 진짜 실체임을 반드
시 알아야 하는 이유입니다.

　이러한 이유로 사람은 보이는 육을 따라 살지 말라고 성경이
가르쳐주는 이유입니다. 사람은 그 누구든 보이지 않는 참 나인
영의사람을 위해서 살아야, 사람이 바른 삶을 살 수 있게 된다는
것을 마음 깊이 명심해야 합니다. 이것은 사람만이 가장 내적인
영적인 존재를 갖고 있기 때문입니다. 성경은 이 사람의 내적인
영적인 존재에 "하나님의 성령이 거주하는 하나님의 처소라고"
알려주고 있습니다. 이것은 주님의 성령이 사람의 내적인 영적
인 존재에 임하시고, 사람의 이 내적인 영적인 존재가 주님의 성
령과 결합 할 수 있게 되는 것입니다. 사람이 이 세상에서 사람
의 영적인 존재가 주님의 성령과 결합하지 않는 모든 것은 아무
런 의미가 없기 때문에, 모두 다 사라지게 되는 것입니다. 사람
이 사람인 것은 사람만이 가장 내적인 영적인 존재를 가지고 있
고, 사람의 이 내적인 영적인 존재에 주님의 성령이 임하시고,
천국이 형성되기 때문입니다. 뿐만 아니라, 사람이 죽어서도 영
원히 살 수 있는 것은, 사람의 존재가 내적으로 영적인 존재이기
때문입니다. 이러한 이유로 사람이 죽은 후에도, 사후세계의 천
계에서 여전히 사람의 모습으로 산다는 것은 영원한 불멸의 진

리입니다.

부자와 거지나사로는 죽었지만, 한 사람은 지옥에서, 다른 사람은 천국에서 이 세상에서처럼 똑같은 사람의 모습으로 있었습니다. 두 사람은 동시에 천국과 지옥에 있었지만, 이 세상에서처럼 모든 것을 보고, 말하고, 느끼고, 생각도 한다는 사실을 우리에게 사람 속에 있는 영의존재를 천국과 지옥에서 현실과 똑같이 보여주고 있는 것입니다. 사람은 죽어도, 영의사람은 천계의 천국과 지옥에서 사람의 모든 감각을 이 세상에서처럼 똑같이 향유하고, 실제로 느낀다는 것을 알려주신 것입니다. 그래서 사람은 육적인 사람에서 영적인 사람으로 변화 되어야 하고, 영적인 일들을 생각하며, 자신의 본질인 영의사람을 위해서 살아야 하는 것입니다. 성경은 이에 대해 "사람이 육의 생각대로 살면 죽어서도 지옥에 이르지만, 영의 생각은 죽어서도 생명과 평안이고, 하나님의 나라를 유업으로 받을 수 있다고" 가르쳐주고 있기 때문입니다.

사람의 몸은 생각하는 기능과 의지(뭔가를 이루고자 하는 마음)의 기능을 가지고 있지 않습니다. 사람의 생각과 의지의 행위는 사람 내면에 있는 영의사람이 하는 것이기 때문입니다. 사람을 사람답게 하고, 사람의 특성을 나타내는 것은 사람의 생각과 의지의 행위로 나타나는 두 기능 때문입니다. 사람이 죽은 이후에는,

사람의 이 두 기능이 세상에서 무엇에 대한 애정을 갖고 살았는 지에 의해 천국이나 지옥으로 나누이게 되는 것입니다. 성경은 이에 대해 "육과 영의 온갖 더러운 것에서 자신을 깨끗하게 하라 고" 알려주고 있습니다. "영의사람은 성령의 인도를 받아 성령 을 따라 행함으로 육체의 욕심을 이루지 않는 사람이라고" 성경 은 영의사람이 어떠한 사람이 되어야 하는지에 대해 명확하게 알려주고 있습니다. 영의사람은 온유하며, 선행을 좋아하고, 교 만하지 아니하며, 무례히 행하지 아니하고, 악한 것을 생각하지 아니하며, 거짓으로 사기 치지 않고, 진리와 함께 기뻐하며, 사 랑으로 행하는 사람이라고, 사람 내면에 있는 영의사람이 어떠 한 사람이 되어야 하는가를 상세하게 알려주고 있습니다.

　사람의 육신은 죽으면, 흙의 일부가 되고, 먼지가 됩니다. 사 람의 육신은 사람이 세상에서 사는 동안만 유용한 일시적인 물 체입니다. 사람의 육은 영의사람의 도구이지, 사람생명의 본질 이 아니기 때문입니다. 우리는 사람의 본질이 육이 아니라, 영의 사람이라는 사실을 결코 잊어서는 안 되는 것입니다. 성경은 "사 람 내면에 있는 영의사람 속에 주님의 성령이 거주하신다고" 가 르쳐주고 있습니다. 뿐만 아니라, "그리스도께서 너희 안에 계시 면, 몸은 죄로 말미암아 죽은 것이나, 영은 의로 말미암아 살아 있는 것이 다고" 보다 더 확실하게 알려주고 있습니다. 사람이 죽은 후 그 영의사람이 하나님의 나라에서 영원히 살기 위해서는 그 영의사람 안에 주님의 성령이 거주하고 있어야 하는 것입니다. 사도 바울은 "우리가 성령으로 살면, 또한 성령으로 행할지니, 자기의 육체를 위하여 심는 자는 유체로부터 썩어질 것을 거두고, 성령을 위하여 심는 자는 성령으로부터 영생을 거두게 된다고" 사람이 영생을 얻는 길을 알려주고 있습니다. 이러한 이유로 사람이 이 세상에서 주님의 성령과의 관계와 결합이 없었던 사람의 영의사람은, 그의 몸이 죽은 이후 사후세계에서 천국으로 갈 수 없게 되는 것입니다. 그래서 사도 바울은 이에 대해 "너희는 성령을 따라 행하라, 그리하면 육체의 욕심을 이루지 아니하리라"고 해법을 가르쳐주신 것입니다.

우리는 주님의 본질에 대해 알아야 하는데, 주님의 본질은 진리의 선과 사랑이기에, 선과 사랑이 있는 곳에는 주님도 함께하십니다. 그래서 선과 사랑이 있는 곳에는 주님의 천국이 형성되고, 악과 거짓이 있는 곳에는 지옥이 형성 되는 것입니다. 그러므로 사람은 육을 따라 육에 집착하는 삶을 살지 말고, 사람 내면에 있는 영의사람을 위해서 진리를 따라 사는 삶이 되어야 합니다. 사람의 육신적인 생각은 하나님과 원수가 되어 사람을 악과 거짓과 멸망으로 인도하지만, 진리를 따라 살면 자신의 영의사람을 생명과 평안으로 인도하게 되는 것입니다. 그러므로 사람은 그 누구나 진리이신 주님과 함께 할 때, 자신의 영적인 존재 안에 주님의 성령이 거하시게 되고, 그 사람 안에 천국이 형성되어, 이 세상에서 천국을 소유한 사람은 죽어서도 천국으로 가게 되는 것입니다. 사람이 이 세상에서 천국을 소유하기 위해서는 그 사람의 마음과 삶 속에 진리의 선과 사랑이 있어야 하고, 그 선과 사랑이 자신의 삶을 통해 드러나야 하는 것입니다. 주님은 양과 염소를 구분하고, 천국의 사람과 지옥의 사람을 구분하시면서 "지극히 작은 자에게 베푼 작은 선행들이 곧 나에게 한 것이니, 너희를 위하여 예비 된 하늘나라를 상속받으라고" 사람이 이 세상에서 어떻게 살아야 하는지를 가르쳐주신 것입니다.

이 세상에서 행하는 사람의 작은 선행들이 그 사람을 결국 천국으로 인도한다는 것을 알려주고 있습니다. 그러므로 우리는 눈에 보이는 육의사람이, 사람의 실체가 아니므로 보이지 않는 사람생명의 본질인 영의사람을 위해 살아야 하는 것입니다. 눈에 보이는 사람의 육은 세상에서 일시적인 것이고, 보이지 않는 영의사람이 사후세계의 천계에서도 영원히 사는 영적인 존재이기 때문입니다. 사람이 영의사람을 위하는 삶을 산다는 것은, 먼저 주님의 진리에 대한 애정이 있어야 하고, 진리에 대한 애정이 있어야 사람자신의 삶 속에서 진리의 선과 사랑을 실행하는 삶을 살 수 있기 때문입니다. 사람의 이와 같은 진리의 선에 대한 애정과 그것을 실행하는 삶이, 결국 그 사람을 천국으로 인도하여 하나님의 나라를 유업으로 받게 된다고 성경은 가르쳐주고 있습니다. 그러므로 사람은 누구나 하나님의 나라를 유업으로 받아, 천계의 천국에서 영원한 행복을 누리는 삶이 되어야만 합니다. 그러기 위해서는 사람자신이 영적인 존재인 것을 세상에서 사는 동안 속히 알아야 자신의 영을 위한 바른 삶을 살 수 있고, 사후의 세계에 도착했을 때, 진짜 자신인 영의사람이 비참함과 엄청난 충격을 받지 않게 되는 것입니다. 참 나는 눈에 보이는 육신이 아니라, 눈으로 볼 수 없는 내 안에 있는 영적인 존재 곧 영의사람이 참 나이기 때문입니다. 이러한 사실로 사람은 그 누구든 이 세상에서 죽음을 맞이하기 전에, 하루라도 빨리 자신의 참 나가 무엇인지를 반드시 알고 살아야, 죽은 후 사후세계에 가서 비참한 후회를 하지 않게 되는 것입니다.

죽음에 버려진 아이를 살리신 주님

제가 I 나라에서 선교사로 사역하다, 강제로 추방을 당하여 D 나라 선교지에 간지 얼마 되지 않았을 때, 한인교회를 하시는 목사님에게서 전화가 왔습니다. 그동안 지역 곳곳에서 데모가 발생하여 먼 길을 갈 수가 없었는데, 이제는 갈 수 있게 되었다고 하시면서 함께 갈 곳이 있으니 교회로 오라는 전화를 주셨습니다. 당시 한인교회에서 매월 현지교회에 100달러를 후원해주고 있었는데, 어느 날 갑자기 현지 목사님이 돌아가셨다는 소식을 받고도 데모 때문에, 가지 못했다가 데모가 그치고 갈수 있게 되어, 먼 길을 선교지에서 같이 동행하게 되었습니다.

선교지 수도에서 목적지까지는 2시간이 조금 넘게 걸려, 가는 도중에 중간지점 도시에서 점심 식사를 하고, 잠시 쉬었다가 다시 목적지로 출발을 했습니다. 도시에서만 생활을 하다가 그 때

> 믿는 사람들에게는 이런 표징들이 따를 터인데, 아픈 사람들에게 손을 얹으면 나을 것이다.
> (성경 막 16:17~18.)

처음으로 새로 온 선교지의 자연의 모습과 시골의 모습들을 보게 된 것입니다. 도시화 되지 않은 자연의 모습들이 보기에 참 좋았고, 가는 내내 볼거리가 많아 지루하지 않았으며, 목적지 근처에는 바다 같은 큰 호수가 있어서 바다로 착각이 들 정도로 엄청난 크기의 호수였습니다. 길에는 나비들도 많아 어릴 적 나비와 함께 놀았던 동심의 감성을 느낄 수 있어서 좋은 추억으로 기억되고 있습니다.

우리는 목적지에 도착하여 마을의 입구에 있는 상점에서, 아이들에게 줄 먹을거리를 사서 현지인 목사님 집으로 가는데, 동네 입구에서부터 많은 어린 아이들과 어른들이 우리가 가는 집으로 무리를 지어 우리를 따라왔습니다. 저는 먼 길을 가느라 화장실이 급해서 도착하자마자 화장실로 갔는데, 물통과 바가지만 있어서 다시 나와 물으니, 화장실 한쪽 모서리에 작은 구멍이 있었는데, 그곳이 용무를 보는 곳이었습니다. 용무를 보고 나오자, 이미 집 안에는 많은 사람들로 발 디딜 틈이 없을 정도로 빼곡하게 사람들로 가득 차 있었습니다. 한인교회 목사님은 제가 화장실에 간 것을 모르고 저를 찾고 있었습니다.

저를 만나자 어디 있었냐고 하시면서 다급히 저를 데리고, 어느 한 방으로 재빠르게 가셨습니다. 이미 그 방에도 많은 사람들로 가득 차 있었습니다. 저는 속으로 생각하기를 외국인이 올 때마다, 이렇게 많은 사람들이 오는 건가 하는 궁금한 생각이 들었

습니다. 나중에 알고 보니, 그 날 많은 사람들이 동네 입구에서
부터 우리를 따라 온 데에는, 우리가 미처 알지 못했던 끔찍한
사건이 그 집안에 있었기 때문입니다. 그래서 동네 사람들은 그
집안의 사건이 우리로 인하여 어떻게 될까가 무척 궁금하여, 너
나 나나 할 것 없이, 모두가 우리를 따라 온 것임을 나중에야 알
게 되었습니다.

　목사님이 저를 데리고 간 방 안에는, 둘둘 말려 있는 거적 같
은 것이 하나 있었는데, 그 거적 안에는 4세나 5세 정도 되는 아
주 어린 아이가 버려져 죽음을 기다리고 있었습니다. 어린아이
가 병에 걸려 약으로도 낫지 않고, 먹지도 못한지가 꽤 되어서
가족들도 포기하고, 죽으면 화장시키려고 한 방에 거적으로 싸
서 방치해 두었던 것입니다. 목사님은 거적에서 어린아이를 꺼
내어 저에게 주시면서, 많은 사람들이 지켜보는 가운데, 아이를
위해 빨리 기도하라고 저를 재촉하셨습니다. 저는 아이를 받아
저의 품에 안았는데, 아이는 상당한 기간 동안 아무것도 먹지 못
하여 너무나 가벼웠고, 게다가 알 수 없는 병에 걸려 엄청 괴로
워하고 있었습니다.

　저는 아주 작은 어린아이가 너무도 가엾고, 불쌍한 마음이 들
어 저의 가슴에 안고, 서서 기도를 하는데, 저의 주체할 수 없는
눈물이 아이의 얼굴로 그대로 쏟아져 떨어졌습니다. 나의 품에
서도 괴로워하며, 끙끙 앓던 아이가 기도하는 도중에 갑자기 조

용해졌고, 기도가 끝나고 눈물로 범벅이 된 아이와 눈이 마주쳤는데, 아이가 나를 보면서 방글방글 웃고 있는 모습에 놀라지 않을 수가 없었습니다. 그곳에 모인 많은 사람들도 놀라워하시며, 하나님께서 한국인 선교사를 보내어 죽어가는 아이를 살리셨다고 난리가 났는데, 그 때 그 사람들은 죽는 그 날까지 아이가 자라는 과정에서 영원히 잊지 못할 주님의 기적적인 사건으로, 감동적인 이야기로 전해지게 될 것입니다. 아이는 오랫동안 먹지 못하여 뼈만 앙상했는데, 제 호주머니에 있던 돈 전부를 아이의 손에 쥐어주며(그 당시 저도 선교지에서 최악의 상황에 처해있는 때였음), 네가 먹고 싶은 맛있는 것을 사서 먹으라고 말해주니, 아이가 얼마나 기뻐하며 고개를 끄덕이던지, 지금 그 때의 주님의 기적적인 은혜가 아름다운 생명의 꽃이 되어, 주님의 은혜로운 이야기로 쓰여 지고 있음을 주님께 감사와 영광을 돌립니다.

바리새인적인 종교심

어느 안식일 날, 주님과 바리새인들 사이에 제자들로 인하여 충돌과 문제가 발생하게 되었습니다. 이 사건의 발단은 주님의 제자들이 너무 배가고파 남이 농사지은 곡식의 이삭을 잘라 먹었는데, 하필이면 그 날이 안식일이었습니다. 그래서 바리새인들은 주님에게 "당신의 제자들이 해서는 안 될 일을 안식일에 했다고" 문제를 제기한 것입니다. 신명기서에 "시장한 사람이 남의 전답에 들어가 곡식을 잘라 먹는 것은 죄로 여기지 않고 허용되었기에" 바리새인들도 이 모세의 율법에 대해 잘 알고 있었습니다. 하지만 바리새인들이 문제를 삼은 것은, 주님의 제자들이 해서는 안 될 일을 안식일에 저질렀기 때문에, 반드시 이에 대한 처벌을 받아야 마땅하다는 것입니다.

> 그 때에 예수께서 안식일에 밀밭사이로 가실새 제자들이 배가 고파서 이삭을 잘라 먹으니, 바리새인들이 보고 당신의 제자들이 안식일에 해서는 안 되는 일을 하나이다.
> 나는 자비를 원하고 제사를 원하지 않는다.
> 인자는 안식일의 주인이다.
>
> (성경 마 12:1~8)

우리는 이 사건 속에서 바리새인들의 교훈과 종교심이 무엇인지를 알 수 있고, 주님에 대한 바리새인들의 비난을 짐작할 수 있는데, 바리새인들이 어떤 식으로 주님에게 비난을 했을까 추측해 볼 수 있습니다. 바리새인들은 주님에게 왜 당신은 당신의 제자들이 저토록 배가고플 때까지 아무런 조치도 취하시지 않고, 배고프게 내버려 두어 안식일에 문제가 생기게 했냐고 비꼬는 말투로 핀잔(비꼬아 꾸짖는 말투)을 주었을 것입니다. 게다가 바리새인들은 당신의 제자들이 해서는 안 될 일을 안식일 날, 남의 전답에 들어가 이삭을 잘라 먹도록 허용하였으니, 여기에 대한 잘못이 당신과 당신의 제자들 모두에게 해당되어 반드시 처벌을 받아야 한다고, 주님과 제자들을 죄인취급을 했을 것입니다. 왜냐하면 당시 율법에 의하면 "안식일에 일하는 자는 누구든지 반드시 죽이라고" 명시되어 있었기 때문입니다.

율법에서의 안식일은 일을 할 수가 없고, 바깥을 왕래하여서도 안 되며, 집 안에서의 휴식을 취해야 하기 때문입니다. 그래서 안식일에는 짐승이나, 사람이나, 생명이 있는 것은 움직일 수 없고, 그 어떠한 행동도 해서는 안 되는 것이 율법이 정한 안식일이었습니다. 분명 주님은 율법이 정한 안식일에 대해 그 누구보다도 잘 알고 있었을 것입니다. 그럼에도 왜 주님은 문제가 발생할 것을 알면서도, 하필이면 안식일 날 배고픈 제자들을 밀밭사이로 데려갔을까 하는 의문이 생깁니다. 밀밭사이에서 바리새인들과 우리에게 들려주시는 안식일에 대한 주님의 새로운 메시지를 우리는 온 마음을 다해 귀담아 들어야 합니다.

*** 바리새인의 종교심 ***

왜 주님은 제자들이 무척이나 배고픈 것을 알면서도, 배고픔을 해결해 주시지 않고, 하필 안식일날 문제가 발생하는 상황에까지 제자들을 데려오신 의도가 무엇인지 무척 궁금해집니다. 제자들은 배가 너무 고파서 안식일을 생각할 여유가 없었고, 자신들을 매서운 눈초리로 지켜보고 있는 바리새인들의 그 시선도 의식하지 못할 정도로 배고픔에 허겁지겁 이삭을 잘라 먹기에 정신이 없었습니다. 우리는 여기에서 바리새인들의 교훈과 종교심이 무엇인지를 알아야 합니다. 이 바리새인들은 사사건건 주님에게 따지고, 문제를 삼아 시비를 거는 일들이 많았습니다. 이 사건 속에서 바리새인들은 "주님에게 당신은 스스로 하늘에서 온 자라 말씀하시고, 하나님과 동일하시다고" 말씀하시면서, 왜 제자들의 배고픔은 해결해주지 못하셨냐고 조롱했을 수도 있습니다.

우리는 어떠한 경우에도 바리새인적인 말투와 교훈과 종교심에 휘말려 들어서는 안 되는 것입니다. 안식일은 사람을 위해 주어진 것이지, 사람이 안식일을 위해 있는 것이 아니기 때문입니다.

바리새인들의 교훈과 종교심은 안식일이 사람보다 더 중요하다는 것이고, 주님은 사람이 안식일보다 더 중요하다는 것을 바리새인들에게 강한 어조로 알려주신 것입니다. 주님 주위에 구경꾼들과 비판자들은 많이 있었지만, 배고픈 주님과 제자들에게 먹을 것을 주는 사람이 단 한사람도 없었다는 것이, 인간이 얼마나 자비심이 없고, 자기중심적인 가를 잘 보여주고 있습니다. 주님은 자비심이 없는 종교심이 얼마나 악한 것인가에 대해 "나는 자비를 원하고 제사를 원하지 않는다"는 말씀으로 단호하게 말씀해주셨습니다.

랑게(Lange)에 의하면 주님 자신이 곧 안식일의 주인이 되시기 때문에, 주님 안에서 주님과 함께하는 모든 일들은 안식일을 준수하는 것이고, 주님을 떠나서 하는 모든 일은, 그 일이 안식일과 관련이 있다 할지라도, 그것은 안식일을 파괴하는 것이라고 말했습니다. 종교개혁의 완성 자 존 칼빈(John Calvin)은 주님이 안식일의 주인 이시다는 것은, 안식일에 얽매여야하는 종교적인 의식에서 사람들을 해방시키시기 위한 주님의 권세라고 말했습니다. 따라서 이 사건에서 주님이 우리에게 주시는 진정한 메시지는, 안식일에 대한 종교적인 의식으로 사람들을 얽어매려 하는 것은, 매우 위험한 바리새인적인 교훈임을 말씀해주시고 있는 것입니다. 그래서 주님은 우리에게 "바리새인들의 교훈을 주의해야" 한다고 가르쳐주신 것입니다.

　누가는 "바리새인들은 돈을 좋아하는지라, 주님의 모든 말씀을 듣고 주님의 말씀을 비웃었다고" 말해주고 있습니다. 문제는 우리 가운데에도 바리새인과 똑같은 생각을 하고, 말하는 크리스천들이 있다는 것을 주의해야 합니다. 하나님은 창조주이시고, 전지전능하신 하나님이신데, 그런 하나님을 믿는 하나님의 사람들이 왜 먹을 것이 없어서 굶어야 합니까, 왜 삶이 가난해야 합니까, 그것은 하나님을 믿는 믿음에 문제가 있거나, 하나님과의 관계에 문제가 있어서 그렇다고 말하는 바리새인 적인 교훈과 말투에 주의해야 합니다. 중요한 것은 주님의 제자들은 주님과 함께 있었음에도, 무척 배가 고픈 상황에 처해있었음을 성경은 우리에게 사실적으로 그대로 보여주고 있기 때문입니다.

　성경은 우리에게 "무엇을 먹을까, 무엇을 마실까, 기도하지 말라고" 말씀하고 있습니다. 먹는 것은 노동을 통해 해결할 수 있기에, "일하지 않는 자는 먹지도 말라고" 말씀하신 것입니다. 그럼에도 성경에는 하나님께서 먹을 것과 마실 것을 해결해 주신 적도 있는데, 이 때는 아주 특수한 상황에서입니다. 까마귀를 통해 엘리야를 먹이신 사건과 뜨거운 사막 한복판에서 마실 물이 없어서 죽을 수밖에 없는 하갈과 그의 아들 이스마엘에게 마실 물을 공급하신 사건입니다. 또한 이스라엘 백성들을 광야에서 만나와 메추라기를 공급하여 먹이신 사건과 이 외에도 특수한 상황에서 먹을 것을 공급하신 하나님의 역사들이 있습니다.

하지만 오늘의 상황은 지극히 보편적인 상황에서 발생한 보편적인 사건입니다. 우리는 보편적인 것들에 주님을 끌어들여 문제를 삼거나, 주님을 욕되게 하는 그런 어리석은 짓을 해서는 결코 안 되는 것입니다.

배고픔의 상황은 믿음의 문제도 아니고, 기도의 문제도 아니며, 하나님과의 관계에서 하나님과의 잘못 된 관계도 아니 다는 것을 분명하게 알아야 합니다. 바리새인들은 하나님의 말씀을 지키지도, 행하지도 않으면서, 사람들을 율법과 자신들의 교훈 속에 가두려는 자들입니다. 이런 바리새인들에게 주님께서는 "나는 자비를 원하고, 제사를 원하지 않는다고" 말씀하셨는데, 이 주님의 말뜻을 우리는 깊이 생각하고, 잘 이해해야 합니다.

*** 주님이 원하시는 자비 ***

제사는 안식일에 속한 예배와 관련이 있고, 자비는 선행에 속한 사랑과 관련이 있습니다. 구약과 신약의 모든 말씀을 한마디로 요약하여 표현한다면, 그것은 사랑입니다. 사도 바울은 엄한 율법의 교육을 받아, 율법을 절대적으로 추종하는 자로서, 주님을 믿는 자들을 박해하여 죽이기까지 한 매우 악한 자였었습니다. 그러나 주님을 만난 후에 변화되어 율법의 완성이 사랑인 것을 비로소 알게 되어 "사랑이 율법의 완성"이라고 말했습니다. 존 칼빈(John Calvin)은 율법의 진정한 의미는, 하나님 사랑과 이웃사랑 인데, 실로 종교의식에만 관심을 갖는 바리새인들의 잘못된 종교심이, 모든 세대사람들에게 똑같이 공통적으로 이어지는 과오에 속한다고 말했습니다.

성경은 "바리새인들은 겉과 속이 다른 자들이고, 그 안에는 지나친 욕심과 겉만 화려하고, 행실이 좋지 않은 자들"이라고 말해주고 있습니다. 또한 바리새인들은 미친 듯이 예수님을 대적하고, 예수님을 엄청난 죄인으로 몰아간 자들입니다. 바리새인들의 특성은 율법을 강조하고, 자신들의 교훈을 중요시하며, 그리고 권위주의적인 특권의식에 빠진 자들입니다. 그래서 주님은 "바리새인들의 교훈을 주의하라"고 알려주신 것입니다. 바리새인들은 하나님의 계명은 버리고, 자신들의 전통과 교훈을 중요시하는 자들입니다. 마가는 이에 대해 "사람의 계명으로 교훈을 삼아 가르치니 주님을 헛되이 경배한다고" 지적하고 있습니다. 이것은 말씀에 대한 분별력과 지혜가 있어야, 주님을 헛되이 경배하지 않게 되는 것입니다.

호세아 선지자는 "하나님은 인애를 원하고, 제사를 원하지 않으며, 번제보다 하나님을 아는 것을 원하신다고" 하나님이 원하시는 것이 무엇인지를 알려주고 있습니다. 남을 사랑하고 긍휼히 여기는 마음이 예배보다 더 중요하다는 것을 알려주고 있습니다. 자비를 뜻하는 헬라어 엘레오스는 비참한 고통 중에 있는 사람들에 대한 자비심과 구제행위로써 그 중심에는 사랑과 긍휼히 여기는 마음과 헌신이 있습니다. 주님께서 말씀하시는 제사 곧 예배는 단순히 형식적이고, 습관적이며, 무의미한 종교적인 행위라는 의미가 강하게 내포되어 있다고 랑게(Lange)는 말했습니다. 우리는 주님이 우리에게 주시는 메시지를 정확하게 이해해야 합니다. 율법의 계명을 온전히 실천하는 사랑의 행위는, 율법의 의무를 지키는 것보다, 그리고 주일을 성수하는 것보다, 더 중요하다는 것을 주님께서 알려주신 것입니다.

또한 자비를 베푸는 행위와 예배 중 어느 하나를 선택해야하는 경우라면, 예배보다는 자비를 베푸는 행위가 먼저 선행되어야하고, 그 행위로 인하여 하나님에 대한 사람의 예배가 소홀해진 것이 아니 다는 것입니다. 오히려 주님은 자비의 선행을 예배보다 더 기쁘게 여긴다는 것이, 주님이 우리에게 주시는 메시지의 핵심인 것입니다. 반대로 자비에 대한 선행이 없는 안식일준수와 예배는 형식적이고, 무의미한 종교적인 행위에 지나지 않을 뿐만 아니라, 주님은 이 같은 제사 곧 예배를 원하지 않는다고, 분명하게 말씀해주시고 있기 때문입니다. 그래서 주님께서는 "나는 자비를 원하고 제사를 원치 않는다고" 단호하게 말씀하신 것입니다. 누가는 이에 대해 "너희 아버지의 자비로우심 같이 너희도 자비로운 자가 되라"고 확장해서 설명해주고 있습니다. 우리는 사람의 교훈보다는 주님의 말씀을 따르는 그리스도의 사람이 되어야 합니다. 한 걸음 더 나아가 교회의 가르침과 설교는, 교회 예배에서 끝나는 것이 아니라, 크리스천의 삶 속에서 진리의 선행으로 나타나야 하기 때문입니다.

밀밭사이는 사람의 동심을 자극하고, 사람 내면의 순수함이 밖으로 반영되는 그런 장소입니다. 사람의 동심과 순수함이 드러나는 밀밭사이에서, 주님은 율법이 지배해온 원칙에 대한 결론적인 말씀을 확실한 어조로 대답해주셨습니다. 주님께서는 "나는 자비를 원하고, 제사를 원하지 않는다고" 단호하면서도 거침없이 율법주의자들에게 직설적으로 말해주셨습니다. 이 같은 주님의 발언은 율법에 대한 반란이고, 율법에 정면으로 도전하는 행위였습니다. 하지만 이어서 주님은 내가 이렇게 너희 율법주의자들에게 단호하게 말할 수 있는 것은, "내가 안식일의 주인이기 때문이라고" 주님이 누구신가에 대해 명백하게 알려주신 것입니다.

주님이 세상에 인간의 몸으로 오시기 전에는, 율법이 사람들을 지배하는 율법의 시대였지만, 태초부터 말씀으로 계셨던 주님이 세상에 오심으로, 율법의 본질이 곧 주님이신 것을 밝히 알려주신 것입니다. 주님이 안식일의 주인 이시다는 것은, 율법에 대한 반란도 아니고, 도전적인 행위도 아니며, 율법에 대한 바른 해석과 가르침을 주신 것입니다. 이것은 안식일의 주인이 원하시는 것은 형식적이고, 습관적이며, 무의미한 종교적인 의식이나 예배가 아닌 것입니다. 우리의 마음 중심과 삶 속에 자비와 사랑이 자리를 잡아야 형식적이고, 습관적인 예배에서 벗어나 주님이 기뻐하는 자비가 실행되는 삶을 살 수가 있게 된다는 것을 가르쳐주신 것입니다.

이것은 우리가 이 세상에서 사는 동안 반드시 지켜야하는 주님의 말씀입니다. 우리가 교회의 절기와 예배를 중요시하듯, 주님이 원하시는 자비가 우리의 삶 속에서 실행되는 삶을 살아야, 주님께 속한 참된 그리스도의 사람인 것입니다. 여기에서 정말 중요한 주님의 메시지는, 교회의 가르침과 예배의 설교가 교회 안에서 끝나는 것이 아니라, 크리스천의 삶 속으로 이어져 진리의 빛으로 나타나고, 자비로 실행되어야 주님을 기쁘시게 하고, 주님을 바르게 경배하는 것입니다. 각종 예배에는 빠짐이 없으나, 크리스천의 삶 속에서 주님이 원하시는 자비의 선행이 나타나지 않는다면, 그런 크리스천의 예배는 주님이 원하시지 않는다는 것입니다.

모든 예배에 충실하고, 모든 교육에 빠짐없이 참여할지라도, 크리스천의 삶 속에서 주님이 원하시는 자비가 실행되지 않는 삶은, 주님과는 아무런 관계도 없고, 그러한 사람의 예배는 주님을 헛되이 경배하는 예배에 지나지 않는다는 것입니다. 그러므로 우리가 그리스도의 사람이라면, 반드시 우리의 삶 속에서 주님이 원하시는 자비가 실행되어야 하는 것입니다. 사람과 교회가 원하는 것들은 즉시즉시 실행이 되는데, 주님이 원하시는 자비가 우리의 삶 속에서 실행되지 않고 있다면, 우리는 누구를 위한 크리스천인가를 자신에게 물어야 할 것입니다. 주님은 이 자비에 대해 "내가 주릴 때에 너희가 먹을 것을 주었고, 목마를 때에 마시게 하였고, 나그네 되었을 때에 영접하였고, 헐벗을 때에 옷을 입혔고, 병들었을 때에 돌보았고, 옥에 갇혔을 때에 와서 보았느니라. 주여 우리가 어느 때에 이렇게 하였나이까. 하리니 내가 진실로 너희에게 이르노니 여기 내 형제 중에 지극히 작은 자 하나에게 한 것이 곧 내게 한 것이라"고 가르쳐주셨습니다. 주님께서 말씀하시는 형제는 가난하고, 병든 자가 주님의 형제가 아니라, 내 아버지의 뜻대로 행하는 자가 주님의 형제라고 주님께서 친히 알려주셨습니다. 주님의 형제에 대하여 이 같은 작은 사랑과 선행들을 베푼 자들에게 장래의 사후세계에서 이들의 영의사람을 위한 하나님의 나라가 예비 되어 있다는 사실을 주님께서 친히 말씀해주셨습니다. 사람에게 자비로운 마음과 자비로운 삶이 얼마나 중요한가를 알아야 하고, 결국 이 같은 사람들이 하나님의 나라를 유업으로 받게 된다는 사실을 친히 주님께서 말씀해주셨다는 데에 우리는 온 마음을 집중해야 합니다. 사람의 삶이 죽음으로 끝나지 않고, 사후세계를 거쳐 천국과 지옥으로 계속해서 이어지는 영원한 삶이기 때문입니다.

빈민촌교회에서의 주님의 역사

　D 나라 선교지에서 선교사로 있었을 때, 하루는 선교지 교단 총회장 목사님으로부터 전화가 왔습니다. 돌아오는 주일에 소개 해줄 교회가 있다면서, 그 교회에 가서 제가 설교를 해야 하니, 설교를 미리 준비해두라는 전화였습니다. 저는 전화를 받고 무척이나 마음이 설레어 기도하며 말씀준비에 온 마음을 집중하였습니다. 한국말과 현지 언어 두 개의 언어로 설교를 작성해서 교정을 보아야 하기 때문에, 상당히 마음이 급해지기도 했습니다. 주님의 도우심과 은혜로 또 다시 설교 한편이 작성되었지만, 한국어가 아닌 현지어로 설교를 해야 하기 때문에, 작성한 설교를 수시로 보고, 또 보는 과정이 주일 날 설교하기 전까지 계속되었습니다.

　시일이 지나고 주일이 되어 총회장 목사님이 저희 집으로 오셔서 도시 외곽의 빈민촌마을에 있는 교회로 저를 데려갔습니다. 우리가 갔었던 빈민촌 마을은 60년대의 서울 청계천에 있었던

> 너는 말씀을 전파하라,
> 때를 얻든지 못 얻든지 항상 힘쓰라.
> (성경 딤후 4:2)

판자촌 집들을 연상하면, 선교지 빈민촌 마을이 어떤 모습인지를 어느 정도 상상할 수가 있습니다. 나중에 다시 주일 저녁예배에 저 혼자서 말씀을 전하러 가게 되었는데, 전기도 없는 캄캄한 저녁에, 피부가 시커먼 많은 사람들이 집밖으로 나와 길가에 앉아서, 제가 지나가는 모습을 지켜보는데, 상당한 위압감을 느낀 적이 있었습니다. 선교지 총회장 목사님과 함께 가는 날은 오전에 주일예배를 드렸는데, 성전이 가득차고, 사람들이 더 이상 앉을 자리가 없어서 교회 문 밖까지 서서 예배를 드릴 정도로, 그야말로 성전안과 밖이 사람들로 가득 찼었습니다.

긴 시간의 준비찬양과 여러 가지 순서와 마지막으로 헌금까지 끝나고 나서야 제 차례가 돌아왔는데, 말이 그렇지 열대의 나라에서 상당한 시간을 기다리느라 많은 에너지가 소모되었습니다. 총회장 목사님이 저를 교회에 모인 성도들에게 소개를 한 다음, 저는 강단 앞으로 나가 말씀을 펼쳐서 복음을 전하게 되었습니다. 그날 현지성도들은 태어나서 처음으로 한국인 선교사가 전하는 메시지를 들으면서, 여기저기서 놀라운 역사들이 눈에 보이게 일어나고 있었습니다. 이 사람들은 우리와는 문화가 달라 예배시간에 은혜를 받게 되면, 예배 도중에라도 지체하지 않고, 바로 직설적으로 많은 사람들이 보는 앞에서 은혜 받은 것을 행동으로 표현하는데 전혀 부끄러워하지 않는다는 것입니다. 이것은 예배 현장에서 보아야만 이들의 은혜 받는 감동이 어떤 모습인지를 정확하게 알 수가 있습니다.

　주님의 놀라우신 역사로 은혜롭게 예배가 끝나고, 저는 교회 안이 너무도 더워서 교회 밖으로 나가는데, 나가는 과정에서도 여러 사람들이 저를 붙들고, 자신들이 받은 은혜에 대한 이야기들을 저에게 들려주었습니다. 교회 밖에 나와서도 계속해서 얘기하는 사람들의 이야기를 듣고 있는데, 빈민촌교회 목사님이 시원한 주스를 한 컵 가져다주어 마시면서 총회장 목사님이 나오기를 기다리고 있었습니다. 한참 후에야 두 분 목사님이 밖으로 나왔는데, 빈민촌교회 목사님이 저에게 하얀 봉투 하나를 건네주었습니다. 저는 깜짝 놀라서 이것이 무엇이냐고 물으니, 오늘 말씀이 자기 생전 처음 들어보는 너무도 은혜로운 말씀이라, 감사의 마음으로 드리는 사례비라고 해서 저는 받지 않으려고 몇 번을 사양했지만, 목사님은 끝내 제 손에 봉투를 쥐어 주셨습니다.

　제가 선교사로 선교지에서 오랜 세월을 살아오면서, 그것도 가장 열악한 환경의 빈민촌교회에서 처음으로 받아보는 사례비라, 감동과 의미가 말로 다 표현할 수 없을 정도로 크게 느껴졌습니다. 집으로 돌아와 가족들에게 이 기쁜 소식을 전하며 봉투를 열어보는데, 봉투 안에 들어 있는 돈을 보고, 또 한 번 놀라지 않을 수가 없었습니다. 봉투 안에는 여러 종류의 지폐돈이 들어 있었는데, 상당한 액수의 돈이었고, 봉투에서 돈을 꺼내자 마치 시궁창 속에서 건져낸 것처럼 돈에서 나는 냄새가 너무도 지독

했습니다. 저는 그 지폐돈을 보면서, 빈민촌 성도들이 얼마나 힘들게 노동을 해서 번 돈인가를 직감적으로 실감할 수 있었습니다. 그 날 이후로 주님께서는 제가 가서 복음을 전하는 선교지 교회마다, 사례비를 받을 수 있도록 말씀을 통한 놀라운 역사들이 있게 하셨습니다.

　뿐만 아니라, 은혜를 받은 목사님들이 새로운 교회들을 소개하여, 선교지 전국에 있는 교회들을 찾아가 복음의 은혜를 나누기도 했습니다. 하루는 어떤 큰 교회에 복음을 전하러 갔는데, 남자 집사님들이 교회 문밖에 서 있다가 막 도착하는 저를 보고, 선교사님 오는 날을 눈이 빠지게 기다렸다는 말을 해주었을 때, 저에게는 너무나도 큰 감동이었습니다. 왜냐하면 당시 제가 가야하는 교회들이 많아, 선교지 한 교회 당, 한 달에 한번 밖에 갈 수가 없었기 때문입니다. 또 다른 교회에서는 남자 집사님들이 어려서부터 집사가 되기까지 수십 년간 한 교회를 섬기며, 신앙생활을 해 오신 것입니다. 그런데 오늘 선교사님의 말씀을 듣고, 지금까지 자신들의 신앙생활이 잘못되었음을 오늘에야 비로소 깨닫게 되었다고 말해주었을 때, 복음이 얼마나 중요한가를 선교지에서 실질적으로 실감할 수가 있었습니다. 이 이야기들 또한 선교지에서 주님이 저에게 주신 주님의 은혜롭고 감동적인 아름다운 이야기로 소중하게 간직되고 있습니다.

두 사람이 죽어서 도착한 곳

지은이 김대근

발행인 이명권
펴낸곳 열린서원
발행일 2023년 8월 10일

주소 서울특별시 종로구 창덕궁길 117, 102호
전화 010-2128-1215
팩스 02) 2268-1058
전자우편 imkkorea@hanmail.net
등록번호 제300-2015-130호(1999년)

저자 카톡아이디: Kim09s

값 20,000원
ISBN 979-11-89186-29-6 03230

※ 잘못 만들어진 책은 구입한 곳에서 교환해 드립니다.